产品服务化供应链服务模式研究

基于权力结构的视角

CHANPINFUWUHUAGONGYINGLIAN
FUWUMOSHIYANJIU

冯庆华　著

中国经济出版社
CHINA ECONOMIC PUBLISHING HOUSE
·北　京·

图书在版编目（CIP）数据

产品服务化供应链服务模式研究：基于权力结构的视角 / 冯庆华著. --北京 ：中国经济出版社，2022. 5

ISBN 978-7-5136-6900-9

Ⅰ. ①产… Ⅱ. ①冯… Ⅲ. ①工业产品-产品管理-供应链管理-服务模式-研究 Ⅳ. ①F405

中国版本图书馆 CIP 数据核字（2022）第 068198 号

责任编辑　郭国玺
责任印制　巢新强
封面设计　任燕飞工作室

出版发行　中国经济出版社
印 刷 者　北京九州迅驰传媒文化有限公司
经 销 者　各地新华书店
开　　本　710mm×1000mm　1/16
印　　张　18
字　　数　255 千字
版　　次　2022 年 5 月第 1 版
印　　次　2022 年 5 月第 1 次
定　　价　98. 00 元
广告经营许可证　京西工商广字第 8179 号

中国经济出版社 **网址** www. economyph. com **社址** 北京市东城区安定门外大街 58 号 **邮编** 100011

本版图书如存在印装质量问题，请与本社销售中心联系调换（联系电话：010-57512564）

本著作由
西安财经大学学术著作出版基金
资助

目　录

绪　论

第一节　研究背景

一、现实背景

（一）制造业与服务业关系更为密切，产生了新的制造模式——服务型制造

在经济全球化和信息技术的推动下，20世纪70年代开始，全球的产业结构由“工业型经济”向“服务型经济”转变，从而推动了服务业的飞快发展。世界各国的服务业产值在整个国民经济中的比重不断上升。

我国经济也正由“工业主导型经济”向“服务主导型经济”转变。主要表现为：一方面，近年来服务业的规模和增加值的比重在不断扩大。从总量看，第三产业增加值由2015年的34.9745万亿元增加至2019年的53.4233万亿元，增长了52.7%。同时，服务业对经济增长的贡献率显著提升，占GDP的比重由2015年的50.8%上升至2019年的53.9%。截至2020年，我国服务业占比接近60%。这说明我国的服务业保持了快速发展的势头，成为了拉动我国经济增长、优化经济结构的强劲动力。另一方面，服务业的新业态和新模式不断涌现，成为助推产业变革的新动能。主要表现为消费结构正由物质型消费向服务型消费转变，基于大数据、物联网、云计算等新技术的服务创新与应用，流程服务、创新创意设计、远程诊断等新业态的出现与快速发展，为制造业转型升级提供了有力支撑。

服务型经济的快速发展使得制造业与服务业之间的联系变得更加密

切，制造业在服务业的投入和产出不断增加。制造业与服务业之间相互依赖的程度日益加深，这种制造和服务不断融合的趋势导致传统的制造模式发生了转变，产生了新的制造模式——服务型制造。

（二）市场竞争与顾客需求的转变促使制造企业向服务型制造模式转变，传统的供应链转变为产品服务化供应链

随着信息技术和高新技术的普及与发展，制造企业产品的有形属性如品质、功能、特性等方面的差异化程度不断降低，制造企业的竞争力也越来越多地依赖于企业所提供的服务。以服务打造产品的核心竞争力，使得制造企业摆脱了传统产品价格竞争的“红海”模式，从传统的产品差异化竞争转变为服务差异化竞争。服务的差异化和个性化可以有效避免替代品的威胁，提升顾客的满意度和品牌的忠诚度，构筑较高的行业壁垒，从而降低企业的竞争风险。

此外，顾客的消费观念也发生了转变，顾客由传统的对产品功能的追求转变为基于产品的更为个性化的消费体验和服务追求。顾客不但期望能购买到好的产品，更期望制造企业能够提供完美的解决方案和高质量的服务。所以，制造企业要为顾客提供更为专业的定制化服务，最大限度地满足顾客需求，为顾客创造更大价值。

在市场竞争与顾客需求转变的背景下，制造企业日益从生产型制造向服务型制造转型。例如，IBM 公司经过十几年的内部整合，已经由单纯的硬件制造商成功转变为硬件、软件以及网络服务的整体方案解决商。罗尔斯-罗伊斯公司作为英国最大的航空发动机企业，并不直接向波音、空客等飞机制造企业销售发动机，而是采取“租用”的方式出售服务时间，并负责提供所有在租用期内的维修、保养等服务。陕鼓动力在 2001 年提出，专业定制化的系统服务将成为顾客的消费趋势，制造企业要能够为顾客提供完整的系统解决方案。与此同时，陕鼓动力通过服务化战略转型，从单一的产品供应商转型为产品与增值服务一体化的系统解决方案提供商。通过为顾客提供一整套完整的解决方案，最大限度地迎合了顾客的需求。

服务型制造模式的出现使得供应链也发生了相应的改变，由传统的产品供应链或服务供应链向产品与服务相融合的产品服务化供应链转变。同时，产品服务化供应链作为服务型制造模式下运作管理的重要组成部分也逐步得到重视，供应链管理的研究开始由传统的产品供应链向产品服务化供应链转变。

（三）政策扶持是服务型制造模式下产品服务化供应链发展的重要动力

服务型制造是当今世界制造业发展的新趋势，是促进制造业与服务业不断融合，提高我国制造企业的核心竞争优势，促进工业转型升级的重要途径。

我国一直非常重视发展服务型制造，并且发布了一系列支持服务业发展的政策措施，为服务型制造业的快速发展创造了良好的政策环境。例如，2009 年国务院办公厅发布了《装备制造业调整和振兴规划》[①]，提到了发展现代制造服务业，逐步实现由生产型制造向服务型制造转变。2014 年国务院办公厅发布的《关于加快发展生产性服务业促进产业结构调整升级的指导意见》[②] 提出，以产业化转型升级的需求为导向，不断促进我国产业由生产制造型向生产服务型转变。2015 年国务院提出了制造业的三个十年“三步走”的战略[③]，强调要不断加快制造业与服务业的协同发展，促进传统的生产型制造向服务型制造转变。

服务型制造模式的实施是产品服务化供应链有效运作的基础和重要保证，国务院发布的各项政策措施为制造业由传统的生产型制造向服务型制造的转变提供了政策支持，保证了服务型制造模式的快速实施和推广，也为产品服务化供应链的快速发展和实施提供了动力。

---

① 规划期为 2009—2011 年，实施细则从装备制造业现状及面临的形势，指导思想、基本原则、规划目标，产业调整和振兴的主要任务，相应的配套政策措施，规划实施的方法等方面阐述了振兴装备制造业的具体内容和方法。

② 这是国务院首次对生产性服务业发展做出全面部署。意见明确指出，要进一步加快生产性服务业发展，引导企业向价值链高端延伸，促进中国产业逐步由生产制造型向生产服务型转变。

③ 这是我国实施制造强国战略第一个十年的行动纲领。第一步，2025 年，迈入制造强国行列。第二步，2035 年，我国制造业整体达到世界制造强国阵营中等水平。第三步，新中国成立 100 周年时，综合实力进入世界制造强国前列。

（四）权力结构是产品服务化供应链运作中不容忽视的现实问题

任何供应链都有自己的权力结构。例如，沃尔玛在其供应链结构中是核心企业，与其上游的供应商和下游的顾客相比在交易中具有更大的优势。苹果公司凭借其不断推出的高科技创新产品也成了其供应链结构中的领导者。而沃尔玛和保洁公司在供应链结构中保持着均等的权力。

近年来，随着大型零售商的零售渠道不断发展壮大，供应链中成员的渠道权力也发生了很大变化，渠道的主导权力由制造商向零售商转移。在此形势下，制造商与零售商的权力之争异常激烈，最具有代表性的是格力空调与国美电器以及苏宁电器的权力大战。2004 年，国美电器要求其所属分部清理格力空调的库存，此举引发了格力空调的抵制，从而爆发了二者之间的权力之战。2010 年，格力电器的安徽地区经销商刊登声明，要终止与苏宁电器的合作。这和 2004 年的格力空调与国美电器一样，谁都不想失去对渠道权力的控制。此外，近年来屡屡出现空调价格战、洗衣机价格战等，从实质来看，价格竞争的背后是生产商与零售商或分销商之间对渠道控制权的争夺。简言之，谁掌握了渠道控制权，谁就能在供应链中占据主导地位，就有可能获取超额利润。

可见，渠道权力对供应链企业十分重要，权力的大小直接关系到企业获取的收益大小，所以说，权力的争夺实际上是对市场利润的争夺。因此，在研究产品服务化供应链运作管理理论时，权力结构是现实存在且不容忽视的重要方面。

（五）不同的服务提供模式会对产品服务化供应链的决策产生不同的影响

在产品服务化供应链的运作实践中，服务提供者可以是制造商、零售商或委托的第三方服务公司，也可以是制造商与零售商、服务委托方与第三方服务公司合作共同提供。比如，戴尔公司在网络上建立自己的官方网站，顾客在网店定制 PC 机等产品的同时，还可以选择购买戴尔的延伸服务。作为零售商的苏宁和国美通过自主销售模式，将推出的“阳光包”服务和“家安保”服务销售给顾客，为顾客提供家电产品的有偿服务。此外，作为制造商的戴尔公司和作为零售商的苏宁或国美，也可以通过一系列的服务措施共同为顾客提供服务，比如，戴尔通过直销网站为顾客提供PC机的升级改造和技术支持等服务，苏宁或国美通过零售渠道为顾客提供维修、安装调试等服务。这样不仅增加了产品的销售量，而且双方企业均可获得一定收益。美国著名的第三方服务公司——新可安公司，自2006年进入中国市场以来，先后与多家大型的制造商和零售商合作推出了涵盖电子产品、家用电器、体育用品、采暖空调设备等品类的延伸服务。

不同服务主体的服务提供模式会产生不同的产品和服务决策，进而影响服务水平及服务价格，对产品服务化供应链的收益也会产生影响。

二、理论背景

（一）服务型制造背景下产品服务化供应链研究的兴起

服务型制造是21世纪制造业的未来趋势，是制造业与服务业融合的产物。服务型制造理论研究和企业实践不断深入，随之产生的产品服务化供应链也逐渐成为学术研究的热点问题。

Greenfield（1966）① 最早提出了与服务型制造相关的概念——生产性服务（Producer Services），生产性服务可以通过提供更有效的专业服务来支持制造的正常运作。Vandermerwe 和 Rada（1988）② 首次提出了服务化（Servitization）的定义，服务化是指制造企业由仅提供产品转向提供产品服务包的动态转变过程。与服务型制造相类似的概念还有基于服务的制造、服务增强型制造、服务导向型制造、产品服务系统等，这些概念的共同之处在于服务与制造的融合从广度和深度上不断加强。孙林岩等（2007）提出了“服务型制造”的概念，③ 指出服务型制造是通过产品和

---

① Greenfield H I. Manpower and the growth of producer services [M]. New York: Columbia University Press, 1966.

② Vandermerwe S, Rada J. Servitization of business: Adding value by adding services [J]. European Management Journal, 1988, 6 (4): 314-324.

③ 孙林岩，李刚，江志斌，等. 21世纪的先进制造模式——服务型制造 [J]. 中国机械工程，2007，18 (19)：2307-2312.

服务的相互融合、顾客参与产品服务的全过程、上下游企业之间提供生产性服务和服务性生产，将分散化的制造资源进行整合并使其高度协同，以此实现制造价值链各方的利益增值，达到高效创新的新型制造模式。何哲等（2008）从盈利模式、组织行为、流通体系、价值诉求与汲取机制、网络流通载体等方面分析了服务型制造模式下的供应链与传统供应链体系的差异。冯泰文等（2009）分析了我国制造业发展的现状和实现制造业与服务业相互融合的影响因素，建立了服务型制造与企业竞争力的关系模型。周国华等（2009）对传统的生产型制造模式和服务型制造模式进行了比较，对服务型制造模式下的产品与服务的整合、服务过程以及客户参与等方面进行了分析。

在服务型制造背景下，Johnson（2008）首先提出了“产品服务化供应链”的定义，指出产品服务化供应链贯穿于最初的供应商到最终客户的信息、流程、能力、产品、服务和资金等管理过程，是产品供应链和服务供应链的混合供应链，服务流成为产品服务化供应链中新的流程。陈菊红等（2010）将产品供应链和服务供应链的运作模式进行对比分析，提出了产品服务化供应链的运作模型。郭福利（2011）对产品服务化供应链的协调机制进行研究，从营销层面和运作层面提出了产品服务化供应链的协调机制。和征等（2014）分析了产品服务化供应链的信息不对称及信息共享的重要性，建立了信息共享的激励机制。姚树俊等（2013）考虑到产品服务需求具有动态性和非线性等特征，建立了基于排队优化模型的服务能力定价模型，并给出了实施对策。刘会珍（2013）研究了产品服务化供应链的运作模式以及四种不同权力结构下的定价策略。徐志涛（2014）研究了产品服务供应链的管理框架、供应链的设计以及服务供应商的选择问题。

产品服务化供应链是服务型制造模式下运作管理的重要组成部分，随着服务型制造模式研究的不断深入，目前已成为学术研究的热点。目前，对产品服务化供应链的研究涉及概念、特征、运作模式、协调机制、激励等方面，随着产品服务化供应链理论研究的不断深入，对服务型制造模式的运营管理将具有积极的指导和借鉴意义。

（二）权力结构是影响产品服务化供应链决策过程的重要因素

权力结构决定了产品服务化供应链成员的地位，影响双方的决策顺序，从而产生不同的决策结果，进而影响到产品服务化供应链各企业成员的收益和产品服务化供应链的总收益。

在供应链权力结构的研究方面，Choi（1991）对竞争供应链中制造商为核心企业、零售商为核心企业和制造商与零售商权力均等三种权力结构下的均衡结果进行比较，发现权力结构对供应链成员的收益会产生影响。Choi 等（2013）研究了由制造商、零售商与废旧产品回收商组成的闭环供应链，对以制造商为核心、零售商为核心和产品回收商为核心三种权力结构下的博弈均衡结果进行比较，发现以零售商为核心的闭环供应链的总收益最大，并对每种权力结构下的闭环供应链采取不同的契约来实现协调。Edirisinghe 等（2011）提出了权力结构占优的概念，在供应链的所有权力结构中，供应链各成员的收益和供应链的总收益最大时的权力结构是强结构占优的，但这种情况并不多见。供应链的总收益最大时的权力结构是弱结构占优的，这种比较多见。Edirisinghe 等还指出，结构占优的供应链是最稳定的。张廷龙等（2012）对不同权力结构和信息结构下供应链的均衡结果进行了分析，表明零售商的权力增大会导致制造商的收益减少，零售商的收益是否增加会受到需求对价格和销售努力的敏感度、成本等的影响。Shi 等（2013）研究了两种非确定需求下不同的权力结构对供应链绩效的影响。于辉等研究了供应链的权力转移对供应链绩效的影响，研究发现当零售商为核心企业时，供应链系统效率更高。

以上研究表明，不同的权力结构会有不同的供应链的决策结果，权力结构对供应链的决策过程有重要影响，将权力结构作为影响供应链决策的重要因素也是近年来学者们研究的热点问题。因此，在研究产品服务化供应链的服务提供模式的选择时，权力结构是不容忽视的重要因素。

（三）服务提供模式的选择是产品服务化供应链运作管理的重要问题

产品服务化供应链为顾客既提供产品又提供服务，在为顾客提供服务的过程中，供应链企业面临着“谁来提供服务”的问题，常见的服务提供者有制造商、零售商以及第三方服务公司等。制造商可以通过直销渠道销售并提供服务，零售商采取零售渠道销售并提供服务。此外，为了降低服务成本，制造商或零售商也可以选择将服务外包给第三方服务公司。

在有关服务提供模式的研究中，Kunpeng Li 等（2012）研究了制造商和零售商组成的供应链中，在集中决策下由制造商提供产品与服务和分散决策下由制造商或零售商提供服务的均衡结果。研究发现，在集中决策下供应链的收益最高，分散决策下供应链收益的高低取决于参数的取值。王素娟等（2010）定义了延保服务吸引力指数，构建了制造商、零售商和第三方服务公司分别提供服务的博弈模型来分析服务模式的选择，发现当部分购买产品的顾客购买服务时，零售商应提供服务。当全部购买产品的顾客购买服务时，制造商和零售商需权衡服务吸引力指数的取值来进行选择。当服务吸引力指数相等时，零售商应提供服务。李杰等（2013）建立了制造商提供服务、零售商提供服务、制造商或零售商将服务外包给第三方服务公司等几种服务模式下的博弈模型，来确定服务模式选择策略，并分析了相应的供应链协调策略。

以上研究文献表明，不同的服务提供模式会面临不同的决策，会对供应链的收益产生不同的影响。因此，在产品服务化供应链的运作管理过程中，存在着对服务提供模式的选择问题，哪种服务提供模式使得产品服务化供应链成员的收益及整体收益最大，这是需要深入研究的重要问题。

随着服务型制造模式的理论研究和实践的不断深入，产品服务化供应链作为服务型制造模式下运作管理的重要组成部分，逐渐成为学者们研究的热点，现有文献关于产品服务化供应链的研究涉及相关的概念、特征、结构、运作模型和协调等，对产品服务化供应链服务提供模式的研究还较少。而服务提供模式的选择与优化是产品服务化供应链运营管理中亟待解决的问题。同时，已有文献的研究结果表明，权力结构对供应链的决策有重要影响，而权力结构是否会对服务提供模式的选择产生影响也是值得研究的问题。因此，研究不同权力结构下产品服务化供应链服务提供模式的选择对产品服务化供应链的运作管理具有重要的理论和实践指导意义。

第二节　研究目标与意义

一、研究目标

本书在以往研究文献的基础上，研究不同权力结构下产品服务化供应链的服务提供模式的选择问题，为产品服务化供应链的运作管理实践提供参考。本书的研究目标如下：

（1）通过构建制造商为核心、零售商为核心、制造商与零售商权力均等三种权力结构下不同服务提供模式的博弈模型，确定每种权力结构下最优的服务提供模式，解决制造商提供服务还是零售商提供服务、制造商与零售商共同提供服务还是各自单独提供服务、制造商或零售商服务自制还是外包、制造商外包服务还是零售商外包服务给第三方服务公司、第三方服务公司单独提供服务还是与制造商或零售商共同提供服务的问题。

（2）对三种权力结构下制造商或零售商提供服务、制造商与零售商共同提供服务、制造商或零售商外包服务给第三方服务公司的服务提供模式的博弈结果进行分析，确定每种服务提供模式下最优的权力结构。

（3）将顾客作为博弈的参与者，在考虑顾客效用的基础上，构建以制造商或零售商为核心企业的第三方服务公司单独提供服务与制造商或零售商和第三方服务公司共同提供服务两种服务提供模式的博弈模型，对两种服务提供模式进行比较分析。

（4）在存在链与链竞争的两级产品服务化供应链中，构建不同权力结构下制造商或零售商提供服务的博弈模型，确定不同竞争强度下每种权力结构下的最优提供模式以及每种服务提供模式下最优的权力结构的影响。

（5）在制造商或零售商提供服务的 N 级产品服务化供应链中，构建核心企业的最优位置模型，确定核心企业处于不同位置时的最优服务提供模式。

二、研究意义

基于上述研究目标，本书通过构建博弈模型从权力结构视角来研究产品服务化供应链最优的服务提供模式及每种服务提供模式下最优的权力结构，具有重要意义：

（1）以往研究文献很少将权力结构与服务提供模式联系起来，本书主要研究不同权力结构下产品服务化供应链的服务提供模式，从权力结构的角度拓展了产品服务化供应链服务提供模式的研究范畴，揭示了权力结构对产品服务化供应链服务提供模式选择的影响，丰富了不同企业主导下产品服务化供应链服务提供模式的研究理论，为产品服务化供应链成员企业特别是核心企业服务模式的选择提供决策参考，为产品服务化供应链的运营管理提供决策支持。

（2）从服务提供模式的角度研究了产品服务化供应链的最优权力结构及 N 级产品服务化供应链核心企业的最优位置，拓展了供应链权力结构和核心企业理论的研究范畴，从定量的角度研究了每一种服务提供模式下产品服务化供应链的最优权力结构以及 N 级产品服务化供应链核心企业的最优位置，丰富了产品服务化供应链权力结构和核心企业的位置迁移理论，为不同服务提供模式下产品服务化供应链权力结构的选择及核心企业的位置迁移提供了参考。

（3）以往研究文献仅关注两级非竞争供应链的服务提供模式的选择问题，本书系统地研究了两级非竞争，两级链与链竞争，三级、N 级产品服务化供应链不同结构下的服务提供模式的选择问题，拓宽了产品服务化供应链服务提供模式的研究范围，并为不同产品服务化供应链结构下服务提供模式的选择提供参考，补充和丰富了产品服务化供应链的相关研究理论。

第三节 研究内容与研究框架

围绕上述研究目标，本书共划分为十个章节，每个章节的具体研究内容为：

开篇为绪论。本章分析了研究的现实背景和理论背景，明确了研究目标及意义，提出了研究内容和研究框架，给出了研究方法和技术路线。

第一章为文献综述。本章主要从服务型制造、产品服务化供应链、供应链核心企业、权力结构、供应链延伸服务及服务提供模式等方面对国内外相关文献进行梳理，并进行文献述评。

第二章主要对产品服务化供应链的相关概念及理论、供应链权力结构以及服务提供模式的相关理论进行分析，为不同权力结构下产品服务化供应链的服务提供模式的研究做好理论铺垫。

第三章主要研究两级产品服务化供应链中，在制造商为核心企业、零售商为核心企业以及制造商与零售商权力均等三种权力结构下，制造商或零售商提供服务的均衡决策，确定每种权力结构下的最优服务提供模式以及每种服务提供模式下的最优权力结构，并对结果进行仿真分析。

第四章主要研究在制造商为核心、零售商为核心、制造商与零售商权力均等三种权力结构下，制造商和零售商共同提供服务对制造商和零售商收益以及供应链总收益的影响，与制造商或零售商单独提供服务的最优决策进行比较，找出最优的服务提供模式和最优的权力结构，并对结果进行仿真分析。

第五章主要研究在制造商为核心、零售商为核心、制造商与零售商权力均等三种权力结构下，制造商或零售商将服务外包给第三方服务公司与制造商或零售商提供服务的最优决策的优劣，分析不同权力结构下最优的服务提供模式以及每种服务提供模式下的最优权力结构，并对结果进行仿真分析。

第六章在考虑顾客效用的情况下，当制造商或零售商为核心企业时，对第三方服务公司单独提供服务、制造商或零售商与第三方服务公司共同提供服务两种服务模式的均衡策略进行分析，确定制造商或零售商共同提供服务的条件以及最优的服务提供模式，并对结果进行仿真分析。

第七章主要研究在制造商为核心、零售商为核心、制造商与零售商权力均等三种权力结构下，存在链与链竞争的两级产品服务化供应链中，制造商和零售商分别提供服务的最优决策的优势，分析不同权力结构下最优的服务提供模式以及每种服务提供模式下的最优权力结构，并对结果进行仿真分析。

第八章主要研究 N 级产品服务化供应链中，制造商或零售商提供服务时核心企业的最优位置及核心企业位于不同位置时的最优服务提供模式。

第九章为研究结论与展望。本章概括和总结了本书的研究结论，提炼出本书的创新之处，分析了本书存在的不足，对未来可能进一步深入研究的方向进行了展望。

全书的整体研究框架如图 0-1 所示。

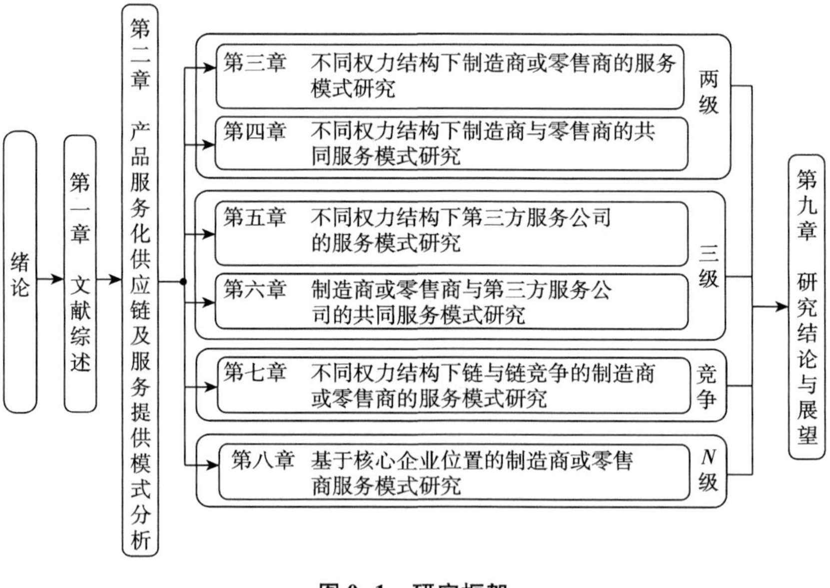

图 0-1　研究框架

第四节 研究方法与技术路线

本书的研究方法是理论分析与仿真相结合、定性分析与定量研究相结合。在模型建立上，主要运用权力结构理论、博弈论和效用理论的方法。在研究内容上，主要研究不同权力结构下产品服务化供应链的服务提供模式选择问题，确定每种权力结构下最优的服务提供模式以及每种服务提供模式下最优的权力结构。

本书的研究思路如下：

（1）通过收集分析国内外文献，结合对实施服务型制造的制造企业进行实地调研以及对服务型制造、产品服务化供应链、核心企业、权力结构、服务提供模式等相关问题的研究现状，提炼出所要研究的问题，然后进一步明确本书的研究目标和研究内容。

（2）通过文献梳理、实地调研访谈的方法，将产品服务化供应链与传统的产品供应链和服务供应链进行对比，对产品服务化供应链的概念和特点以及产品服务化供应链的三种权力结构和服务提供模式进行分析，为建立不同权力结构下产品服务化供应链的服务提供模式选择模型提供理论指导。

（3）在两级产品服务化供应链中，通过建立不同权力结构下制造商提供服务、零售商提供服务以及制造商与零售商共同提供服务的博弈模型，分析不同权力结构下的最优服务提供模式以及不同服务提供模式下的最优权力结构。

（4）当制造商或零售商外包服务给第三方服务公司时，通过建立博弈模型，研究不同权力结构下最优的服务提供模式以及不同服务提供模式下最优的权力结构。

（5）在考虑顾客效用的情况下，将顾客作为博弈的参与者，建立了第三方服务公司单独提供服务和制造商或零售商与第三方服务公司共同提供服务的博弈模型，找出制造商或零售商参与提供服务的条件以及最优的服务提供模式。

（6）在链与链竞争的两级产品服务化供应链中，通过建立不同权力结构下制造商或零售商提供服务的博弈模型，分析不同竞争强度下每种权力结构下的最优服务提供模式以及不同服务提供模式下的最优权力结构。

（7）在 N 级产品服务化供应链中，建立制造商或零售商提供服务的博弈模型，分析核心企业的最优位置以及核心企业处于不同位置时的最优服务提供模式。

（8）对研究结论进行仿真分析，确定服务需求敏感指数、竞争强度、服务成本系数等变量对产品服务化供应链各方收益的影响，对结论加以验证。

在研究方法和研究内容的基础上，可得到本书的技术路线图，如图 0-2 所示。

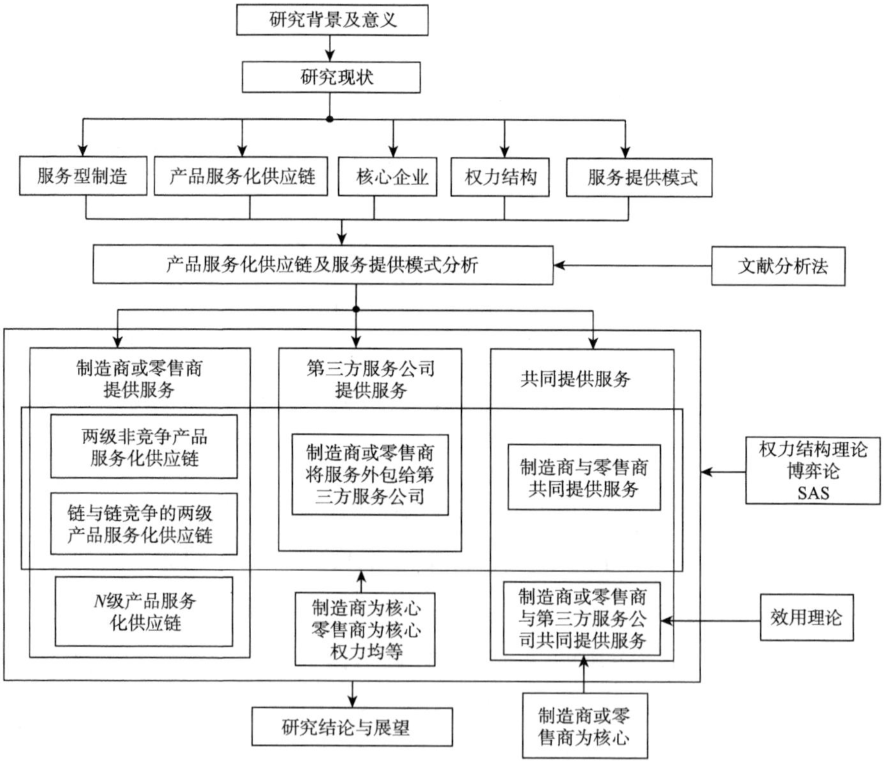

图 0-2　技术路线图

第一章　文献综述

围绕与本书有关的研究问题，对以往国内外学者的相关研究成果进行了梳理，这些研究成果主要包括服务型制造、产品服务化供应链、供应链核心企业、权力结构、供应链延伸服务及服务提供模式等。

第一节　服务型制造的研究综述

在全球经济由工业型经济向服务型经济快速转变的同时，顾客由仅追求产品功能的需求更多地向基于产品的服务需求转变，使得原有的制造企业积极改变制造模式，不断向服务业扩展。服务型制造就是制造业与服务业相互融合产生的新制造模式，是制造业发展的未来趋势。

一、服务型制造的相关概念

与服务型制造（Service-Oriented Manufacturing）相关的概念有生产性服务（Producer Services）、服务化（Servitization）、制造业服务增强（Service-enhanced Manufacturing）、服务导向制造战略（Service-oriented Manufacturing Strategy）、服务导向战略（Service-oriented Strategy）等。

由表 1-1 可以看出，围绕这几个概念，国内外学者进行了大量的研究。在国外，Greenfield（1966）① 最早提出了“生产性服务”（Producer Services）的概念，之后有其他学者从不同的角度提出了生产性服务的定义，但基本形成了一致的看法：生产性服务是用来生产其他产品或服务的

① Greenfield H I. Manpower and the growth of producer services [M]. New York: Columbia University Press, 1966.

中间投入，为生产者提供中间产出的产业，满足的是产品或服务生产过程中的中间需求，所服务的对象是生产者而不是消费者。

Vandermerwe 和 Rada（1988）① 最早提出了“服务化”（Servitization）的定义，将服务化定义为企业由仅提供产品或产品与附加服务向产品服务包转变。而产品服务包中包括服务支持、服务、产品、知识等，且服务在产品服务包中起主导作用，也是价值增值的重要来源。同时，他们提出制造业服务化的产生是受到了复杂的目标市场需求变化和企业竞争优势转变的影响，它以产品作为载体向客户提供各种增值服务，拓展了产品功能，有助于实现企业与客户的价值共创。

Kin-man 和 Leung②（2001）提出了“制造业服务增强”（Service-enhanced Manufacturing）的概念，指出服务增强是企业基于竞争战略的考虑，运用技术或营销手段，通过提供基于产品的差异化服务来满足客户需求，以此来提高企业的竞争力。

Baines 等（2014）③ 提出的服务化战略（Servitization Strategy）和 Homburg 等（2003）④ 提出的服务导向战略（Service-oriented Strategy）的本质均是强调以顾客为中心，在销售的产品之上增加服务，服务由以产品为导向转变为以用户需求为导向。

可以看出，这些概念的共性是，制造企业为中间企业提供服务性生产或生产性服务，并以产品服务包的形式为客户提供集成解决方案，从而为客户创造更高的价值，企业也获得了更强的市场竞争力。

---

① Vandermerwe S, Rada J. Servitization of business: Adding value by adding services [J]. European Management Journal, 1988, 6 (4): 314-324.

② Kin-man T C, Leung C. Service-enhanced manufacturing: A study of perceived service quality of apparel manufacturers [J]. Journal of Fashion Marketing and Management: An International Journal, 2001, 5 (4): 313-323.

③ Baines T S, Howard W. Servitization of the manufacturing firm: Exploring the operations practices and technologies that deliver advanced services [J]. International Journal of Operations & Production Management, 2014, 31 (1): 2-35.

④ Homburg C, Fassnacht M, et al. The role of soft factors in lmplementing a service oriented strategy in lndustrial marketing companies [J]. Journal of Business-to-Business Marketing, 2003, 10 (2): 23-51.

表 1-1　服务型制造的相关术语与定义

作者	术语	核心观点
Greenfield（1966）	生产性服务	满足的是产品或服务生产过程中的中间需求，服务的对象是生产者而不是消费者
Vandermerwe 和 Rada（1988）	服务化	由仅提供产品或产品与附加服务向产品服务包转变
Kin-man 和 Leung（2001）	制造业服务增强	提供基于产品的差异化服务来满足客户需求和提高企业的竞争力
Steele（1993）	服务导向制造战略	强调以顾客为中心，服务由以产品为导向转变为以用户需求为导向
Homburg 等（2003）	服务导向战略	
孙林岩等（2007）	服务型制造	制造与服务的不断融合
何哲等（2008）	服务型制造	面向服务的制造和基于制造的服务
郭跃进（1999）	制造业服务化	对原来产品价值的延伸和扩展，提高了产品的附加价值，满足了顾客需求
刘继国等（2006）	服务化	以产品为核心向以服务为核心转变
齐二石等（2010）	制造业服务化	将服务贯穿于整个产业链中，其最终目标是满足顾客需求，实现利益最大化
蔺雷等（2005）	制造业服务增强	服务提高了产品的竞争力，成为新的利益增长点
周大鹏（2013）	制造业服务化	微观：获得更大的竞争优势，更好地满足顾客需求；中观：向制造业价值链两端不断延伸；宏观：是制造业发展的新趋势

国内学者对服务型制造、制造业服务增强、制造业服务化等概念相继进行了研究。孙林岩等（2007）给出了服务型制造的定义，服务型制造是制造与服务的不断融合，是贯穿于组织、设计、加工、生产、营销等环节，以不同形式表现出来的相互融合状态。

何哲等（2008）分别从服务型制造的概念、表现形式、组织形态和具有的属性四个方面对服务型制造的概念进行了说明，认为服务型制造是面向服务的制造和基于制造的服务，是制造与服务相互融合的产物；服务型制造的表现形式为一整套解决方案和面向顾客的服务；组织形态为制造业与服务业的相互融合与渗透，具有整合、创新、增值的属性。此外，何哲等还从盈利模式、组织行为、流通体系、价值诉求与汲取机制、网络流通载体等方面分析了服务型制造模式下的供应链与传统供应链体系的差异。

郭跃进（1999）认为，制造业服务化是对原来制造业产品价值进行了功能上的延伸和扩展，在提高产品附加价值的同时满足了顾客需求。

刘继国等（2006）界定了“服务化”的内涵和外延，内涵体现为制造企业以产品为核心向以服务为核心转变，以此获取竞争优势；外延体现在投入服务化和产出服务化两个方面。

齐二石等（2010）认为，制造业服务化是以制造业和服务业不断融合为基点并将服务贯穿于整个产业链及活动中，其最终目标是满足顾客需求，实现利益最大化。

蔺雷等（2005）提出了“制造业服务增强”的概念，并将其分为两个层次：间接增强和直接增强。间接增强是指增强产品的竞争力。直接增强是直接创造价值，使服务成为新的利益增长点。

吴贵生等（2011）对中国的制造业服务增强现状进行了实证研究，指出目前中国制造企业还不能放弃制造环节，产品仍是核心，服务只是一种辅助的竞争手段。

周大鹏（2013）从微观、中观和宏观三个层次描述了“制造业服务化”的概念，从微观来看，制造业服务化是制造企业为了获得更大的竞争优势，更好地满足顾客需求而实施的产出差异化的一种经营战略；从中观来看，制造业服务化是为实现产业转型而向制造业价值链两端不断延伸的战略；从宏观来看，制造业服务化是制造业发展的新趋势和知识经济发展过程中的产物。

从以上文献可以看出，服务型制造体现了制造与服务的相互融合，制造业服务化更侧重于制造企业由产品制造商向服务提供商的角色转变过程。制造业服务增强突出了服务对制造业产生的重要影响。

二、服务型制造的相关研究

国内外学者对服务型制造进行了大量研究，主要概括为以下几个方面：制造业与生产性服务业的关系、服务型制造的运作模式、服务型制造的价值网络构建等。见表 1-2。

表 1-2　服务型制造的相关研究汇总

子论题	研究重点	作者
制造业与服务业共生互动	制造与服务是相互促进、相互支持、互动发展的关系	Dnniels P W（1989）； Rowthorn R 等（1999）； Geo W R（1991）
制造业与服务业相互融合	制造与服务是相互融合、相互依赖、共同发展的关系，由共生互动逐渐合二为一	周振华（2003）； Shugan S M（1994）； Bathla（2003）
运作模式	建立了服务型制造与企业竞争优势之间关系的模型	冯泰文等（2009）
	以顾客为中心的一整套系统解决方案	周国华等（2009）
	建立了基于模糊相似优先比方法的供应商评价模型	王凌等（2010）
价值网络构建	提出了服务型制造网络的系统结构，分析了服务型制造网络的形成过程	刘炳春（2011）
	将复杂加权网络理论引入服务制造网络的构建和管理中	李冀等（2012）
制造业创新	产品服务创新、商业模式创新、创新路径	肖挺（2021）； 闵志慧等（2021）； 戴克清等（2020）

综合国内外学者的相关研究，可将制造业与生产性服务业之间的关系的观点分为三类，分别为“分立论”“共生互动论”和“融合论”。

分立论认为，生产性服务业独立于制造业的价值链，在制造业的生产交易活动中起到润滑剂的作用。

共生互动论认为，生产性服务业与制造业是相互促进、相互支持、互动发展的关系。制造业是生产性服务业发展的基础，生产性服务业是对制造业的补充，生产性服务业降低了制造业的中间服务成本，是提高劳动生产率和产品市场竞争力的前提和保障。

融合论认为，生产性服务业与制造业是相互融合、相互依赖、共同发展的关系。生产性服务业与制造业的界限变得越来越模糊，生产性服务业不断向制造业价值链进行延伸和渗透，由共生互动逐渐合二为一。

制造业和生产性服务业的三种分类体现了制造业与生产性服务业的不断渗透和不断融合的过程，也体现了服务型制造发展的三个阶段。

在服务型制造运作模式方面，冯泰文等（2009）对我国制造业的发展现状进行了分析，指出了制造与服务融合的关键要素，建立了服务型制造与企业竞争优势之间关系的模型。

周国华等（2009）在服务型制造的起源及特征的基础上，提出了服务型制造模式是以顾客为中心的一整套系统解决方案。

王凌等（2010）给出了服务型制造模式下供应链核心企业选择供应商的标准，并建立了服务型制造模式下基于模糊相似优先比方法的供应商评价模型。

在服务型制造模式的价值网络构建研究方面，刘炳春（2011）提出了服务型制造网络的系统结构，分析了服务型制造网络的形成过程，提出了服务型制造网络组织协调和利益协调机制，并给出了服务型制造网络的核心企业识别指标及模型。

李冀等（2012）将复杂加权网络理论引入服务制造网络中，定义、计算、分析了该网络的节点强度、聚类系数等统计学特征，并描述和分析了联盟中的角色分配和服务关系，为服务型制造网络的构建和管理、协同伙伴的寻求与分组等提供了依据。

袁鑫等（2021）构建了平台型供应链产品服务模型，研究了制造商与云平台间合作与不合作之间的差异。研究发现，制造商与云平台合作获得的供应链总利润更多，平台型供应链总利润会随产品服务水平的提升而呈现“先增后减”的趋势。

唐国锋等（2020）以重庆为例，对制造业转型升级与服务化水平的关系进行研究，发现服务化对制造业转型升级具有正向影响，服务化投入并非制造业转型升级的唯一决定因素。

杨蕙馨等（2020）研究了制造业服务化对中国制造业转型升级的影响

效应和制造业服务化发展模式与实现路径等，并对未来制造业服务化的研究方向进行了展望。

肖挺（2021）认为，服务化是商业模式的创新，会带来企业组织结构变革，通过问卷调查，得出了技术创新是驱动服务化的主导动力的结论。

闵志慧等（2021）通过案例分析，对企业在服务化转型过程中采取的不同模式进行研究，构建出制造企业服务化创新模式的演变过程。

戴克清等（2020）通过分析共享服务创新在制造业服务化转型中可能的“创新陷阱”，剖析其突破路径，规避潜在风险，激发企业服务化转型的优势动能。

由以上文献可以看出，国内外学者对服务型制造的研究虽取得了很多成果，但还存在着一些不足之处。比如，对生产性服务业与制造业的关系的研究，还是以理论研究为主，缺乏实证和量化研究及系统分析，对生产性服务业与制造业的融合动因、融合过程、融合机理的研究还不够深入。特别是关于制造企业对融合模式的选择、融合效果的评价等的研究还较少。此外，服务型制造的研究还停留在理论层面，对服务型制造的实施及运作实践的研究还比较少，特别是服务型制造模式下有关供应链理论的研究不多。

第二节　产品服务化供应链的研究综述

在服务型制造背景下，企业提供给顾客的不仅有产品，还有基于产品的服务，传统的产品供应链也逐渐向产品服务化供应链转变。产品服务化供应链是服务型制造模式下运作管理的重要组成部分。下面通过对相关文献的梳理，对产品服务化供应链的相关研究现状进行综述。

一、产品服务化供应链的概念

产品是有形的，指能够提供给顾客、被顾客使用和消费，并能满足顾客某种需求的物品。服务是无形的，是为了满足顾客的需求而产生的结果，具有不可感知性、不可分离性、差异性、不可存储性等特性。而产品服务化是制造企业由以制造产品为中心转变为以基于产品的服务为中心的价值创造模式。

Vandermerwe 和 Rada（1988）认为服务化是由单纯的产品经过产品和附加服务再向产品、服务、服务支持、知识所组成的产品服务包转变的经营模式。

Johnson 等（2008）① 首先提出了“产品服务化供应链”的定义，指出产品服务化供应链贯穿于最初的供应商到最终客户的信息、流程、能力、产品、服务和资金等管理过程，是产品供应链和服务供应链的混合供应链，服务流成为产品服务化供应链中新的流程，并将其与传统的产品供应链进行了比较，给出了产品服务化供应链的运作流程和结构。

郭福利（2011）② 提出产品服务化供应链是通过对物流、价值流、服务流、资金流、信息流的控制，由制造资源和服务能力的投入开始，围绕核心企业，经过客户参与以及各成员企业间的相互合作，把产品服务系统交付给客户的，将供应商、分包商、集成商和客户连成一个整体的功能网络结构。

从以上对产品服务化供应链的定义描述可以看出，与传统的产品供应链相比，产品服务化供应链中增加了一个服务流，为顾客既提供产品又提供服务，是产品供应链与服务供应链的混合模式。

二、产品服务化供应链的相关研究

随着服务型制造研究的不断深入，产品服务化供应链也得到了学者的关注。目前对产品服务化供应链的相关研究主要包括服务与产品的融合关系及产品服务化供应链企业成员关系、运作模式、协调机制和激励机制等，见表 1-3。

---

① Johnson M, Mena C. Supply chain management for servitised products: A multi-industry case study [J]. International Journal of Production Economics, 2008, 114 (1): 27-39.

② 郭福利．产品服务化供应链协调机制设计研究［D］．西安：西安理工大学，2011.

表 1-3 产品服务化供应链的相关研究汇总

子论题	研究重点	作者
服务与产品的融合关系	将服务与产品的融合程度分为长度和宽度	Slack（2005）
	系统集成商将上游企业的制造和服务资源进行整合，为客户提供产品服务	Baines（2009）
供应链企业成员关系	集成商加强对下游企业的控制，直接面对客户	Schmenner（2009）
	系统集成商与上游企业的合作关系的重要性	Lockett（2011）
	划分供应商的类型，建立了契约结构与供应商责任延伸的匹配模型	宋高歌等（2007）
	子系统供应商通过和集成商建立不同的合作与终端顾客建立联系，进而使控制权向子系统供应商转移	Finne M 等（2013）
运作模式	提出了产品服务化供应链的运作模型及流程	陈菊红等（2010）；刘会珍（2013）
协调机制	从营销层面和运作层面提出了产品服务化供应链的协调机制	郭福利（2011）
	基于排队优化模型的产品服务能力定价和协调模型	姚树俊等（2013）
激励机制	建立了顾客参与服务的信息共享的激励机制	和征等（2014）

在服务与产品的融合关系研究方面，Slack（2005）研究了服务与产品的融合程度，并将其分为长度和宽度两个维度，长度表示为客户提供服务的企业数，宽度表示服务的客户数量。

Baines（2009）强调在产品与服务融合下，供应链的系统集成商将上游企业制造和服务资源进行整合来为客户提供产品服务。

在供应链企业成员关系方面，Schmenner（2009）指出服务型制造模式下供应链中的集成商加强了对下游营销渠道的控制，直接面对客户。

Lockett（2011）提出，目前服务型制造模式下供应链关系的研究主要集中在系统集成商与下游客户的关系方面，而对上游企业与系统集成商的关系的研究并不多，上游企业在产品服务系统创造和传递过程中也起到了重要的作用，与系统集成商建立更好的合作将会提升竞争优势。

宋高歌等（2007）根据产品服务系统中供应商责任延伸的程度来划分

供应商的类型，并建立了契约结构与供应商责任延伸的匹配模型。

Finne 等（2013）研究了产品服务化供应链由集成商、终端用户和子系统提供商构成的三元结构，子系统供应商在丧失了与终端顾客联系的情况下实施服务化，通过和集成商建立不同的合作与终端顾客建立联系，子系统提供商的最终目的是越过集成商，直接与顾客建立联系，进而使控制权向子系统供应商转移。

对产品服务化供应链的运作模式、协调机制和激励机制的研究方面，陈菊红等（2010）将产品供应链和服务供应链的运作模式进行了对比分析，提出了产品服务化供应链的运作模型及流程。

郭福利（2011）研究了产品服务化供应链的协调机制，从营销层面和运作层面提出了产品服务化供应链的协调机制。

和征等（2014）分析了产品服务化供应链的信息不对称及信息共享的重要性，建立了顾客参与服务的信息共享的激励机制。

姚树俊等（2013）考虑到产品服务需求具有动态性和非线性等特征，建立了基于排队优化模型的产品服务能力定价和协调模型，并给出了协调对策。

刘会珍（2013）在产品供应链和服务供应链运作模式的基础上，研究了产品服务化供应链的运作模式，并分析了四种不同权力结构下的定价策略。

詹宇铎（2011）分析了产品服务系统的特性，并对产品服务系统的规划、配置和销售三个阶段的收益管理进行了分析。

由以上文献可以看出，学者们对产品服务化供应链的研究还处于初级阶段，目前主要集中在概念、服务与产品的融合关系、运作流程、供应链的协调等方面，对产品服务化供应链的研究还不够系统，特别是对产品服务化供应链的渠道选择和服务提供模式的研究几乎没有。

第三节 供应链核心企业的研究综述

一、供应链核心企业的概念

在对核心企业的定义方面，以 Prahalad 和 Hamel（1990）① 为代表的国外学者主张企业“核心能力论”，认为核心企业是具备明显关键优势的企业，且核心企业在供应链整个运营管理中起着举足轻重的作用。

Harland（1997）认为，供应链的核心企业不仅可以是制造产品的制造商，而且可以是销售产品的大型零售商，如沃尔玛等。

Langen 等（2003）认为，核心企业在规模、市场地位、信息知识和能力等方面具有优势，这些企业有能力做出对供应链其他企业来讲具有正外部性的经营和投资活动。

国内学者主要从供应链核心企业的角色和功能来定义供应链的核心企业。马士华（2000）认为，核心企业是供应链结构中的主导企业，发挥了原子核的作用，将其他企业吸引在其周围形成了一个网链。他同时指出，核心企业必须具有对其他企业的影响力、产品的开发和导向能力、产品的市场占有率、较好的商业信誉、经营理念和合作精神才能与供应链上的其他企业形成合作战略联盟。

卢松泉（2008）根据约束理论给出了供应链中核心企业的概念，核心企业是在技术、原始资源、市场和信息等方面拥有该供应链的约束资源，能够在资源配置方面胜任组织和协调工作，决定供应链的运作效率和节奏，能够提升供应链核心竞争力的企业。同时，核心企业必须具有行业影响力、产品创新能力、产品市场占有率、主导产品结构、商业信誉、管理协调能力及良好财务状况等素质。

以上研究从不同角度、基于不同理论给出了供应链核心企业的概念，

① Prahalad C K, Hamel G. The core competence of the corporation [J]. Harvard Business Review, 1990, 7 (6): 21-25.

由于供应链结构的复杂性和多样性决定了不同的供应链结构，其核心企业的含义不尽相同，因而到目前为止，还未形成一个通用的供应链核心企业的定义。

二、供应链核心企业的相关研究

目前学者们对供应链中核心企业的研究涉及内容较多，归纳起来有以下几个方面：核心企业的特征及评价指标、核心企业的位置迁移等。见表 1-4。

表 1-4　供应链核心企业的相关研究汇总

子论题	研究重点	作者
核心企业的特征及评价指标	运用 AHP 方法从 6 个方面对核心企业进行评价	韩英等（2003）
	从权力依赖的视角构建了技术创新网络中的核心企业的识别概念模型	李玲等（2009）
	提出了供应链核心企业的评价指标体系	丁青艳等（2010）
	旅游服务供应链中核心企业应该是旅游电子商务网站	张晓明等（2010）
	创新网络核心企业识别和评价因素	孙冰等（2011）
核心企业的位置迁移	提出了核心企业的位置迁移的四个关键影响因素	刘云枫等（2005）
	运用生态学的种群模型研究核心企业的演化过程	武玉英等（2009）
	构建了核心企业成长位移与竞争力提升相关性研究的理论模型	杨波等（2011）
	核心企业的网络位移与其网络结构和动态竞争优势关系密切	田茂利等（2012）
	链式供应链中核心企业最优位置	Majumder 等（2006）
	网状供应链结构中核心企业最优位置	Majumder 等（2008）

在核心企业的特征及评价研究方面，韩英等（2003）运用 AHP 方法从影响力、扩展力、可参与度、信任度、协调运作力、吸纳力六个方面对核心企业进行了评价，其中扩展力分为市场占有率和产品开发的导向力。

李玲等（2009）从权力依赖的视角构建了结构中心性、敏感性和脆弱性的技术创新网络中的核心企业的识别概念模型，并通过实证研究进行了验证。

丁青艳等（2010）认为核心企业具有影响力、吸引力和融合力三种特征，并从企业的发展能力、链接的敏捷性（择优链接）、链接的稳固性三个方面提出了供应链核心企业的评价指标体系。

张晓明等（2010）结合中国旅游业的现状及发展特点分析了旅游服务供应链中核心企业的确定，认为现存旅游服务供应链中旅行社并不处于真正的核心地位，旅游服务供应链真正的管理核心应该是旅游电子商务网站。

孙冰等（2011）对创新网络中核心企业的研究进行了综述，给出了创新网络中核心企业的定义，总结归纳了创新网络核心企业识别和评价因素以及核心企业的影响力、合作伙伴选择标准等。

在核心企业的位置迁移研究方面，刘云枫等（2005）指出核心企业处于供应链的中心位置，并且这个位置具有迁移现象，并给出了核心企业位置迁移的四个关键影响因素，分别是产品特征、市场结构、商业模式、技术发展趋势。

武玉英等（2009）将供应链视为一种各成员分工不同的特殊群体，将供应链所处的环境视为生态系统，因而供应链上的核心企业会随着其他成员和所处环境的变化而变化，运用生态学的集合种群模型来研究当环境发生变化时，供应链上的各个企业如何保持平衡及核心企业的演化过程。

杨波等（2011）分析了空间三层网络中核心企业在成长过程中的迁移行为，分析了核心企业发生位置迁移的不同方式，构建了核心企业成长位移与竞争力提升相关性研究的理论模型。

田茂利等（2012）通过案例分析研究了核心企业的迁移行为的影响，得出集群核心企业的网络位移与其网络结构和动态竞争优势关系密切。

Majumder 等（2006）提出了“供应链核心企业最优位置”的概念，认为当供应链收益最大时企业所处的节点位置为最优位置，并研究了链式结构的多级供应链中核心企业的最优位置及影响因素，同时分析了核心企业位置对上下游企业之间合作关系的影响。

Majumder 等（2008）研究了网状供应链结构中核心企业最优位置模型，并提出了一种消除供应链节点的算法。

Löfberg 等（2010）通过实证研究了供应链网络企业处于不同网络位置时服务战略的选择问题。

从以上文献可以看出，目前国内外对供应链核心企业的相关研究成果较多，为基于核心企业的供应链管理的实施提供了理论指导，也为今后核心企业的相关研究奠定了理论基础。但目前的研究也存在着很多不足之处，具体表现在：第一，现有文献对核心企业的相关研究理论定性分析较多，定量研究较少。第二，现有文献研究偏重于理论研究，与实践结合不紧密。第三，在研究供应链核心企业的位置迁移方面，定性分析较多，定量研究较少，特别是缺少对供应链核心企业最优位置的研究。

第四节　权力结构的研究综述

一、渠道权力的概念

德国学者马克斯·韦伯从社会学的角度认为权力是将一个人或一些人的意志强加在其他人的行为之上的能力，这个观点被学者们普遍接受。

在供应链的上下游企业之间存在着渠道权力，Beier 和 Stern（1969）将行为科学引入渠道权力的研究中，认为渠道权力是渠道关系的基本属性，并不是某个渠道成员的属性。渠道关系中总是会存在一定程度的渠道权力。

El-Ansary 和 Stern（1972）利用社会学中的权力概念提出了渠道权力的定义，认为渠道权力是指一个渠道成员对另一个位于不同层面上的渠道成员的营销决策变量施加影响与控制的能力。

二、权力结构的相关研究

由表 1-5 可以看出，在有关渠道权力的研究文献中，学者们主要从实证研究的角度研究了渠道权力的影响因素和渠道权力应用的影响因素等。

表 1-5 权力结构的相关研究汇总

子论题	研究重点	作者
渠道权力的影响因素	认为权力基础、营销战略以及依赖影响渠道权力	El-Ansary 和 Stern（1972）
	强制权力基础对权力有影响	French 和 Raven（1969）
	经济性权力基础与依赖对权力有影响	Brown 和 Lusch（1983）
	上下游成员的市场权力对经销商的权力有影响	Butaney 和 Wortzel（1988）
影响渠道权力应用的主要因素	市场环境对渠道权力的应用有影响	Etgar（1977）
	传统渠道与契约渠道对权力的应用有影响	Etgar（1978）
	相对依赖与使用权力之间有正向影响	Anderson 和 Narus（1990）；Gassenheimer 和 Calantone（1994）
	依赖结构及零售业的集中程度对零售商使用权力有影响	Dapiran 和 Hogarth-Scott（2003）
权力结构的类型及占优结构	提出了强结构占优和弱结构占优的概念	Edirisinghe 等（2011）
	提出了供应链的权力结构类型及占优结构	于晓霖等（2008）；吕兴洋等（2010）
权力结构下的均衡策略	存在价格和服务竞争时不同权力结构下的策略选择	Charoensiriwath 等（2004）
	领导企业和跟随企业在学习过程中寻找各自的最优决策	Tharakunnel 等（2009）
	比较了三种权力结构下的均衡结果	Tang 等（2012）
	分析了不同权力结构和信息结构下供应链的博弈均衡结果	张廷龙等（2012）

续表

子论题	研究重点	作者
权力结构对供应链决策变量的影响	权力结构对供应链绩效有影响	Shi 等（2013）； 于辉等（2009）； 郑静静（2009）； 赵晓敏等（2012）
	权力结构对供应链成员间联盟关系有影响	雷昊（2004）； 郑静静（2009）
	权力结构对契约有影响	潘可文（2009）
	权力结构对定价有影响	王文宾等（2011）
	消费者的权力对旅游供应链权力结构有影响	徐虹等（2012）
	权力结构对协调机制有影响	杜玉申等（2012）

在渠道权力的影响因素方面，El-Ansary 和 Stern（1972）在多学科理论的基础上，建立了渠道权力的测量函数，将权力基础、营销战略以及依赖看作影响渠道权力的自变量，并进一步检验了渠道权力与这三个自变量之间的关系。但结论证明假设并不成立。造成这一结果的原因是其研究的渠道关系中不存在明显的权力结构。

French 和 Raven（1969）进行了权力基础与权力关系的实证研究，验证了强制权力基础与权力之间具有正相关关系，非强制权力基础与权力之间具有负相关关系。

Brown 和 Lusch（1983）验证了经济性权力基础与权力之间具有正相关关系，依赖与权力之间具有正相关关系，非经济性权力基础对权力无显著影响。

Butaney 和 Wortzel（1988）研究了制造商和消费者的市场权力对经销商权力的影响，发现经销商上下游成员的市场权力会对经销商的权力产生影响。当制造商比较集中且竞争不激烈、消费者的转换成本较低时，经销商的权力处于较低水平；当制造商的集中程度不高且竞争激烈、顾客的转换成本较高时，经销商的权力处于较高水平。

在影响渠道权力应用的主要因素方面，Etgar（1977）研究了市场环境对渠道权力应用的影响，发现当渠道关系面临市场环境的威胁时，渠道成员可以通过使用较多的权力对渠道进行高水平的控制。Etgar（1978）研究发现核心企业在传统渠道与契约渠道中对权力的应用具有较大差别。在传统渠道中，核心企业更侧重依靠与产品有关的权力来实现对渠道的控制。在契约渠道中，核心企业更侧重依靠与零售管理相关的支持性活动的权力来实现对渠道的控制。Anderson 和 Narus（1990）发现了被依赖与使用权力之间的正相关关系。Gassenheimer 和 Calantone（1994）研究发现，在由三个供应商和一个零售商组成的渠道关系中，零售商的相对依赖越高，供应商所使用的权力越大。Dapiran 和 Hogarth-Scott（2003）研究了制造商与零售商之间的依赖结构以及零售业的集中程度对零售商所使用的权力的影响，当零售商的依赖程度较低且零售业的集中程度较高时，零售商倾向使用强制权力；当零售商高度依赖供应商且零售业的集中程度高时，零售商倾向使用专家权力；当供应商高度依赖零售商且零售业集中度低时，零售商倾向使用认同权力。

当供应链成员具有渠道权力时，就会产生不同的权力结构。有关供应链权力结构的研究主要集中在权力结构的类型及占优结构、不同权力结构下的均衡策略、供应链权力结构对决策变量的影响等方面。

在权力结构的类型及占优结构的研究方面，Edirisinghe 等（2011）分析了两个竞争性的供应商和一个零售商组成的供应链中，在不同的供应链权力结构下的供应链结构稳定性问题，并提出了强结构占优和弱结构占优的概念，强结构占优指供应链的各成员收益和总收益均最大，但这种情况并不多见，弱结构占优指供应链的总收益最大，这种比较常见。他们还指出结构占优的供应链是一种稳定的供应链结构。

于晓霖等（2008）对供应链中制造商和零售商的权力进行了 AHP 评价，将供应链权力结构分为双核心型、零售商主导型、制造商主导型和低度均衡型，并通过评价得出了在供应链协同效应方面，制造商为核心的供应链优于零售商为核心的供应链，零售商为核心的供应链优于低度均衡型供应链，双核心型供应链优于制造商为核心的供应链。

吕兴洋等（2010）从权力结构类型和权力转移角度对旅游供应链上下游企业之间的关系进行了分析。

在不同权力结构下的均衡策略研究方面，Charoensiriwath 等（2004）研究了线性需求、学习型需求和随机需求下，供应链中两个制造商之间存在价格和服务竞争情况下，在不同权力结构中的决策选择问题。Tharakunnel 等（2009）建立了由一个核心企业和多个跟随企业组成的分层博弈，并提出了学习模型来研究领导企业和跟随企业如何在学习过程中寻找各自的最优决策。Tang 等（2012）分析了服务供应链中，两个竞争性服务提供商将服务销售给同一个服务集成商时，三种不同权力结构下的均衡结果，并对这三种情况下的均衡结果进行了比较，对相关的参数进行了敏感性分析。滕春贤等（2011）分析了旅游服务供应链中的两级和三级供应链结构，指出三级服务供应链结构比两级更为优越，在三级服务供应链中本地旅行社作为中介充当了服务供应链的核心企业。张廷龙等（2012）分析了不同权力结构和信息结构下供应链的博弈均衡结果，证明了零售商权力的增强使得制造商的利润恶化，零售商的利润是否增加取决于需求对价格和销售努力的敏感度、成本及信息结构。

在权力结构对供应链决策变量的影响方面，Shi 等（2013）研究了两级供应链中，在两种不确定需求下，不同的权力结构对供应链绩效的影响。雷昊（2004）认为供应链成员间关系的不对称引起各方权力的不平衡，权力较大的一方会运用权力在价格、库存、运营、信息等方面对其他成员施加影响，权力冲突可能最终导致供应链联盟关系破裂。于辉等（2009）研究了供应链权力转移对供应链绩效的影响，研究发现当零售商为核心企业时，供应链的系统效率更高。郑静静（2009）对长三角地区制造企业进行调研分析，研究供应链权力对供应链关系质量及供应链绩效的影响，发现合理的供应链权力使用有利于提升企业的供应链关系质量，供应链关系质量提升对于供应链绩效具有显著的积极影响。潘可文（2009）分析了不同渠道权力结构下供应链的契约协作关系。王文宾等（2011）研究了以制造商为领导者（MS）、以零售商为领导者（RS）和二者权力均等

（VN）三种渠道权力结构下闭环供应链的定价问题，得出 MS 与 RS 下闭环供应链的总利润相同且低于 VN 情形。赵晓敏等（2012）研究了不同权力结构对闭环供应链绩效的影响。徐虹等（2012）提出旅游者应成为旅游供应链中的成员，并分析了消费者的权力增加对旅游供应链权力结构的影响，从消费者权力的角度解释了旅游供应链中发生的权力对角线转移过程。杜玉申等（2012）认为协调机制是供应链权力结构博弈的结果。每一种权力结构都有一个潜在的有效协调机制，当权力结构与有效协调机制相适应时，才可能实现供应链整体绩效最优化的目标。

从以上文献可以看出，渠道权力是学者们研究的热点，权力结构是供应链管理研究中的一个重要方面。经过几十年的研究，一个日益完善的理论体系正在逐步形成。但渠道权力结构理论的研究还存在一些需要完善和发展的方面：一方面，渠道权力一般被限制在二元关系中，缺乏对多元关系的关注。供应链权力结构的研究也一般限制在两级供应链中，对多级供应链中权力结构的研究较少，特别是对产品服务化供应链多级结构的权力结构的研究几乎没有。另一方面，对供应链权力结构的定量研究大多是权力结构对决策变量的影响研究，而对给定决策变量下权力结构的占优结构的研究太少。

第五节　供应链延伸服务及服务提供模式的研究综述

延伸服务（Extended Warranty Service）是在为顾客提供质保和支持服务基础上的额外有偿服务，是对产品基本服务的延伸。延伸服务是一个新的利润增长点，越来越多的企业开始进入延伸服务领域。

一、延伸服务的概念

延伸服务又叫延保服务，Day 和 Fox（1985）① 对延保服务进行了定

① Day E，Fox R. Extending warranties，service contracts，and maintenance agreements—A marketing opportunity? [J]. Journal of Consumer Marketing，1985，2（4）：77-86.

义，即延保服务是顾客购买产品后制造商提供的产品质保服务后的劳动力和零件的有偿服务，并提出提供延保服务的主体主要有制造商、零售商和独立的第三方机构三种。

莱维特（2007）在《营销想象力》[①] 一书中分析了产品的层次，提出了“延伸产品”（Augmented Product）的概念，指出延伸产品是为购买产品的消费者提供额外的内容，以此来提升企业的竞争力。

沈铁松等（2010）[②] 指出产品延伸服务属于延伸产品的范畴，并给出了产品延伸服务的定义，产品延伸服务是指制造企业以顾客价值主张为核心，依附于制造产品本身，为顾客提供的相应配套服务，以此来增加企业的利益，提升顾客的满意度，从而达到双赢的目的。

二、延伸服务及服务提供模式的相关研究

国外学者对延伸服务的研究取得了一些成果，国内的研究还处于初级阶段。通过文献梳理发现，延伸服务的相关研究主要包括：一是延伸服务的重要性；二是延伸服务的定价及服务质量研究；三是延伸服务提供模式的选择，见表 1-6。

表 1-6　延伸服务及延伸服务提供模式的相关研究汇总

子论题		研究重点	作者
延伸服务的重要性	制造商的视角	有助于企业品牌的建立与推广	Day 和 Fox（1985）
		延伸服务广告的投入比例增大	Menezes 和 Currim（1992）
		增加企业的收益，提升顾客的忠诚度	Kelley 和 Conant（1991）
	顾客的视角	是顾客抵御产品损坏风险的保障	Heal（1977）
		是解释产品质量的信号	Spence（1977）
		是降低感知风险的手段	Kelley 和 Conant（1991）

① ［美］西奥多·莱维特．营销想象力［M］．北京：机械工业出版社，2007.

② 沈铁松，熊中楷．考虑厂商承诺行为的产品延伸服务市场竞争分析［J］．中国管理科学，2010，18（4）：93-100.

续表

子论题	研究重点	作者
延伸服务的定价和服务质量	构建了延伸服务的期权定价模型	Brooks 和 White（1996）
	研究了延伸服务的最优定价和最优服务质量水平	Cohen（1997）
	研究了耐用品的最优产品的质保价格	Decroix（1999）
	设计了一种更为灵活的延伸服务合同	Jack 和 Murthy（2007）；Gallego 等（2014）
	研究了顾客存在转移费用时的最优服务定价	沈铁松（2009）
延伸服务提供模式的选择	制造商和零售商分别提供服务和同时提供服务	许明辉等（2006）
	制造商或零售商提供服务	Kunpeng Li 等（2012）；易余胤等（2015）
	制造商分别通过零售渠道和直销渠道销售延伸服务	张旭梅等（2012）
	制造商或零售商或第三方服务公司提供服务	王素娟等（2010）；李杰等（2013）
	制造商选择服务自制还是外包给零售商	Xia 和 Gilbert（2007）
	制造商与零售商共同提供服务	寇军（2016）

有关延伸服务重要性的研究是从制造商和顾客两个角度进行的。从制造商来看，大多数学者都认为延伸服务能够提高顾客的忠诚度，还能够直接或间接地为企业获取到巨额利润。Day 和 Fox（1985）认为延伸服务有助于企业品牌的建立与推广，公司不能只关注短期利润而忽视了顾客长期对品牌的看法。Menezes 和 Currim（1992）通过实证研究发现汽车行业的延伸服务广告的投入比例占到了 80%以上。Kelley 和 Conant（1991）对制造商进行了实证调研，归纳出制造商提供延伸服务的两大原因：一是提供延伸服务能够大幅增加企业的收益，二是为顾客提供延伸服务有助于提升顾客的忠诚度。Zhang 等（2010）通过对德国和瑞士的 30 多家制造企业进行实地调研，发现提供服务业务对制造企业意义重大。

从顾客来看，购买延伸服务是顾客规避产品风险的一种手段。Heal

(1977) 发现延伸服务是顾客抵御产品损坏风险的保障，而且顾客比制造商更厌恶风险。Spence (1977) 发现当顾客无法分辨产品质量好坏时，延保服务是解释产品质量的一种信号。Kelley 和 Conant (1991) 对顾客进行调研后发现顾客将延伸服务合同视为降低感知风险的一种手段。

在延伸服务的定价和服务质量研究方面，Brooks 和 White (1996) 发现购买时机对消费者的购买行为会产生影响，从而构建了延伸服务的期权定价模型。Cohen (1997) 研究了存在服务竞争时，产品保修范围以外的延伸服务的最优定价和最优服务质量水平。Decroix (1999) 研究了寡头市场制造商生产的耐用品的最优产品的质保价格，认为每种产品制造商都可以设置最优的质保价格和可靠性。Jack 和 Murthy (2007) 通过建立博弈模型设计了一种更为灵活的延伸服务合同，并对延伸服务提供商的最优价格和最优维修策略进行了研究。沈铁松 (2009) 研究了在产品竞争的寡头市场中，两个竞争性制造商第一阶段销售产品、第二阶段提供产品延伸服务时，顾客存在转移费用情况下的最优服务定价问题。Gallego 等 (2014) 发现了顾客对可靠性的动态学习能力，提出灵活的延伸服务合同能够产生更高的收益。

在延伸服务提供模式的选择研究方面，许明辉等 (2006) 在制造商和零售商分别提供服务和同时提供服务三种情况下，比较了 Stackelberg 博弈和 Nash 博弈中的均衡结果，发现在 Stackelberg 博弈中，由供应商和零售商共同提供服务对他们来说都是最好的选择。

Kunpeng Li 等 (2012) 研究了在一个制造商和零售商组成的供应链中，延伸服务由制造商或零售商提供时对供应链收益的影响，分析了在集中决策下由制造商提供产品和服务与分散决策下由制造商和零售商分别提供服务的情形。通过建立博弈模型比较三种情形下的结果，发现在集中决策下供应链的收益最高，分散决策下供应链收益的高低取决于参数的取值，同时还考虑了制造商与零售商将服务外包给第三方企业的情形。

张旭梅等 (2012) 在考虑了顾客的风险规避度的基础上，分析了制造商分别通过零售渠道和直销渠道销售延伸服务对制造商收益的影响，发现服务水平较高时制造商应选择直销渠道，服务水平较低时制造商应选择零售渠道。

王素娟等（2010）定义了延保服务吸引力指数，分别构建了制造商提供服务、零售商提供服务和第三方服务公司提供服务的博弈模型来选择合适的服务模式，发现当全部购买产品的顾客购买了服务时，制造商和零售商需要比较服务吸引力指数的大小来确定由谁提供服务；当部分购买产品的顾客购买了服务时，最优的服务模式是由零售商提供服务；当服务吸引力指数相等时，零售商应该提供服务。

李杰等（2013）在服务需求敏感指数的基础上建立了制造商提供服务、零售商提供服务、制造商或零售商将服务外包给第三方服务公司等服务模式下的博弈模型，通过对均衡结果进行分析来确定服务模式选择策略，并分析了相应的供应链协调策略。

Xia 和 Gilbert（2007）认为服务提升了产品的市场需求，制造商选择服务由自己提供还是外包给零售商，而零售商根据制造商的服务提供模式的选择来确定采取集中决策下的产品定价还是分散决策下的产品定价，发现均衡主要取决于谁有能力成为供应链的核心企业，如果零售商为核心企业，那么均衡为制造商服务外包，零售商采取集中模式下的产品定价；当制造商为核心企业时，均衡为制造商自己提供服务，零售商采取分散决策下的产品定价；当权力均等时，均衡为制造商服务外包，零售商采取集中决策下的产品定价。

易余胤等（2015）研究了由制造商和零售商组成的两级供应链中，制造商和零售商分别为强势企业时，制造商提供服务和零售商提供服务两种延伸服务模式下的均衡结果，探讨了供应链对企业最优延伸服务提供模式以及权力结构对供应链延伸服务提供模式的影响。

寇军（2016）研究了制造商与零售商共同提供产品延伸服务时，在分散决策和集中决策下的最优延伸服务水平，并提出了服务成本分担契约，通过此契约实现了产品服务供应链的协调。

从以上文献可以看出，供应链延伸服务主要集中在延伸服务的概念、延伸服务合同的制定、延伸服务渠道及服务提供模式的选择方面，其中延伸服务模式的选择是近年来供应链服务化过程中研究的重点内容。但大多数文献只关注了制造商、零售商、第三方服务机构提供服务的情形，对服务提供者的研究不够系统和全面。在双渠道供应链下，制造商与零售商共同提供服务、制造商或零售商与第三方服务公司合作共同提供服务的服务提供模式的研究较少。

第六节　文献评析

由以上文献可以看出，国内外学者对上述相关问题展开了研究，并取得了一定的研究成果，但也存在着一些不足之处。具体如下：

（1）从服务型制造的研究文献来看，国内外学者对服务型制造的相关领域展开了大量研究，主要围绕服务型制造的概念、特征、运作模式、制造与服务的关系、网络构建等方面进行，但还未能提出一个完整系统的理论框架。特别是针对服务型制造企业生产运作管理中新问题的理论研究还比较缺乏，对服务型制造模式下供应链管理的相关理论研究并不多。研究方法以理论研究为主，缺乏实证和建模研究。因此，服务型制造的研究还处于发展阶段，无论是研究对象与问题、研究方法和思路还是其他理论体系的构建都有待进一步深入。

（2）产品服务化供应链作为服务型制造运作管理过程中的重要内容，近几年逐渐得到了国内外学者的关注。通过文献梳理发现，产品服务化供应链的研究目前主要涉及概念、特征以及协调等方面，对产品服务化供应链的研究还处在初级阶段，理论研究还不够系统和全面。而在产品服务化供应链的运作管理实践过程中，存在着不同的服务提供主体，从而产生了不同的服务提供模式，服务提供模式的不同会影响到产品服务化供应链各节点企业的决策及收益，是一个多方博弈的问题，应该引起关注。而目前有关产品服务化供应链服务提供模式的研究较少。

（3）在有关服务提供模式的研究文献中，考虑最多的是制造商提供服务或零售商提供服务这两种服务提供模式，而制造商或零售商委托第三方服务公司提供服务的文献较少。同时，随着电子商务的快速发展，双渠道供应链已经成为企业新的营销模式。在这种销售模式下，产品服务化供应链各节点企业可以共同为顾客提供服务。而有关制造商与零售商共同提供服务以及制造商或零售商与第三方服务公司共同提供服务的研究文献几乎没有。此外，在有关供应链服务提供模式的研究文献中，更多地关注两级供应链的研究，对链与链竞争的供应链以及两级以上供应链的研究较少。

（4）由有关供应链权力结构的研究文献可以看出，供应链权力结构是影响供应链决策的重要因素，而目前的研究只涉及权力结构对供应链绩效、定价和协调等的影响，权力结构对供应链服务提供模式的影响研究几乎没有。同时，关于供应链权力结构的研究只关注了权力结构对供应链决策变量的影响，而忽略了供应链决策变量对权力结构的影响，特别是在给定的服务提供模式下对供应链最优权力结构的研究太少。

基于此，本书通过建立博弈模型，研究了两级非竞争、竞争、三级和 N 级产品服务化供应链中，在制造商为核心企业、零售商为核心企业、制造商与零售商权力均等三种权力结构下，制造商或零售商提供服务、制造商与零售商共同提供服务、制造商或零售商外包服务给第三方服务公司以及制造商或零售商与第三方服务公司共同提供服务的均衡策略，确定不同权力结构下最优的服务提供模式及每种服务提供模式下最优的权力结构，为产品服务化供应链服务提供模式的选择提供参考和借鉴。

第二章　产品服务化供应链及服务提供模式分析

第一节　产品服务化供应链的相关概念

产品服务化供应链通过提供服务提升了产品的价值，更好地满足了顾客的需求。由于产品服务化供应链的相关研究尚处于探索阶段，对于产品服务化供应链的概念还没有一个统一的定义。与产品服务化相近的概念包括“制造业服务化”“产品服务系统”“服务型制造”等。

关于“制造业服务化”的概念，主要包括：Vandermerwe 和 Rada（1988）首次给出了“服务化”（Servitization）的概念，服务化是指制造企业由最初的提供产品或产品与附加服务向产品服务包转变，产品服务包中包括产品、服务、服务支持和知识，而且服务在产品服务包中占主导地位。White 等（1999）认为制造业服务化使得制造和服务的界限变得模糊，同时也使得制造商由产品供应商向服务提供商的角色转变。Reiskin 等（2000）将服务化概括为制造企业由以产品为中心向以服务为中心的制造模式转变。Ren 和 Gregory（2007）指出服务化是制造企业以服务为核心，通过开发更多的服务来获得竞争优势、满足顾客需求、提高企业利润的变革过程。刘继国（2006）认为制造业服务化有两层含义：①投入的服务化，即服务要素在制造企业的全部投入中的比例越来越高，占有越来越重要的地位；②产出的服务化，即服务产品在制造企业的全部产出中的比例越来越高，占有越来越重要的地位。周艳春（2010）认为制造业服务化是指制造企业以实现企业的价值创造和竞争优势为目标，以更好地满足顾客需求为导向，将价值链由以生产制造为中心向以服务为中心动态转变的过程。

关于“产品服务系统”的概念，主要包括：Mont（2001）提出产品服务系统由基础设施、产品、服务和支撑网络构成，是与传统的商业模式相比较对环境影响更小的系统。Manzini（2003）指出产品服务系统是一项创新战略，它将经济模式由仅关注产品的生产与销售转变为关注满足顾客需求的产品服务的组合。Aurich（2007）指出产品服务系统实现了价值创造和延伸，是面向产品全生命周期的产品与服务的组合。楚丽明（2003）认为产品服务系统是更好地满足顾客需求的产品与服务的组合，通过最大限度地利用服务来取代产品，减轻了环境负荷，具有经济和生态双重意义。Baines（2007）提出产品服务系统通过产品服务集成的形式向用户提供产品的使用价值。薛跃（2006）提出产品服务系统考虑了社会需求和社会供给的可持续性发展要求，对社会的生产、服务和消费体系将产生重大影响，是促进可持续发展和循环经济的有效手段和必由之路。江平宇等（2008）指出产品服务系统是一项企业创新战略，是产品与服务的整合。孙林岩等（2008）认为产品服务系统是一种产品与服务组合成一体的集成系统。顾建新（2009）提出产品服务系统是在产品全生命周期中，产品与服务高度集成、整体优化所形成的新型生产系统。

关于“服务型制造”的概念，主要包括：孙林岩（2007）提出服务型制造是制造业与服务业相融合的新型制造。林文进（2009）认为服务型制造与传统制造模式相比，所具有的特征是在制造与服务过程中强调顾客参与以及以网络化协作的方式为顾客提供产品服务系统。冯泰文等（2009）指出服务型制造是由制造服务化和服务工业化发展而来的，服务融入了制造企业产品的全生命周期的各个环节，如顾客的需求调研、产品的设计开发、产品的生产制造、市场销售、售后服务和废品回收等，为顾客提供了更为个性化的整体解决方案。

“产品服务化供应链”的概念最早是Johnson（2008）提出来的，他指出产品服务化供应链贯穿于最初的供应商到最终客户的信息、流程、能力、产品、服务和资金等管理过程，是产品供应链和服务供应链的混合供应链，服务流成为产品服务化供应链中新的流程。郭福利（2011）提出产品服务化供应链体现了对物流、服务流、信息流、资金流和价值流的控制，是以制造资源和服务的投入为起点，围绕核心企业，经过客户参与以及各成员企业间的相互合作，最后把产品服务系统交付给客户的将供应商、分包商、集成商和客户连成一个整体的功能网络结构。

这些研究从不同的角度描述了产品服务化供应链，但是它们有一个相同之处，就是供应链在运作过程中既包含了产品流又包含了服务流，为顾客既提供产品又提供服务，是产品供应链与服务供应链的混合模式，并且企业在投入和产出中把服务看得越来越重要，服务成为了企业利润的源泉，也成为改变产品核心功能、提升产品价值的一种战略。

本书认为产品服务化供应链为顾客既提供产品又提供服务，是以服务来促进产品的销售，以销售产品来推送服务，能够满足顾客多元化需求的供应链。其中服务伴随着产品在供应链中的流动，通过和顾客的接触来交付。

第二节　产品服务化供应链的服务类型

学者们将产品服务化供应链提供的服务分为两类：面向产品的服务和面向顾客的服务。当企业掌握了面向产品的相关服务之后，会试图去提供与顾客相关的服务。面向产品的服务是指顾客购买产品，拥有产品的所有权，而企业在产品售出后可为顾客提供附加在产品功能之上的相关服务，来保障产品在一定时期内的高效运行。主要包括产品的安装、维修、检测、升级等。例如，陕鼓动力在为客户提供风机、锅炉、仪表、透平设备等机械产品的同时，开发了远程在线监测及故障诊断系统，将机组的运行数据通过互联网传输到远程监测与故障诊断中心，技术人员及相关专家根据产品的运行数据，一天 24 小时在线为顾客提供产品的相关技术支持和故障诊断，提前预知、识别和排除故障，更好地保证机组的安全高效运转，从而避免了机器故障所带来的各种损失，大大降低了用户维护成本。

面向顾客的服务主要关注顾客的个性化需求和满意度，以顾客的效用最大化为目标，这类服务的特点是顾客与供应商提前就结果达成共识，供应商一般通过出租、共享的方式为顾客提供产品和服务，顾客仅购买产品在一定时期内的使用权、收益权，并享有服务提供的效用。比如，美国Carrier空调公司为用户提供的不是冷气设备，而是舒适的空气。此外，对于一些具有高科技和高投入的大型医疗设备、工程设备等产品，顾客一般会面临新产品开发所带来的未知风险以及承担较高的资金成本。顾客在购买这类产品时，可能不愿采用传统的交易模式，因而产生了租赁、共享等交易模式，顾客可以根据使用时间或频率来支付一定的租金。

面向产品的服务对象是即将或已经购买产品的顾客。没有购买产品，就没有面向产品的服务需求。只有已经购买了产品的顾客，才有可能需要面向产品的相关服务。这是面向产品的服务区别于面向顾客的服务的根本所在。面向顾客效用的服务主要是针对顾客的个性化需求，以顾客效用为导向，顾客根据自身效用来选择购买服务。

第三节　产品服务化供应链与传统供应链的比较分析

产品服务化供应链是在传统供应链的基础上发展而来的，因此，产品服务化供应链可以以传统供应链的研究理论为基础，从服务的角度对供应链进行扩展。但产品服务化供应链更强调产品与服务的融合，目的是最大限度地满足顾客需求，提升顾客价值。本节从供应链结构、上下游企业关系、提供的内容、流动的对象几个方面对产品服务化供应链和传统供应链的不同进行分析。

从供应链结构来看，产品供应链的结构一般较长，主要包括原材料供应商、制造商、分销商、零售商和顾客。服务供应链的结构较短，一般包括服务供应商、服务集成商和顾客。而产品服务化供应链是产品供应链和服务供应链的混合形式，其上下游环节都有可能与产品供应链或服务供应链相似，同时也会存在相互作用的情况。

从上下游企业关系来看，传统的产品供应链和服务供应链上下游企业的供需关系较稳定，而产品服务化供应链强调顾客参与和顾客价值，上下游企业的供需关系较为灵活多变，要根据顾客的需求进行调整，但是这种上下游的供需关系一旦确定，要求上下游之间的合作及联系更为紧密。

从提供的内容来看，传统的产品供应链或服务供应链提供给顾客的是有形的产品或无形的服务，而产品服务化供应链在为顾客提供产品的同时还提供附加在产品之上的服务，产品与服务是相互依附的关系，服务促进了产品的销售，提高了产品的使用效率，产品是服务的载体和表现形式。

从流动的对象来看，产品供应链包含了物流、资金流和信息流，服务供应链包含了服务流、资金流和信息流，而产品服务化供应链同时包含物流、服务流、资金流、信息流和价值流。提供给顾客的产品服务系统不是简单的产品与服务的组合，而是由产品服务化供应链上所有的企业成员根据顾客需求共同设计开发的围绕某种实体产品来实现的服务系统，该服务系统贯穿于产品的全生命周期，而顾客最终获得的是产品本身以及服务系统的整体解决方案。

第四节　产品服务化供应链的权力结构分析

一、渠道权力

权力存在于任何一个渠道关系中，供应链的上下游企业之间具有渠道关系，也存在着渠道权力。学术界大多数人认为渠道权力体现了一个渠道成员对另一个渠道成员的依赖程度，渠道成员依据所掌控的资源形成了对其他渠道成员的影响力和控制力。

资源依赖理论认为，资源的相互需求导致了企业之间的相互依赖，企业之间在资源交换中才能生存发展。资源的重要性与稀缺性决定了企业之间的依赖程度，当资源的相互依赖不对称时，会产生企业之间权力的不对等。当一个企业的依赖性大于另一个企业时，权力就会变得不对等。实践中，一个控制着重要资源的企业，一定会迫使有依赖性的企业做出它期望的行为。

马丁（1992）在《社会科学百科全书》中指出，权力是一个组织的行为在某些条件下依赖于另一个组织的行为，且依赖是相互的。权力和依赖是一个事物的两个方面，一方的权力是另一方的相对依赖，而一方的相对依赖则是另一方的权力。对一方的依赖程度越高，被依赖的这一方的权力就越大。实际上，每个渠道成员都或多或少对其他成员拥有一定的权力，因为既然成为了渠道中的一员，就意味着这个成员既依赖于别人同时又被别人依赖。没有绝对的依赖也没有绝对的权力。

在依赖程度和权力大小的衡量方面，美国社会学家 Emerson（1962）指出，一方面，A 对 B 的目标实现的影响力越大，B 对 A 的依赖越大，则 A 的权力就越大。其中目标包括显性目标和隐性目标，显性目标如报酬、收益等，隐性目标如心理满足感等。另一方面，看 B 能否从 A 以外获得替代来源也决定了 B 对 A 的依赖程度，可替代的来源越少，B 对 A 的依赖就越大，A 对 B 的权力也就越大。因此，可从以下两个方面来衡量一个渠道成员对另一个渠道成员的依赖程度：一是对一个渠道成员向另一个渠道成员提供的效用进行评估，即评估效用提供方为其渠道伙伴所带来的销售额和利润额的比例，这个比例越高，则后者对前者依赖越大。二是对效用提供者的资源稀缺性进行评估，可以从提供类似资源的竞争者数量和渠道伙伴转为竞争者的难易程度或转换成本两个方面考虑。当竞争者越少，转换成本越高时，渠道伙伴对效用提供者的依赖就越大。

二、权力结构类型

由于大多数学者认为渠道权力体现了渠道成员之间的相互依赖关系，因而本节从渠道成员间相互依赖程度的角度来分析渠道权力结构。由于渠道成员在专业能力、资源禀赋和渠道角色等方面存在差异，相对依赖的程度会呈现出较大的差异，从而产生了渠道关系中三种权力结构类型：

（一）高度权力均衡

高度权力均衡表示双方都对对方拥有很大的权力，双方彼此相互依赖的程度很高。在这样的渠道关系中，一方面可能是双方均拥有对方认为极为珍贵且不可替代的稀缺资源；另一方面可能是出于某种原因形成了双方的双边锁定，产生了共同的高转换成本。这种高度权力均衡结构要求渠道成员之间要相互信任和遵守承诺，双方均会基于长期关系的建立来不断改善整个系统的运行绩效，从而使双方都能够获得更高的收益。

（二）低度权力均衡

低度权力均衡表示双方都缺乏对对方的权力，彼此之间的相互依赖程度很低。在这样的渠道关系中，双方都能很快并轻易地找到对方所占有资源的替代来源，双方合作关系的解除和重建成本较低，因而双方并不关注长期关系的建立，双方的合作伙伴在竞争市场中频繁变换，从而导致了整个系统的运行绩效较低。

（三）权力倾斜

权力倾斜表示双方的依赖程度极不对称。一方成员对另一方成员的依赖程度高于后者对前者的依赖程度。在这种渠道关系中，一方面，可能是一方掌握了更多的在另一方看来极为珍贵且不可替代的稀缺资源；另一方面，可能出于某种原因，一方被单边锁定，转换成本极高。这样权力倾斜的结构往往会导致拥有更多权力的强势一方产生利己和剥削对方的行为，从而使渠道关系中弱势一方的利润无法得到保障。

三、产品服务化供应链的权力结构

在产品服务化供应链的交易过程中，权力大的企业通常会是交易模式的发起者，权力小的企业只能选择接受或拒绝而不能对交易模式做出根本性的更改。这个过程类似于一个两阶段的动态博弈。权力大的企业在设计交易模式时，就已经考虑到了对方的参与相容条件，无论权力小的企业是选择接受还是拒绝，通常只能获得其保留收益，这就是所谓的先动优势。

在由制造商和零售商组成的两级产品服务化供应链中，同样存在着三种渠道权力结构，以制造商和零售商相互依赖而获得的渠道权力为二维坐标，可得到如图 2-1 所示的二元权力结构图。

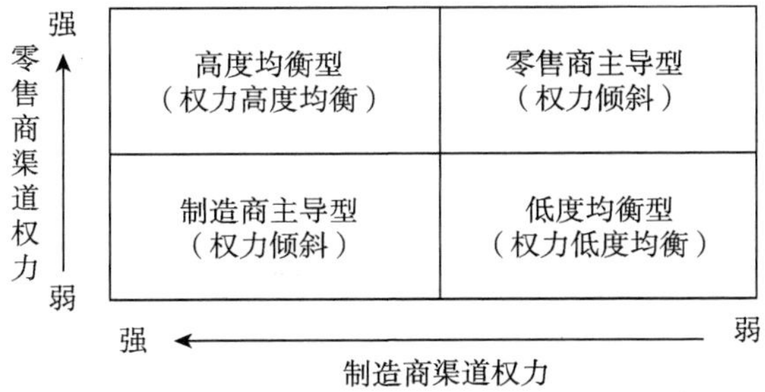

图 2-1　制造商与零售商的渠道权力结构

由图 2-1 可以看出，两级产品服务化供应链存在着三种不同的权力结构，即制造商主导型、零售商主导型和权力均衡型（包括低度均衡型和高度均衡型两种）。制造商主导型的权力结构中制造商为核心企业，零售商为从属企业。例如，制造商在产品服务化供应链中处于主导地位的有丰田、福特、西门子、格兰仕等。零售商主导型的权力结构中零售商为核心企业，制造商为从属企业。例如，零售商在产品服务化供应链中处于主导地位的有沃尔玛、家乐福、麦德龙等。低度均衡型和高度均衡型的权力结构中制造商与零售商的权力均等。例如，在联想、佳能等电子设备制造商和苏宁、国美等零售商构成的供应链中，由于双方势均力敌，产品服务化供应链中没有主导企业，它们之间的权力是均等的。

从有关权力结构的研究文献中可看出，不同的权力结构下，供应链企业的决策顺序不同，从而产生不同的决策结果。这说明权力结构对决策变量会产生影响。在研究产品服务化供应链的服务提供模式时，也不能忽视权力结构的影响。特别是 Edirisinghe 等（2011）对两级竞争供应链的所有权力结构的均衡策略进行了研究，提出了供应链权力结构占优的概念。当供应链各成员收益及供应链的总收益均最大时，权力结构是强占优结构，这种结构比较少见。当供应链的总收益最大时，权力结构则是弱占优结构，这种结构比较常见。以上两种供应链的占优结构都是稳定的。

本书在研究产品服务化供应链的服务提供模式时，不仅考虑到权力结构对产品服务化供应链服务提供模式选择的影响，而且还进一步研究了每种服务提供模式下最优的权力结构。这里所谓最优的权力结构是指当产品服务化供应链总收益最大时的权力结构，当产品服务化供应链为最优的权力结构时，供应链的结构也是最稳定的。

第五节　产品服务化供应链的服务提供模式分析

产品服务的提供者有制造商、零售商、制造商或零售商委托的第三方服务公司，随着电子商务的发展，双渠道供应链使得制造商和零售商可以同时面向顾客销售产品和提供服务。为了提高服务水平、扩大服务范围，制造商与零售商、制造商或零售商与委托的第三方服务公司也会选择共同提供服务，通过相互协作，既能最大限度地满足顾客的服务需求，又能增加企业的收益。

产品服务的特点会影响到服务提供者的选择。提供产品服务必须了解和熟悉产品的内部构造的详细信息，甚至会涉及企业的核心专利技术，此时，服务提供者最好是制造商或是与制造商组成战略联盟的第三方服务公司，制造商可以借助自己特有的专利或核心技术、产品的复杂构造或兼容性低等特点将已购买产品的顾客牢牢锁定。如果是日常耐用品的维修、保养等服务，服务提供者可以是销售产品的零售商或者零售商委托的第三方服务公司。当然，有些产品服务有更多的选择余地，顾客可以自己选择。例如，当顾客需要对爱车进行维护保养时，顾客可以选择汽车制造商指定的 4S 店，也可以选择其他的汽车维修点。

不同的服务提供者的服务提供模式特点也不一样，下面分别对制造商提供服务、零售商提供服务和第三方服务公司提供服务等不同服务提供模式的特点进行分析，并给出相应的案例。

一、制造商提供服务

（一）制造商提供服务的运作模式

制造商提供服务的运作模式是：制造商将产品批发给零售商，零售商通过零售渠道将产品销售给顾客，顾客可通过制造商的专卖店或网店购买服务，当产品出现故障或是要升级更新时，就可获得制造商的原厂服务。

（二）制造商提供服务的特点

制造商提供服务具有以下几个特点：

（1）有备品、备件的保障。

随着市场竞争的加剧和新技术的不断涌现，产品的更新换代较快，使得有些产品在上市 2~3 年后，备用的零件在市场上就难以买到，而只有制造商为了保障其服务而拥有自己的备品、备件库存，可以更好地为顾客提供服务。

（2）服务质量有保证，保护了制造商的核心技术。

由于产品是制造商生产制造的，制造商熟悉产品的详细信息，也最能准确地判断产品出现故障的原因，可以采取最合理的维修方案。同时，制造商也不用担心泄露其产品的核心专利技术。这是其他服务提供模式无法比拟的。

（3）服务响应快，交付效率较高。

由于制造商有其专业的产品管理和研发团队，通常会组建一个相对比较专业和完善的服务团队来为顾客提供服务，这样可以在接到顾客的服务订单时快速地响应和实施服务。

制造商提供服务通常需要考虑服务的销售渠道问题，制造商会通过其专卖店或网络直销渠道直接将服务销售给顾客。这种直销模式去掉了中间的销售环节，降低了销售成本，有利于制造商制定一个更加合理和更有竞争力的服务价格来吸引顾客购买其服务。但是，零售商并不能分享延伸服务销售所带来的收益，因此不会对制造商的延伸服务进行相应的宣传和推广。由于制造商直销所覆盖的顾客群和影响力不如一些大型的或有一定知名度的零售商，因此对延伸服务的销售额会产生一定的影响。

（三）典型案例——联想集团

联想集团成立于1984年，最初是由中科院计算所的11名科技人员创建的。主要生产的产品有服务器、打印机、台式电脑、笔记本电脑、掌上电脑、主板、手机等，是长期从事开发、制造和销售技术产品及提供优质服务的高技术多元化发展的信息产业集团。

“服务的联想”是联想集团的发展战略之一，服务客户也成为了企业核心价值观的主要内容。联想集团始终将全心全意为客户服务放在首位。其独具特色的“联想阳光服务”，成为联想集团为各类客户群体提供涵盖售前、售中、售后的全程一体化服务的品牌。

为了更好地满足客户的服务需求，联想建立了规模庞大、标准统一的区域连锁服务网络，拥有业界领先的客户联络中心，为满足不断增长的客户服务需求提供了有力保障。在全国400个城市建立了1063家阳光服务站和3000多家服务支持点，服务业务覆盖了全国所有城乡。只要有联想的用户，联想的服务都可以覆盖，真正做到“有阳光的地方，就有我们的身影”。联想拥有实力比较雄厚的服务工程师队伍，5700名服务工程师通过了国家信产部权威认证，其中450名通过了ComPTIA国际权威认证，另外330名通过了MCSE、CCNA等两类以上权威认证，为解决用户问题提供了强大的技术支持。

联想的整个服务网络通过全新的服务过程管理系统（简称“SPM系统”）进行管理，服务过程透明公开，用户可以参与监督服务质量，使服务更加贴心、用户更加安心。服务过程管理系统用60项数据来跟踪每一个服务进程，用150项数据来分析每一家服务商的运作能力，区域服务满意度统计分析第二天就可知晓，可以根据翔实的数据随时对服务业务进行调整和预防，从而100%地保证联想每一次服务的品质都是可控和最优的。

为了方便客户联系和做到快速响应，联想阳光服务于2000年建立了国内最大的呼叫中心，并于2003年成为唯一通过COPC国际认证的呼叫中心，服务水平一直领先且超过了业界水平。83%的电话30秒内接通，而且一次电话故障解决率达到85%，呼叫中心实现了网络与电话的无缝结合，形成了为全国各地的客户提供售前产品咨询和售后服务报修的“一站式服务解决方案”。

拥有高效的备件管理信息系统，通过网络将备件管理延伸到每一家维修站，实现了自动化的备件信息沟通与管理，并在全国建立了6大备件分库，备件送达率等各项指标业界领先，实现分库间以及站间的备件调拨，有力地保证了客户问题能够得到快速有效的解决。

二、零售商提供服务

（一）零售商提供服务的运作模式

零售商提供服务的运作模式是：零售商将产品和服务销售给顾客，并为顾客提供服务。零售商可以获得服务的利润，由于零售商通常渠道众多且拥有较庞大的顾客群，所以在这种模式下零售商可获得更多的服务销量。另外，服务的保障作用也能吸引更多的顾客购买产品，通过提供服务，零售商可以与顾客建立长期的关系，提高顾客忠诚度和黏性。

（二）零售商提供服务的特点

零售商提供服务具有以下特点：

（1）服务技术水平低。

由于零售商更侧重产品与服务的销售，其服务维修技术水平不如制造商。因此，零售商在为顾客提供服务时，由于技术壁垒的存在，对于那些技术壁垒相对较低的产品，零售商通常让自己的维修服务团队去完成；对于技术壁垒较高的产品，则通常是通过第三方服务公司或者原制造厂商完成。

（2）服务多样化。

由于零售商更接近顾客，更能深入地了解顾客的个性化服务需求，因此可以更为细致地划分服务市场，提供的服务更加灵活多样。

(3) 服务价格随产品价格波动大。

由于零售商对产品的细节了解不够，因此在制定服务价格时的依据没有制造商那么充分。通常这类服务价格是根据产品价格来定的，产品价格越高，对应的服务价格也越高，并且服务价格不分品牌和型号。这样的服务定价不够精确。

零售商通过提供服务不仅可以吸引顾客购买产品，而且可以长期接触顾客，有利于提高顾客黏性，提升顾客忠诚度。同时，由于维修技术和维修成本的限制，零售商有时还需要借助制造商或第三方服务公司来提供服务，因此，零售商还应该积极主动地和制造商或第三方服务公司建立合作关系来降低产品延伸服务的成本，提高自身产品延伸服务的技术水平，增强在销售市场上的竞争力。

(三) 典型案例——苏宁电器

苏宁电器创立于1990年，是国家3C家电连锁零售企业的领头羊，是国家商务部重点培育的“全国15家大型商业企业集团”之一。

一直以来，苏宁以“服务是苏宁的唯一产品”的企业理念，坚持“至真至诚，阳光服务”的宗旨，立足“专业自营”的服务定位，以顾客满意为终极目标。在苏宁看来，强大的服务能力已不仅是提升企业核心竞争力的重要工具，更是企业承担社会责任、切实履行社会承诺和良性发展的重要保障。

家电延保服务是指服务提供方以国家规定的家电“三包”政策为基础，为顾客提供的一种延长保修时间或扩大保修范围的有偿服务。在发达国家，延保服务已经有了成熟的产业规模，购买延保也已成为顾客的一种消费习惯。在我国，家电品牌集中度较低、品牌结构更为复杂，品牌、产品的更新换代和淘汰周期短，因此更需要家电延保服务。

苏宁电器于2008年首次推出了“阳光包”服务。苏宁“阳光包”的推出，一方面是看好国内家电延保市场广阔的发展前景，另一方面也是在企业服务运营中切实看到了家电产品维修难，保修网点少、难寻找，维修费用高等问题，希望通过“阳光包”服务，使顾客能够轻松、安心地享受家电产品带来的便利。

苏宁“阳光包”服务完全采用苏宁自主的销售服务体系，成熟、完善的服务后台为其为顾客提供优质、便捷、专业的服务奠定了基础。苏宁的服务种类不仅涵盖冰箱、洗衣机、空调、电视等传统家电，还包括生活小家电和数码 3C 产品，自苏宁“阳光包”服务实施以来，苏宁的家电产品销售额一直保持迅猛的增长态势。同时，苏宁不断扩充维修网点和增加维修人员，目前全国延保服务的维修网点已达到近万家，各地分公司所有的维修人员的数量也达到近万人。

三、第三方服务公司提供服务

（一）第三方服务公司提供服务的运作模式

第三方服务公司提供服务的运作模式为：制造商将生产的产品批发给零售商，零售商将产品卖给顾客，制造商或零售商将自身的服务外包给第三方服务公司。这种服务提供模式是社会化分工的产物，制造商或零售商为了提高自身的核心竞争能力，越来越愿意将自己不熟悉或者成本较高的服务业务交给社会上专业的第三方服务公司。

（二）第三方服务公司提供服务的特点

第三方服务公司提供服务具有以下几个特点：

（1）提高制造商或零售商的核心竞争力。

第三方服务公司提供服务，可以确保制造商或零售商更专心于自己的核心业务，不必担心后续的产品延伸服务。

（2）降低制造商或零售商的经营成本。

将服务外包给第三方服务公司，可以避免制造商或零售商在服务业务中耗费不必要的精力和费用，降低运营成本。

（3）有助于提高服务能力和服务水平。

与制造商或零售商相比，第三方服务公司拥有专业的服务团队，服务人员具有丰富的服务经验和专业知识，所以第三方服务公司具有更高的服务能力和服务水平。

（三）典型案例——新可安公司

新可安公司于1983年成立于美国弗吉尼亚州，是一个提供独立第三方管理、延保服务计划、制造商质保管理方案、采购方保障方案及产品售后支持方案的公司。业务范围涉及美国、中国、日本、英国、加拿大和土耳其等十多个国家。

自2006年进入中国以来，新可安先后与20多家国际国内著名的零售商、制造商、服务商合作共同推广延保服务。适保产品覆盖消费电子产品、电脑、大型和小型家电、家用装修产品、户外电源设备和电动工具、玩具、体育用品、健身器材、珠宝和手表、采暖通风与空调设备等。

目前，新可安公司推出的家电延保模式主要有两种：一种是产品制造商为保障消费者的合法权益自行或与专业第三方管理公司合作共同开发的延保服务，另一种则是专业第三方管理公司与家电零售商合作的家电延保服务。

同时，随着新可安在中国的迅速成长，中国延保业务也渐渐从电子消费品领域扩展到了更多其他领域。目前，新可安共推出了三种延保服务产品：一是针对大型家用电器所推出的家电延保服务。该服务在原厂家保修基础上延长了保修时间，同时还扩大了保修范围，是对厂家保修服务的延展和升级。二是对于价格较低的小家电所推出的置换服务。在延保期限内，如果产品在正常使用过程中出现功能故障，就可获得免费置换，该服务很好地解决了小家电维修成本相对其购买价格较高的问题。三是针对便携式的电子产品所推出的意外损坏服务。当产品由于意外跌落、进水造成功能故障时，意外损坏服务可以解决此问题。除了现有的延保产品，新可安正在不断努力开发出更加符合中国市场的产品，使服务更优化，以满足更多消费者的需求，为中国消费者带来金牌的售后服务体验。

顾客需要的不仅是产品，更需要的是企业提供的延伸服务能够使得产品发挥出更大的功能、创造更大的价值。只有在认识到企业提供的产品延伸服务能够为自己创造价值时，顾客才会愿意购买。在提供服务过程中，顾客是服务的体验者，企业是服务的主导者。企业要以顾客为核心，要善于挖掘顾客所需的产品延伸服务，然后采取有效的服务提供模式去提供服务，达到双方共赢。

从产品服务化供应链运作管理的角度来看，供应链成员之间不同的角色分配不但会影响各个成员的收益和供应链的总收益，甚至会对整个供应链系统的稳定性造成影响。因此，当服务提供者不同时，产品服务化供应链的服务提供模式也不一样，每种服务提供模式下产品服务化供应链的决策会存在很大差异。“服务由谁来提供”对产品服务化供应链节点企业以及供应链系统更为有利，这是个值得思考和研究的问题。此外，本书在研究不同权力结构下产品服务化供应链的服务提供模式时，认为当产品服务化供应链各成员的收益及供应链的总收益最大时提供服务采用的是最优的服务提供模式。

第六节　本章小结

本章首先对产品服务化供应链的相关概念进行了综述，在此基础上，提炼出产品服务化供应链的共性。笔者认为，产品服务化供应链为顾客既提供产品又提供服务，是以服务来促进产品的销售，以销售产品来推送服务，能够满足顾客多元化需求。其中服务伴随着产品在供应链中的流动，通过和顾客的接触来交付。产品服务化供应链的服务可以分为两类：面向产品的服务和面向顾客的服务。其次对产品服务化供应链与传统供应链的区别从供应链结构、上下游企业关系、提供的内容、流动的对象等方面进行了分析。再次从依赖程度的角度对渠道权力和渠道权力结构进行了界定，给出了产品服务化供应链的三种权力结构。最后对产品服务化供应链的不同服务提供模式的特点进行了分析，并提供了相应的案例以供验证结论。

第三章　不同权力结构下制造商或零售商的服务模式研究

制造企业将业务向服务领域延伸，为产品提供增值服务，如产品维护、维修和升级改造等，服务逐渐成为制造企业收入的主要来源。比如，戴尔公司通过网络直销方式为顾客提供定制化的产品，顾客还可以在其网店上选购戴尔的产品服务。不只是制造商重视向顾客提供产品服务，处于供应链下游的零售商也开始将业务向服务领域延伸。比如，国内的两大零售商国美和苏宁各自推出了“家安保”和“阳光包”，为顾客提供相应的产品服务。产品服务一方面为制造商和零售商开辟了新的利润增长空间，另一方面也满足了顾客的服务需求，为顾客带来更多的服务保障。

本章主要研究内容为：在由一个制造商和一个零售商组成的两级产品服务化供应链中，制造商将产品批发给零售商来销售，服务由制造商或零售商来提供，通过建立博弈模型，对制造商为核心、零售商为核心、制造商与零售商权力均等三种权力结构下制造商提供服务和零售商提供服务两种服务提供模式下的最优决策进行分析比较，以确定每种权力结构下最优的服务提供模式以及两种服务提供模式下最优的权力结构。

第一节　制造商为核心企业时制造商或零售商提供服务

一、制造商提供服务

制造商将产品批发给零售商，零售商将产品销售给顾客，制造商为顾客提供服务。如图 3-1 所示，其中实线的双线箭头表示产品流，虚线的双线箭头表示服务流，单线箭头表示决策顺序（下同）。

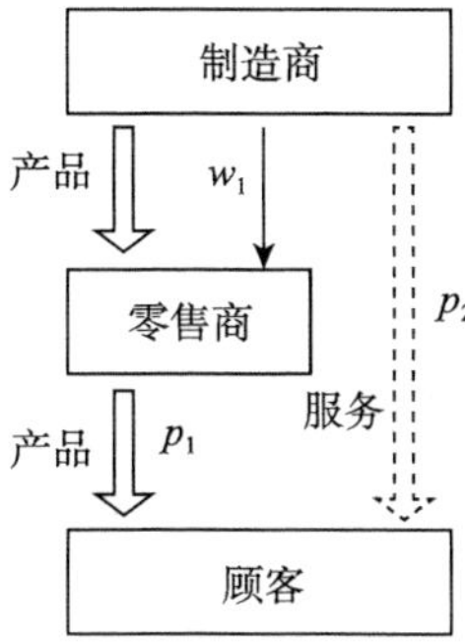

图 3-1　制造商为核心企业时制造商提供服务的供应链结构

假设产品需求函数为线性的，即 $D_p = D_0 - \alpha p_1$，其中，D_0 为产品的基本需求，α 表示产品的价格敏感系数，p_1 表示产品价格。

提供产品服务的对象是即将或已经购买产品的顾客，也就是说，服务是以产品为基础，服务需求会受到产品需求的影响。服务价格与服务需求成反比，当服务价格降低时，服务需求会增加；同时，服务水平的提高会促进服务的销售。因此，假设服务需求函数为 $D_s = D_0 - \alpha p_1 - \beta p_2 + \gamma s_m$，其中，$\beta$ 表示服务价格的敏感系数，p_2 表示服务价格，γ 表示服务水平的敏感系数，s_m 表示制造商的服务水平，则制造商和零售商的收益分别为：

$$\pi_m = (w_1 - c_1) D_p + p_2 D_s - \frac{1}{2}\eta_m s_m^2 \tag{3.1}$$

$$\pi_r = (p_1 - w_1) D_p \tag{3.2}$$

其中，w_1 表示单位产品的批发价格，c_1 表示单位产品的成本。由于服务成本是服务水平的凸函数，则服务成本为 $\frac{1}{2}\eta_m s_m^2$，其中，η_m 表示制造商的服务成本系数。将 D_p、D_s 代入，制造商与零售商的收益分别为：

$$\pi_m = (w_1 - c_1)(D_0 - \alpha p_1) + p_2(D_0 - \alpha p_1 - \beta p_2 + \gamma s_m) - \frac{1}{2}\eta_m s_m^2 \tag{3.3}$$

$$\pi_r = (p_1 - w_1)(D_0 - \alpha p_1) \tag{3.4}$$

为便于后面分析，定义顾客的服务需求敏感指数为 $k_l = \frac{\gamma^2}{\beta\eta_l}$，$l = m$，$r$，$3s$。其中，$m$、$r$ 和 $3s$ 分别表示制造商、零售商和第三方服务公司的服务需求敏感指数。可以看出，$\frac{\partial k_l}{\partial\gamma} > 0$，说明顾客对服务水平越敏感，顾客的服务需求越大；$\frac{\partial k_l}{\partial\beta} < 0$，说明顾客对服务价格的敏感性越小，顾客的服务需求越大；$\frac{\partial k_l}{\partial\eta_l} < 0$，说明企业的服务成本系数越小，企业提供服务的成本越低，积极性会越高，顾客的服务需求越大。定义 $b = \frac{\alpha}{\beta}$，表示产品价格敏感度和服务价格敏感度的比值。

由于制造商为核心企业，首先由制造商决定产品的批发价格、服务价格和服务水平，然后零售商决定产品的零售价格。

假设 $p_1 = w_1 + U_1$，其中，U_1 表示产品的单位纯收益，根据逆向归纳法，由 $\frac{\partial\pi_r}{\partial p_1} = 0$ 可得：

$$p_1^{MM} = \frac{D_0 + \alpha w_1}{2\alpha} \tag{3.5}$$

将 p_1^{MM} 代入 π_m，由 $\frac{\partial\pi_m}{\partial w_1} = 0$，$\frac{\partial\pi_m}{\partial p_2} = 0$，$\frac{\partial\pi_m}{\partial s_m} = 0$ 可得：

$$w_1^{MM} = \frac{D_0 + \alpha c_1 - \alpha p_2}{2\alpha} \tag{3.6}$$

$$p_2^{MM} = \frac{D_0 - \alpha w_1 + 2\gamma s_m}{4\beta} \tag{3.7}$$

$$s_m^{MM} = \frac{p_2\gamma}{\eta_m} \tag{3.8}$$

联立求解可得：

$$w_1^{MM} = \frac{2(D_0 + \alpha c_1)(2 - k_m) - bD_0}{\alpha(8 - 4k_m - b)} \tag{3.9}$$

$$p_2^{MM} = \frac{D_0 - \alpha c_1}{\beta(8 - 4k_m - b)} \tag{3.10}$$

$$s_m^{MM} = \frac{(D_0 - \alpha c_1)k_m}{\gamma(8 - 4k_m - b)} \tag{3.11}$$

$$p_1^{MM} = \frac{(3D_0 + \alpha c_1)(2 - k_m) - bD_0}{\alpha(8 - 4k_m - b)} \tag{3.12}$$

$$U_1^{MM} = \frac{(D_0 - \alpha c_1)(2 - k_m)}{\alpha(8 - 4k_m - b)} \tag{3.13}$$

$$D_p^{MM} = \frac{(D_0 - \alpha c_1)(2 - k_m)}{8 - 4k_m - b} \tag{3.14}$$

$$D_s^{MM} = \frac{D_0 - \alpha c_1}{8 - 4k_m - b} \tag{3.15}$$

$$\pi_m^{MM} = \frac{(D_0 - \alpha c_1)^2(2 - k_m)}{2\alpha(8 - 4k_m - b)} \tag{3.16}$$

$$\pi_r^{MM} = \frac{(D_0 - \alpha c_1)^2(2 - k_m)^2}{\alpha(8 - 4k_m - b)^2} \tag{3.17}$$

$$\pi_{sc}^{MM} = \frac{(D_0 - \alpha c_1)^2(2 - k_m)(12 - 6k_m - b)}{2\alpha(8 - 4k_m - b)^2} \tag{3.18}$$

其中，π_{sc}^{MM} 表示制造商为核心企业且制造商提供服务时产品服务化供应链的总收益的最优值，上标 MM 表示制造商为核心企业且制造商提供服务时各决策变量的最优值。

二、零售商提供服务

制造商将产品批发给零售商，零售商通过零售渠道为顾客提供产品和服务。如图 3-2 所示。

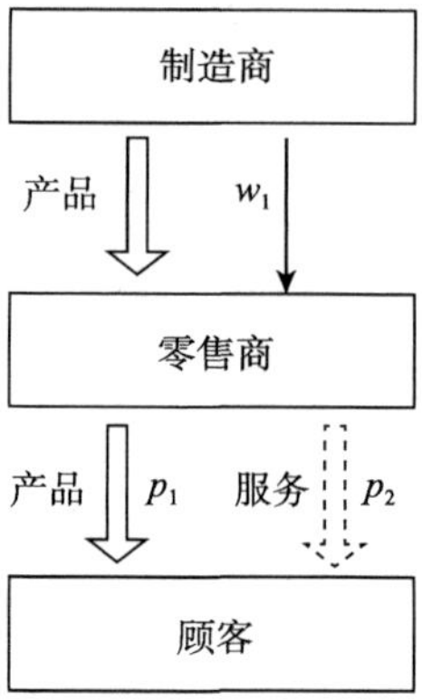

图 3-2　制造商为核心企业时零售商提供服务的供应链结构

则制造商的收益为 $\pi_m = (w_1 - c_1)D_p$，零售商的收益为 $\pi_r = (p_1 - w_1)D_p + p_2 D_s - \frac{1}{2}\eta_r s_r^2$。其中，$\eta_r$ 表示零售商的服务成本系数，s_r 表示零售商的服务水平。将 D_p、D_s 代入，可得制造商和零售商的收益分别为：

$$\pi_m = (w_1 - c_1)(D_0 - \alpha p_1) \tag{3.19}$$

$$\pi_r = (p_1 - w_1)(D_0 - \alpha p_1) + p_2(D_0 - \alpha p_1 - \beta p_2 + \gamma s_r) - \frac{1}{2}\eta_r s_r^2 \tag{3.20}$$

由于制造商为核心企业，首先由制造商决定产品的批发价格，然后零售商决定产品的零售价格、服务价格和服务水平。

设 $p_1 = w_1 + U_1$，根据逆向归纳法，由 $\frac{\partial \pi_r}{\partial p_1} = 0$，$\frac{\partial \pi_r}{\partial p_2} = 0$，$\frac{\partial \pi_r}{\partial s_r} = 0$ 可得：

$$p_1^{MR} = \frac{D_0 + \alpha w_1 - \alpha p_2}{2\alpha} \tag{3.21}$$

$$p_2^{MR} = \frac{D_0 - \alpha p_1 + \gamma s_r}{2\beta} \tag{3.22}$$

$$s_r^{MR} = \frac{p_2 \gamma}{\eta_r} \tag{3.23}$$

联立求解可得：

$$p_1^{MR}=\frac{(D_0+\alpha w_1)(2-k_r)-bD_0}{\alpha(4-2k_r-b)} \tag{3.24}$$

将 p_1^{MR} 代入 π_m，由$\frac{\partial \pi_m}{\partial w_1}=0$ 可得：

$$w_1^{MR}=\frac{D_0+\alpha c_1}{2\alpha} \tag{3.25}$$

联立求解可得：

$$p_1^{MR}=\frac{(3D_0+\alpha c_1)(2-k_r)-2bD_0}{2\alpha(4-2k_r-b)} \tag{3.26}$$

$$U_1^{MR}=\frac{(D_0-\alpha c_1)(2-k_r-b)}{2\alpha(4-2k_r-b)} \tag{3.27}$$

$$p_2^{MR}=\frac{D_0-\alpha c_1}{2\beta(4-2k_r-b)} \tag{3.28}$$

$$s_r^{MR}=\frac{(D_0-\alpha c_1)k_r}{2\gamma(4-2k_r-b)} \tag{3.29}$$

$$D_p^{MR}=\frac{(D_0-\alpha c_1)(2-k_r)}{2(4-2k_r-b)} \tag{3.30}$$

$$D_s^{MR}=\frac{D_0-\alpha c_1}{2(4-2k_r-b)} \tag{3.31}$$

则制造商收益、零售商收益和供应链的总收益分别为：

$$\pi_m^{MR}=\frac{(D_0-\alpha c_1)^2(2-k_r)}{4\alpha(4-2k_r-b)} \tag{3.32}$$

$$\pi_r^{MR}=\frac{(D_0-\alpha c_1)^2(2-k_r)}{8\alpha(4-2k_r-b)} \tag{3.33}$$

$$\pi_{sc}^{MR}=\frac{3(D_0-\alpha c_1)^2(2-k_r)}{8\alpha(4-2k_r-b)} \tag{3.34}$$

其中，π_{sc}^{MR} 表示制造商为核心企业且零售商提供服务时产品服务化供应链的总收益的最优值，上标 MR 表示制造商为核心企业且零售商提供服务时各决策变量的最优值。

三、均衡结果分析

为确保零售商有利可图，即 $U_1^{MM}>0$，可得：$0<k_M<2$，$0<k_r<2-b$。

命题 3-1：在制造商为核心企业时，制造商与零售商分别提供服务两种服务提供模式下，产品需求、服务需求、服务价格、服务水平、制造商的收益、零售商的收益、供应链的总收益均是服务需求敏感指数的增函数。

证明：由 $\frac{\partial D_p^{MM}}{\partial k_m}=\frac{(D_0-\alpha c_1)\ b}{(8-4k_m-b)^2}$，$\frac{\partial D_s^{MM}}{\partial k_m}=\frac{4\ (D_0-\alpha c_1)}{(8-4k_m-b)^2}$，$\frac{\partial p_2^{MM}}{\partial k_m}=\frac{4\ (D_0-\alpha c_1)}{\beta(8-4k_m-b)}$，$\frac{\partial s_m^{MM}}{\partial k_m}=\frac{(D_0-\alpha c_1)\ (8-b)}{\gamma\ (8-4k_m-b)^2}$，$\frac{\partial \pi_m^{MM}}{\partial k_m}=\frac{b}{2\alpha\ (8-4k_m-b)^2}$，$\frac{\partial \pi_r^{MM}}{\partial k_m}=\frac{2b\ (D_0-\alpha c_1)^2\ (2-k_m)}{\alpha\ (8-4k_m-b)^3}$，$\frac{\partial \pi_{sc}^{MM}}{\partial k_m}=\frac{b\ (D_0-\alpha c_1)^2(16-8k_m-b)}{2\alpha\ (8-4k_m-b)^3}$，$\frac{\partial D_p^{MR}}{\partial k_r}=\frac{(D_0-\alpha c_1)\ b}{2\ (4-2k_r-b)^2}$，$\frac{\partial D_s^{MR}}{\partial k_r}=\frac{D_0-\alpha c_1}{(4-2k_r-b)^2}$，$\frac{\partial p_2^{MR}}{\partial k_r}=\frac{D_0-\alpha c_1}{\beta\ (4-2k_r-b)^2}$，$\frac{\partial s_r^{MR}}{\partial k_r}=\frac{(D_0-\alpha c_1)\ (4-b)}{2\gamma\ (4-2k_r-b)^2}$，$\frac{\partial \pi_m^{MR}}{\partial k_r}=\frac{(D_0-\alpha c_1)^2 b}{4\alpha\ (4-2k_r-b)^2}$，$\frac{\partial \pi_r^{MR}}{\partial k_r}=\frac{(D_0-\alpha c_1)^2 b}{8\alpha\ (4-2k_r-b)^2}$，$\frac{\partial \pi_{sc}^{MR}}{\partial k_r}=\frac{3\ (D_0-\alpha c_1)^2 b}{8\alpha\ (4-2k_r-b)^2}$可得证。

命题 3-2：$\pi_m^{MM}>\pi_r^{MM}$，$\pi_m^{MR}>\pi_r^{MR}$。

证明：由$\frac{(D_0-\alpha c_1)^2\ (2-k_m)}{2\alpha\ (8-4k_m-b)}>\frac{(D_0-\alpha c_1)^2(2-k_m)^2}{\alpha\ (8-4k_m-b)^2}$可得：$4-2k_m-b>0$ 成立。由$\frac{(D_0-\alpha c_1)^2(2-k_r)}{4\alpha\ (4-2k_r-b)}>\frac{(D_0-\alpha c_1)^2(2-k_r)}{8\alpha\ (4-2k_r-b)}$可得：$1>\frac{1}{2}$成立。

命题 3-2 说明，当制造商为核心时，无论是制造商提供服务还是零售商提供服务，制造商的收益均大于零售商的收益。

命题 3-3：当 $k_m\geqslant\frac{k_r}{2}+1$ 时，$\pi_m^{MM}\geqslant\pi_m^{MR}$，否则$\pi_m^{MR}\geqslant\pi_m^{MM}$。当 $k_r\geqslant$

$\frac{16k_m-8k_m^2-2b}{16-8k_m-b}$时，$\pi_r^{MR}\geqslant\pi_r^{MM}$，否则$\pi_r^{MM}\geqslant\pi_r^{MR}$。当$k_r\leqslant$ $\frac{16(2-k_m)^2+4b(2-k_m)^2-16b(2-k_m)+2b^2}{8(2-k_m)^2-8b(2-k_m)+b^2}$时，$\pi_m^{MM}\geqslant\pi_m^{MR}$，$\pi_r^{MM}\geqslant\pi_r^{MR}$。当$k_r\geqslant\frac{16+4bk_m-8k_m-6b}{8-4k_m+b}$时，$\pi_m^{MR}\geqslant\pi_m^{MM}$，$\pi_r^{MR}\geqslant\pi_r^{MM}$。当$k_r\geqslant$ $\frac{64k_m+2b-32-24k_m^2-4bk_m}{32-16k_m-3b}$时，$\pi_{sc}^{MM}\geqslant\pi_{sc}^{MR}$，否则$\pi_{sc}^{MR}\geqslant\pi_{sc}^{MM}$。

证明：由$\frac{(D_0-\alpha c_1)^2(2-k_m)}{2\alpha(8-4k_m-b)}\geqslant\frac{(D_0-\alpha c_1)^2(2-k_r)}{4\alpha(4-2k_r-b)}$化简可得：$k_m\geqslant\frac{k_r}{2}+1$。由$\frac{(D_0-\alpha c_1)^2(2-k_r)}{8\alpha(4-2k_r-b)}\geqslant\frac{(D_0-\alpha c_1)^2(2-k_m)^2}{\alpha(8-4k_m-b)^2}$化简可得：$k_r\geqslant\frac{16k_m-8k_m^2-2b}{16-8k_m-b}$。由命题 3－2 可得：当$\pi_r^{MM}\geqslant\pi_m^{MR}$时，$\pi_m^{MM}\geqslant\pi_m^{MR}$，$\pi_r^{MM}\geqslant\pi_r^{MR}$成立，即$\frac{(D_0-\alpha c_1)^2(2-k_m)^2}{\alpha(8-4k_m-b)^2}\geqslant\frac{(D_0-\alpha c_1)^2(2-k_r)}{4\alpha(4-2k_r-b)}$，化简可得：$k_r\leqslant$ $\frac{16(2-k_m)^2+4b(2-k_m)^2-16b(2-k_m)+2b^2}{8(2-k_m)^2-8b(2-k_m)+b^2}$。当$\pi_r^{MR}\geqslant\pi_m^{MM}$时，$\pi_m^{MM}\geqslant\pi_m^{MR}$，$\pi_r^{MM}\geqslant\pi_r^{MR}$成立，即$\frac{(D_0-\alpha c_1)^2(2-k_r)}{8\alpha(4-2k_r-b)}\geqslant\frac{(D_0-\alpha c_1)^2(2-k_m)}{2\alpha(8-4k_m-b)}$，化简可得：$k_r\geqslant\frac{16+4bk_m-8k_m-6b}{8-4k_m+b}$。由$\frac{(D_0-\alpha c_1)^2(2-k_m)(12-6k_m-b)}{2\alpha(8-4k_m-b)^2}\geqslant$ $\frac{3(D_0-\alpha c_1)^2(2-k_r)}{8\alpha(4-2k_r-b)}$化简可得：$k_r\geqslant\frac{64k_m+2b-32-24k_m^2-4bk_m}{32-16k_m-3b}$。

命题3－3 说明，制造商和零售商需要权衡服务需求敏感指数的大小来做出服务提供模式的选择，当$k_m\geqslant\frac{k_r}{2}+1$时，制造商会选择自己提供服务，否则会选择零售商提供服务。当$k_r\geqslant\frac{16k_m-8k_m^2-2b}{16-8k_m-b}$时，零售商会选择自己提供服务，否则会选择制造商提供服务。当$k_r\leqslant$

$\frac{16(2-k_m)^2+4b(2-k_m)^2-16b(2-k_m)+2b^2}{8(2-k_m)^2-8b(2-k_m)+b^2}$时，制造商和零售商均会选择制造商提供服务。当$k_r \geqslant \frac{16+4bk_m-8k_m-6b}{8-4k_m+b}$时，制造商与零售商均会选择零售商提供服务。从产品服务化供应链的总收益来看，当$k_r \geqslant \frac{64k_m+2b-32-24k_m^2-4bk_m}{32-16k_m-3b}$时，偏好于制造商提供服务，否则偏好于零售商提供服务。

命题 3-4：当$k_m = k_r = k$时，$D_p^{MR} > D_p^{MM}$，$D_s^{MR} > D_s^{MM}$。

证明：由$\frac{(D_0-\alpha c_1)(2-k)}{2(4-2k-b)} = \frac{(D_0-\alpha c_1)(2-k)}{8-4k-2b} > \frac{(D_0-\alpha c_1)(2-k)}{8-4k-b}$，$\frac{D_0-\alpha c_1}{2(4-2k_m-b)} = \frac{D_0-\alpha c_1}{8-4k-2b} > \frac{D_0-\alpha c_1}{8-4k-b}$可得证。

命题 3-4 说明，与制造商提供服务相比较，零售商提供服务时产品需求和服务需求均增加。

命题 3-5：当$k_m = k_r = k$时，$p_2^{MR} > p_2^{MM}$，$s_r^{MR} > s_m^{MM}$。

证明：由$\frac{D_0-\alpha c_1}{2\beta(4-2k-b)} = \frac{D_0-\alpha c_1}{\beta(8-4k-2b)} > \frac{D_0-\alpha c_1}{\beta(8-4k-b)}$，$\frac{(D_0-\alpha c_1)k}{2\gamma(4-2k-b)} = \frac{(D_0-\alpha c_1)k}{\gamma(8-4k-2b)} > \frac{(D_0-\alpha c_1)k}{\gamma(8-4k-b)}$可得证。

命题 3-5 说明，与制造商提供服务相比，零售商提供服务时服务价格和服务水平均提高。

命题 3-6：当$k_m = k_r = k$时，$\pi_m^{MR} > \pi_m^{MM}$，$\pi_r^{MR} > \pi_r^{MM}$，$\pi_{sc}^{MR} > \pi_{sc}^{MM}$。

证明：由$\frac{(D_0-\alpha c_1)^2(2-k)}{4\alpha(4-2k-b)} > \frac{(D_0-\alpha c_1)^2(2-k)}{2\alpha(8-4k-b)}$化简可得：$b > 0$成立。由$\frac{(D_0-\alpha c_1)^2(2-k)}{8\alpha(4-2k-b)} > \frac{(D_0-\alpha c_1)^2(2-k)^2}{\alpha(8-4k-b)^2}$化简可得：$b^2 > 0$成立。由$\frac{3(D_0-\alpha c_1)^2(2-k)}{8\alpha(4-2k-b)} > \frac{(D_0-\alpha c_1)^2(2-k)(12-6k-b)}{2\alpha(8-4k-b)^2}$化简可

得：$3(8-4k-b)^2 > 4(12-6k-b)(4-2k-b)$，即 $b < 8(2-k)$ 成立。命题得证。

由命题 3-6 可以看出，当制造商为核心企业时，与制造商提供服务相比较，零售商提供服务时，制造商的收益、零售商的收益和供应链的总收益均增加。因此，当制造商为核心企业时，零售商提供服务使得产品服务化供应链各成员的收益及总收益最大，是最优的服务提供模式。

第二节 零售商为核心企业时制造商或零售商提供服务

一、制造商提供服务

制造商将产品批发给零售商，零售商通过零售渠道为顾客提供产品，制造商通过直销渠道为顾客提供服务。如图 3-3 所示。

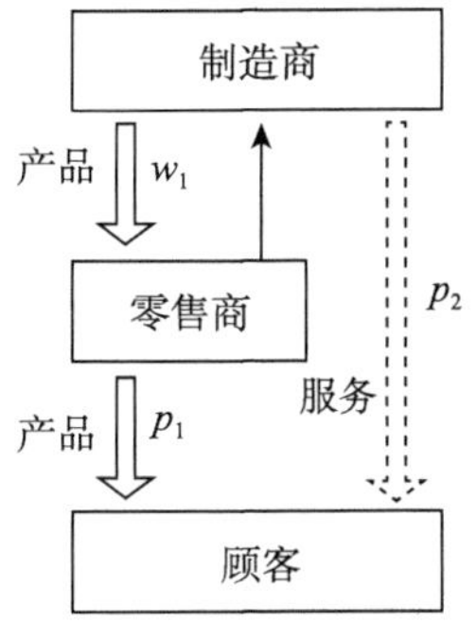

图 3-3 零售商为核心企业时制造商提供服务的供应链结构

制造商的收益为 $\pi_m = (w_1 - c_1)D_p + p_2 D_s - \frac{1}{2}\eta_m s_m^2$，零售商的收益为 $\pi_r = (p_1 - w_1)D_p$，其中，w_1 表示产品的批发价格。将 D_p、D_s 代入，可得制造商和零售商的收益分别为：

$$\pi_m = (w_1 - c_1)(D_0 - \alpha p_1) + p_2(D_0 - \alpha p_1 - \beta p_2 + \gamma s_m) - \frac{1}{2}\eta_m s_m^2 \tag{3.35}$$

$$\pi_r = (p_1 - w_1)(D_0 - \alpha p_1) \tag{3.36}$$

由于零售商为核心企业，首先由零售商决定产品的零售价格，然后制造商决定产品的批发价格、服务价格和服务水平。设 $p_1 = w_1 + U_1$，其中，U_1 表示单位产品纯收益。根据逆向归纳法，由 $\frac{\partial \pi_m}{\partial w_1} = 0$，$\frac{\partial \pi_m}{\partial p_2} = 0$，$\frac{\partial \pi_m}{\partial s_m} = 0$ 可得：

$$w_1^{RM} = \frac{D_0 - \alpha p_1 + \alpha c_1 - \alpha p_2}{\alpha} \tag{3.37}$$

$$p_2^{MR} = \frac{D_0 - \alpha p_1 + \gamma s_m}{2\beta} \tag{3.38}$$

$$s_m^{MR} = \frac{p_2 \gamma}{\eta_m} \tag{3.39}$$

联立求解得 $p_2^{RM} = \frac{D_0 - \alpha p_1}{\beta(2-k_m)}$，$w_1^{RM} = \frac{(D_0 - \alpha p_1)(2-k_m-b) + \alpha c_1(2-k_m)}{\alpha(2-k_m)}$，$s_m^{RM} = \frac{(D_0 - \alpha p_1)k_m}{\gamma(2-k_m)}$。将 w_1^{RM} 代入 π_r，由 $\frac{\partial \pi_r}{\partial p_1} = 0$ 得：

$$p_1^{RM} = \frac{(3D_0 + \alpha c_1)(2 - k_m) - 2bD_0}{2\alpha(4 - 2k_m - b)} \tag{3.40}$$

则：

$$w_1^{RM} = \frac{(D_0 + 3\alpha c_1)(2 - k_m) - b(D_0 + \alpha c_1)}{2\alpha(4 - 2k_m - b)} \tag{3.41}$$

$$p_2^{RM} = \frac{D_0 - \alpha c_1}{2\beta(4 - 2k_m - b)} \tag{3.42}$$

$$s_m^{RM} = \frac{(D_0 - \alpha c_1)k_m}{2\gamma(4 - 2k_m - b)} \tag{3.43}$$

$$U_1^{RM} = \frac{D_0 - \alpha c_1}{2\alpha} \tag{3.44}$$

$$D_p^{RM} = \frac{(D_0 - \alpha c_1)(2 - k_m)}{2(4 - 2k_m - b)} \tag{3.45}$$

$$D_s^{RM} = \frac{D_0 - \alpha c_1}{2(4 - 2k_m - b)} \tag{3.46}$$

$$\pi_m^{RM} = \frac{(D_0 - \alpha c_1)^2(2 - k_m)}{8\alpha(4 - 2k_m - b)} \tag{3.47}$$

$$\pi_r^{RM} = \frac{(D_0 - \alpha c_1)^2(2 - k_m)}{4\alpha(4 - 2k_m - b)} \tag{3.48}$$

$$\pi_{sc}^{RM} = \frac{3(D_0 - \alpha c_1)^2(2 - k_m)}{8\alpha(4 - 2k_m - b)} \tag{3.49}$$

其中，π_{sc}^{RM} 表示零售商为核心企业且制造商提供服务时产品服务化供应链的总收益的最优值，上标 RM 表示零售商为核心企业且制造商提供服务时各决策变量的最优值。

二、零售商提供服务

制造商将产品批发给零售商，零售商通过零售渠道为顾客提供产品和服务。如图 3-4 所示。

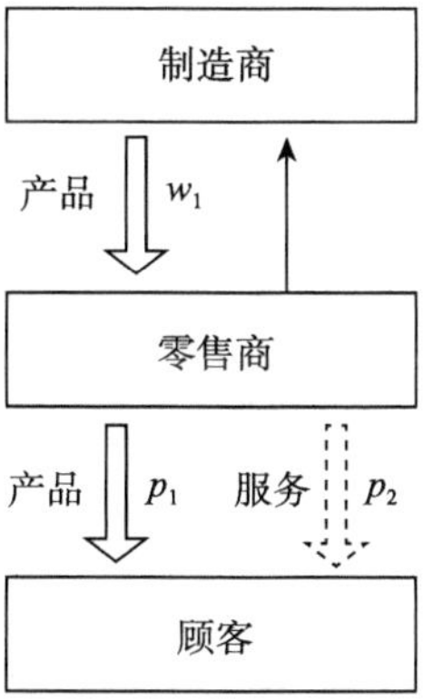

图 3-4　零售商为核心企业时零售商提供服务的供应链结构

制造商的收益为 $\pi_m = (w_1 - c_1) D_p$，零售商的收益为 $\pi_r = (p_1 - w_1)D_p +$

$p_2D_s - \frac{1}{2}\eta_r s_r^2$，将 D_p、D_s 代入，可得制造商和零售商的收益分别为：

$$\pi_m = (w_1 - c_1)(D_0 - \alpha p_1) \tag{3.50}$$

$$\pi_r = (p_1 - w_1)(D_0 - \alpha p_1) + p_2(D_0 - \alpha p_1 - \beta p_2 + \gamma s_r) - \frac{1}{2}\eta_r s_r^2 \tag{3.51}$$

由于零售商为核心企业，首先由零售商确定产品零售价格、服务价格和服务水平，然后制造商决定产品的批发价格。

设 $p_1 = w_1 + U_1$，根据逆向归纳法，由 $\frac{\partial \pi_m}{\partial w_1} = 0$ 得：

$$w_1^{RR} = \frac{D_0 + \alpha c_1 - \alpha p_1}{\alpha} \tag{3.52}$$

将 w_1^{RR} 代入 π_r，根据 $\frac{\partial \pi_r}{\partial p_1}=0$，$\frac{\partial \pi_r}{\partial p_2}=0$，$\frac{\partial \pi_r}{\partial s_r}=0$ 得：

$$p_1^{RR} = \frac{2D_0 + \alpha w_1 - \alpha p_2}{3\alpha} \tag{3.53}$$

$$p_2^{RR} = \frac{D_0 - \alpha p_1 + \gamma s_r}{2\beta} \tag{3.54}$$

$$s_r^* = \frac{p_2\gamma}{\eta_r} \tag{3.55}$$

联立求解得：

$$p_2^{RR} = \frac{D_0 - \alpha c_1}{\beta(8 - 4k_r - b)} \tag{3.56}$$

$$s_r^{RR} = \frac{(D_0 - \alpha c_1)k_r}{\gamma(8 - 4k_r - b)} \tag{3.57}$$

$$w_1^{RR} = \frac{(D_0 + 3\alpha c_1)(2 - k_r) - \alpha b c_1}{\alpha(8 - 4k_r - b)} \tag{3.58}$$

$$p_1^{RR} = \frac{(3D_0 + \alpha c_1)(2 - k_r) - bD_0}{\alpha(8 - 4k_r - b)} \tag{3.59}$$

$$U_1^{RR}=\frac{(D_0-\alpha c_1)(4-2k_r-b)}{\alpha(8-4k_r-b)} \tag{3.60}$$

$$D_p^{RR}=\frac{(D_0-\alpha c_1)(2-k_r)}{8-4k_r-b} \tag{3.61}$$

$$D_s^{RR}=\frac{D_0-\alpha c_1}{8-4k_r-b} \tag{3.62}$$

$$\pi_m^{RR}=\frac{(D_0-\alpha c_1)^2(2-k_r)^2}{\alpha(8-4k_r-b)^2} \tag{3.63}$$

$$\pi_r^{RR}=\frac{(D_0-\alpha c_1)^2(2-k_r)}{2\alpha(8-4k_r-b)} \tag{3.64}$$

$$\pi_{sc}^{RR}=\frac{(D_0-\alpha c_1)^2(2-k_r)(12-6k_r-b)}{2\alpha(8-4k_r-b)^2} \tag{3.65}$$

其中，π_{sc}^{RR} 表示零售商为核心企业且零售商提供服务时产品服务化供应链的总收益的最优值，上标 *RR* 表示零售商为核心企业且零售商提供服务时各决策变量的最优值。

三、均衡结果分析

为确保零售商有利可图，由 $U_1^{RM}>0$，$U_1^{RR}>0$ 可得：$0<k_r<2-\frac{b}{2}$。

命题 3-7：当零售商为核心企业，制造商或零售商分别提供服务时，产品需求、服务需求、服务价格、服务水平、制造商的收益、零售商的收益、产品服务化供应链的总收益均是服务需求敏感指数的增函数。

证明：由 $\frac{\partial D_p^{RM}}{\partial k_m}=\frac{(D_0-\alpha c_1)\ b}{2\ (4-2k_m-b)^2}$，$\frac{\partial D_s^{RM}}{\partial k_m}=\frac{D_0-\alpha c_1}{(4-2k_m-b)^2}$，$\frac{\partial p_2^{RM}}{\partial k_m}=\frac{D_0-\alpha c_1}{\beta(4-2k_m-b)^2}$，$\frac{\partial s_m^{RM}}{\partial k_m}=\frac{(D_0-\alpha c_1)(4-b)}{2\gamma(4-2k_m-b)^2}$，$\frac{\partial \pi_m^{RM}}{\partial k_m}=\frac{(D_0-\alpha c_1)^2 b}{8\alpha(4-2k_m-b)^2}$，$\frac{\partial \pi_r^{RM}}{\partial k_m}=\frac{(D_0-\alpha c_1)^2 b}{4\alpha(4-2k_m-b)^2}$，$\frac{\partial \pi_{sc}^{RM}}{\partial k_m}=\frac{3\ (D_0-\alpha c_1)^2 b}{8\alpha(4-2k_m-b)^2}$，$\frac{\partial D_p^{RR}}{\partial k_r}=\frac{(D_0-\alpha c_1)\ b}{(8-4k_r-b)^2}$，$\frac{\partial D_s^{RR}}{\partial k_r}=$

$\frac{4(D_0-\alpha c_1)}{(8-4k_r-b)^2}$，$\frac{\partial p_2^{RR}}{\partial k_r}=\frac{4(D_0-\alpha c_1)}{\beta(8-4k_r-b)}$，$\frac{\partial s_r^{RR}}{\partial k_r}=\frac{(D_0-\alpha c_1)(8-b)}{\gamma(8-4k_r-b)^2}$，$\frac{\partial \pi_m^{RR}}{\partial k_r}=\frac{2b(D_0-\alpha c_1)^2(2-k_r)}{\alpha(8-4k_r-b)^3}$，$\frac{\partial \pi_r^{RR}}{\partial k_r}=\frac{b}{2\alpha(8-4k_r-b)^2}$，$\frac{\partial \pi_{sc}^{RR}}{\partial k_r}=\frac{b(D_0-\alpha c_1)^2(16-8k_r-b)}{2\alpha(8-4k_r-b)^3}$可得：当$0<k_r<2-\frac{b}{2}$时，上述一阶导数均大于0，说明各决策变量关于$k_m$、$k_r$是增函数。

命题3-8：$\pi_r^{RM}>\pi_m^{RM}$，$\pi_r^{RR}>\pi_m^{RR}$。

证明：由$\frac{(D_0-\alpha c_1)^2(2-k_m)}{4\alpha(4-2k_m-b)}>\frac{(D_0-\alpha c_1)^2(2-k_m)}{8\alpha(4-2k_m-b)}$可得：$1>\frac{1}{2}$成立。由$\frac{(D_0-\alpha c_1)^2(2-k_r)}{2\alpha(8-4k_r-b)}>\frac{(D_0-\alpha c_1)^2(2-k_r)^2}{\alpha(8-4k_r-b)^2}$可得：$4-2k_r-b>0$成立。

命题3-8说明，当零售商为核心企业时，无论是制造商提供服务还是零售商提供服务，零售商的收益均大于制造商的收益。

命题3-9：当$k_m\geqslant\frac{32k_r-8k_r^2-2b}{16-8k_r-b}$时，$\pi_m^{RM}\geqslant\pi_m^{RR}$，否则$\pi_m^{RR}\geqslant\pi_m^{RM}$。当$k_r\geqslant\frac{k_m}{2}+1$时，$\pi_r^{RR}\geqslant\pi_r^{RM}$，否则$\pi_r^{RM}\geqslant\pi_r^{RR}$。当$k_m\geqslant\frac{16+4bk_r-8k_r-6b}{8-4k_r+b}$时，$\pi_m^{RM}\geqslant\pi_m^{RR}$，$\pi_r^{RM}\geqslant\pi_r^{RR}$。当$k_m\leqslant\frac{16(2-k_r)^2+4b(2-k_r)^2-16b(2-k_r)+2b^2}{8(2-k_r)^2-8b(2-k_r)+b^2}$时，$\pi_m^{RR}\geqslant\pi_m^{RM}$，$\pi_r^{RR}\geqslant\pi_r^{RM}$。当$k_m\geqslant\frac{64k_r+2b-32-24k_r^2-4bk_r}{32-16k_r-3b}$时，$\pi_{sc}^{RM}\geqslant\pi_{sc}^{RR}$，否则$\pi_{sc}^{RR}\geqslant\pi_{sc}^{RM}$。

证明：由$\frac{(D_0-\alpha c_1)^2(2-k_m)}{8\alpha(4-2k_m-b)}\geqslant\frac{(D_0-\alpha c_1)^2(2-k_r)^2}{\alpha(8-4k_r-b)^2}$化简可得：$k_m\geqslant\frac{32k_r-8k_r^2-2b}{16-8k_r-b}$。由$\frac{(D_0-\alpha c_1)^2(2-k_r)}{2\alpha(8-4k_r-b)}\geqslant\frac{(D_0-\alpha c_1)^2(2-k_m)}{4\alpha(4-2k_m-b)}$化简可得：$k_r\geqslant\frac{k_m}{2}+1$。由命题3-8可得：当$\pi_m^{RM}\geqslant\pi_r^{RR}$时，$\pi_m^{RM}\geqslant\pi_m^{RR}$，$\pi_r^{RM}\geqslant\pi_r^{RR}$成立，即

$\frac{(D_0-\alpha c_1)^2\ (2-k_m)}{8\alpha(4-2k_m-b)} \geqslant \frac{(D_0-\alpha c_1)^2(2-k_r)}{2\alpha\ (8-4k_r-b)}$，化简可得：$k_m \geqslant \frac{16+4bk_r-8k_r-6b}{8-4k_r+b}$。

当$\pi_m^{RR} \geqslant \pi_r^{RM}$时，$\pi_m^{RR} \geqslant \pi_m^{RM}$，$\pi_r^{RR} \geqslant \pi_r^{RM}$成立，即$\frac{(D_0-\alpha c_1)^2(2-k_r)^2}{\alpha\ (8-4k_r-b)^2} \geqslant$

$\frac{(D_0-\alpha c_1)^2\ (2-k_m)}{4\alpha\ (4-2k_m-b)}$，化简可得：$k_m \leqslant \frac{16\ (2-k_r)^2+4b\ (2-k_r)^2-16b(2-k_r)+2b^2}{8\ (2-k_r)^2-8b(2-k_r)+b^2}$。

由$\frac{3\ (D_0-\alpha c_1)^2\ (2-k_m)}{8\alpha(4-2k_m-b)} \geqslant \frac{(D_0-\alpha c_1)^2(2-k_r)(12-6k_r-b)}{2\alpha\ (8-4k_r-b)^2}$化简可得：

$k_m \geqslant \frac{64k_r+2b-32-24\ k_r^2-4bk_r}{32-16k_r-3b}$。

命题 3-9 说明，制造商和零售商需要权衡服务需求敏感指数的大小来做出服务模式的选择，当$k_m \geqslant \frac{32k_r - 8\ k_r^2 - 2b}{16 - 8k_r - b}$时，制造商会选择自己提供服务，否则会选择零售商提供服务。当$k_r \geqslant \frac{k_m}{2}+1$时，零售商会选择自己提供服务，否则会选择制造商提供服务。当$k_m \geqslant \frac{16+4bk_r-8k_r-6b}{8-4k_r+b}$时，制造商和零售商均选择制造商提供服务。当$k_m \leqslant \frac{16\ (2-k_r)^2+4b\ (2-k_r)^2-16b(2-k_r)+2b^2}{8\ (2-k_r)^2-8b(2-k_r)+b^2}$时，制造商和零售商均选择零售商提供服务。从产品服务化供应链的总收益来看，当$k_m \geqslant \frac{64k_r + 2b - 32 - 24\ k_r^2 - 4bk_r}{32 - 16k_r - 3b}$时，偏好于制造商提供服务，否则偏好于零售商提供服务。

命题 3-10：当$k_m = k_r = k$时，$D_p^{RM} > D_p^{RR}$，$D_s^{RM} > D_s^{RR}$。

证明：由$\frac{(D_0-\alpha c_1)(2-k)}{2(4-2k-b)} = \frac{(D_0-\alpha c_1)(2-k)}{8-4k-2b} > \frac{(D_0-\alpha c_1)(2-k)}{8-4k-b}$，

$\frac{D_0-\alpha c_1}{2(4-2k_m-b)}=\frac{D_0-\alpha c_1}{8-4k-2b}>\frac{D_0-\alpha c_1}{8-4k-b}$可得证。

命题 3-10 说明，与零售商提供服务相比较，制造商提供服务时产品需求和服务需求均增加。

命题 3-11：当 $k_m = k_r = k$ 时，$p_2^{RM} > p_2^{RR}$，$s_m^{RM} > s_r^{RR}$。

证明：由 $\frac{D_0 - \alpha c_1}{2\beta(4 - 2k - b)} = \frac{D_0 - \alpha c_1}{\beta(8 - 4k - 2b)} > \frac{D_0 - \alpha c_1}{\beta(8 - 4k - b)}$，$\frac{(D_0 - \alpha c_1)k}{2\gamma(4 - 2k - b)} = \frac{(D_0 - \alpha c_1)k}{\gamma(8 - 4k - 2b)} > \frac{(D_0 - \alpha c_1)k}{\gamma(8 - 4k - b)}$ 可得证。

命题 3-11 说明，与零售商提供服务相比较，制造商提供服务时服务价格和服务质量水平均提高。

命题 3-12：当 $k_m = k_r = k$ 时，$\pi_m^{RM} > \pi_m^{RR}$，$\pi_r^{RM} > \pi_r^{RR}$，$\pi_{sc}^{RM} > \pi_{sc}^{RR}$。

证明：由 $\frac{(D_0 - \alpha c_1)^2(2 - k)}{4\alpha(4 - 2k - b)} > \frac{(D_0 - \alpha c_1)^2(2 - k)}{2\alpha(8 - 4k - b)}$ 化简可得：$b > 0$ 成立。由 $\frac{(D_0 - \alpha c_1)^2(2 - k)}{8\alpha(4 - 2k - b)} > \frac{(D_0 - \alpha c_1)^2(2 - k)^2}{\alpha(8 - 4k - b)^2}$ 化简可得：$b^2 > 0$ 成立。由 $\frac{3(D_0 - \alpha c_1)^2(2 - k)}{8\alpha(4 - 2k - b)} > \frac{(D_0 - \alpha c_1)^2(2 - k)(12 - 6k - b)}{2\alpha(8 - 4k - b)^2}$ 化简可得：$3(8 - 4k - b)^2 > 4(12 - 6k - b)(4 - 2k - b)$，即 $b < 8(2 - k)$ 成立。命题得证。

由命题 3-12 可以看出，与零售商提供服务相比，制造商提供服务时制造商的收益、零售商的收益和产品服务化供应链的总收益最大。因此，当零售商为核心企业时，制造商提供服务使得产品服务化供应链各成员收益及总收益最大，是最优的服务提供模式。

第三节　制造商和零售商权力均等时制造商或零售商提供服务

一、制造商提供服务

制造商将产品批发给零售商，零售商通过零售渠道为顾客提供产品，制造商通过直销渠道为顾客提供服务。如图 3-5 所示。

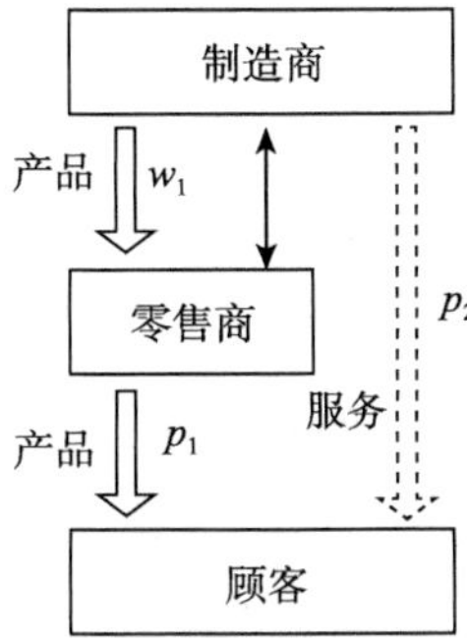

图 3-5　权力均等时制造商提供服务的供应链结构

制造商和零售商的收益分别为：

$$\pi_m = (w_1 - c_1)D_p + p_2 D_s - \frac{1}{2}\eta_m s_m^2 \tag{3.66}$$

$$\pi_r = (p_1 - w_1)D_p \tag{3.67}$$

将 D_p、D_s 代入，可得制造商与零售商的收益分别为：

$$\pi_m = (w_1 - c_1)[D_0 - \alpha(w_1 + U_1)] + p_2[D_0 - \alpha(w_1 + U_1) - \beta p_2 + \gamma s_m] - \frac{1}{2}\eta_m s_m^2 \tag{3.68}$$

$$\pi_r = (p_1 - w_1)(D_0 - \alpha p_1) \tag{3.69}$$

二者同时进行决策，由制造商决定产品的批发价格、服务价格和服务水平，零售商决定产品的零售价格。设 $p_1 = w_1 + U_1$，由 $\frac{\partial \pi_r}{\partial p_1} = 0$ 可得：$p_1^{NM} = \frac{D_0 + \alpha w_1}{2\alpha}$。

由 $\frac{\partial \pi_m}{\partial w_1} = 0$，$\frac{\partial \pi_m}{\partial p_2} = 0$，$\frac{\partial \pi_m}{\partial s_m} = 0$ 可得：

$$w_1^{NM} = \frac{D_0 - \alpha p_1 + \alpha c_1 - \alpha p_2}{\alpha} \tag{3.70}$$

$$p_2^{NM} = \frac{D_0 - \alpha p_1 + \gamma s_m}{2\beta} \tag{3.71}$$

$$s_m^{NM} = \frac{p_2 \gamma}{\eta_m} \tag{3.72}$$

联立求解得：

$$w_1^{NM} = \frac{(D_0 + 2\alpha c_1)(2 - k_m) - bD_0}{\alpha(6 - 3k_m - b)} \tag{3.73}$$

$$p_2^{NM} = \frac{D_0 - \alpha c_1}{\beta(6 - 3k_m - b)} \tag{3.74}$$

$$s_m^{NM} = \frac{(D_0 - \alpha c_1) k_m}{\gamma(6 - 3k_m - b)} \tag{3.75}$$

$$p_1^{NM} = \frac{(2D_0 + \alpha c_1)(2 - k_m) - bD_0}{\alpha(6 - 3k_m - b)} \tag{3.76}$$

$$U_1^{NM} = \frac{(D_0 - \alpha c_1)(2 - k_m)}{\alpha(6 - 3k_m - b)} \tag{3.77}$$

$$D_p^{NM} = \frac{(D_0 - \alpha c_1)(2 - k_m)}{6 - 3k_m - b} \tag{3.78}$$

$$D_s^{NM} = \frac{D_0 - \alpha c_1}{6 - 3k_m - b} \tag{3.79}$$

$$\pi_m^{NM} = \frac{(D_0 - \alpha c_1)^2 (2 - k_m)(4 - 2k_m - b)}{2\alpha (6 - 3k_m - b)^2} \tag{3.80}$$

$$\pi_r^{NM} = \frac{(D_0 - \alpha c_1)^2 (2 - k_m)^2}{\alpha (6 - 3k_m - b)^2} \tag{3.81}$$

$$\pi_{sc}^{NM} = \frac{(D_0 - \alpha c_1)^2 (2 - k_m)(8 - 4k_m - b)}{2\alpha(6 - 3k_m - b)^2} \tag{3.82}$$

其中，π_{sc}^{NM} 表示制造商与零售商权力均等且制造商提供服务时产品服务化供应链的总收益的最优值，上标 NM 表示制造商与零售商权力均等且制造商提供服务时各决策变量的最优值。

二、零售商提供服务

制造商将产品批发给零售商，零售商通过零售渠道为顾客提供产品和服务。如图 3-6 所示。

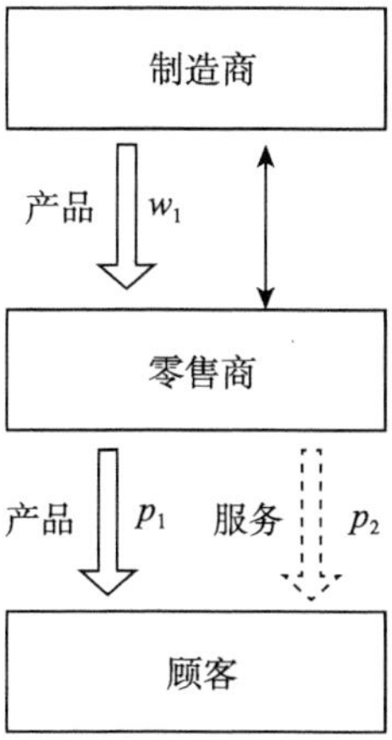

图 3-6　权力均等时零售商提供服务的供应链结构

制造商和零售商的收益分别为：

$$\pi_m = (w_1 - c_1) D_p \tag{3.83}$$

$$\pi_r = (p_1 - w_1) D_p + p_2 D_s - \frac{1}{2}\eta_r s_r^2 \tag{3.84}$$

将 D_p、D_s 代入，可得制造商与零售商的收益分别为：

$$\pi_m = (w_1 - c_1)\ [D_0 - \alpha(w_1 + U_1)] \tag{3.85}$$

$$\pi_r = (p_1 - w_1)(D_0 - \alpha p_1) + p_2(D_0 - \alpha p_1 - \beta p_2 + \gamma s_r) - \frac{1}{2}\eta_r s_r^2 \tag{3.86}$$

二者同时决策，由零售商决定产品的零售价格、服务价格和服务水平，制造商决定产品的批发价格。设 $p_1 = w_1 + U_1$，由 $\frac{\partial \pi_m}{\partial w_1} = 0$ 可得：

$$w_1^{NR} = \frac{D_0 + \alpha c_1 - \alpha p_1}{\alpha} \tag{3.87}$$

由 $\frac{\partial \pi_r}{\partial p_1} = 0$，$\frac{\partial \pi_r}{\partial p_2} = 0$，$\frac{\partial \pi_r}{\partial s_r} = 0$ 可得：

$$p_1^{NR} = \frac{D_0 + \alpha w_1 - \alpha p_2}{2\alpha} \tag{3.88}$$

$$p_2^{NR} = \frac{D_0 - \alpha p_1 + \gamma s_r}{2\beta} \tag{3.89}$$

$$s_r^{NR} = \frac{p_2 \gamma}{\eta_r} \tag{3.90}$$

联立求解可得：

$$p_2^{NR} = \frac{D_0 - \alpha c_1}{\beta(6 - 3k_r - b)} \tag{3.91}$$

$$s_r^{NR} = \frac{(D_0 - \alpha c_1)k_r}{\gamma(6 - 3k_r - b)} \tag{3.92}$$

$$w_1^{NR} = \frac{(D_0 + 2\alpha c_1)(2 - k_r) - \alpha b c_1}{\alpha(6 - 3k_r - b)} \tag{3.93}$$

$$p_1^{NR} = \frac{(2D_0 + \alpha c_1)(2 - k_r) - bD_0}{\alpha(6 - 3k_r - b)} \tag{3.94}$$

$$U_1^{NR} = \frac{(D_0 - \alpha c_1)(2 - k_r - b)}{\alpha(6 - 3k_r - b)} \tag{3.95}$$

$$D_p^{NR} = \frac{(D_0 - \alpha c_1)(2 - k_r)}{6 - 3k_r - b} \tag{3.96}$$

$$D_s^{NR} = \frac{D_0 - \alpha c_1}{6 - 3k_r - b} \tag{3.97}$$

$$\pi_m^{NR} = \frac{(D_0 - \alpha c_1)^2 (2 - k_r)^2}{\alpha(6 - 3k_r - b)^2} \tag{3.98}$$

$$\pi_r^{NR} = \frac{(D_0 - \alpha c_1)^2 (2 - k_r)(4 - 2k_r - b)}{2\alpha(6 - 3k_r - b)^2} \tag{3.99}$$

$$\pi_{sc}^{NR} = \frac{(D_0 - \alpha c_1)^2 (2 - k_r)(8 - 4k_r - b)}{2\alpha(6 - 3k_r - b)^2} \tag{3.100}$$

其中，π_{sc}^{NR} 表示制造商与零售商权力均等且零售商提供服务时产品服务化供应链的总收益的最优值，上标 NR 表示制造商与零售商权力均等且零售商提供服务时各决策变量的最优值。

三、均衡结果分析

为确保零售商有利可图，由 $U_1^{NM}>0$，$U_1^{NR}>0$ 可得：$0<k_m<2$，$0<k_r<2-b$。

命题 3-13：在制造商和零售商权力均等时，制造商与零售商分别提供服务两种服务提供模式下，产品需求、服务需求、服务价格、服务水平、制造商的收益、零售商的收益、供应链的总收益均是服务需求敏感指数的增函数。

证明：由 $\frac{\partial D_p^{NM}}{\partial k_m}=\frac{(D_0-\alpha c_1)b}{(6-3k_m-b)^2}$，$\frac{\partial D_s^{NM}}{\partial k_m}=\frac{3(D_0-\alpha c_1)}{(6-3k_m-b)^2}$，$\frac{\partial p_2^{NM}}{\partial k_m}=\frac{3(D_0-\alpha c_1)}{\beta(6-3k_m-b)^2}$，$\frac{\partial s_m^{NM}}{\partial k_m}=\frac{(D_0-\alpha c_1)(6-b)}{\gamma(6-3k_m-b)^2}$，$\frac{\partial \pi_m^{NM}}{\partial k_m}=\frac{(D_0-\alpha c_1)^2(2-k_m-b)b}{2\alpha(6-3k_m-b)^3}$，$\frac{\partial \pi_r^{NM}}{\partial k_m}=\frac{(D_0-\alpha c_1)^2 2b(2-k_m)}{\alpha(6-3k_m-b)^3}$，$\frac{\partial \pi_{sc}^{NM}}{\partial k_m}=\frac{(D_0-\alpha c_1)^2 b(10-5k_m-b)}{2\alpha(6-3k_m-b)^3}$，$\frac{\partial D_p^{NR}}{\partial k_r}=\frac{(D_0-\alpha c_1)b}{(6-3k_r-b)^2}$，$\frac{\partial D_s^{NR}}{\partial k_r}=\frac{3(D_0-\alpha c_1)}{(6-3k_r-b)^2}$，$\frac{\partial p_2^{NR}}{\partial k_r}=\frac{3(D_0-\alpha c_1)}{\beta(6-3k_r-b)^2}$，$\frac{\partial s_r^{NR}}{\partial k_r}=\frac{(D_0-\alpha c_1)(6-b)}{\gamma(6-3k_r-b)^2}$，$\frac{\partial \pi_m^{NR}}{\partial k_r}=\frac{(D_0-\alpha c_1)^2(2-k_r-b)b}{2\alpha(6-3k_r-b)^3}$，$\frac{\partial \pi_r^{NR}}{\partial k_r}=\frac{(D_0-\alpha c_1)^2 2b(2-k_r)}{\alpha(6-3k_r-b)^3}$，$\frac{\partial \pi_{sc}^{NR}}{\partial k_r}=\frac{(D_0-\alpha c_1)^2 b(10-5k_r-b)}{2\alpha(6-3k_r-b)^3}$ 可得：当 $0<k_m<2$，$0<k_r<2-b$ 时，上述一阶导数均大于0，说明各决策变量关于 k_m、k_r 是增函数。

命题 3-14：$\pi_r^{NM}\geqslant\pi_m^{NM}$，$\pi_m^{NR}\geqslant\pi_r^{NR}$。

证明：由 $\frac{(D_0-\alpha c_1)^2(2-k_m)^2}{\alpha(6-3k_m-b)^2}\geqslant\frac{(D_0-\alpha c_1)^2(2-k_m)(4-2k_m-b)}{2\alpha(6-3k_m-b)^2}$ 化简可得：$4-2k_m\geqslant 4-2k_m-b$ 成立。由 $\frac{(D_0-\alpha c_1)^2(2-k_r)^2}{\alpha(6-3k_r-b)^2}\geqslant\frac{(D_0-\alpha c_1)^2(2-k_r)(4-2k_r-b)}{2\alpha(6-3k_r-b)^2}$ 化简可得：$4-2k_r\geqslant 4-2k_r-b$ 成立。

命题3-14说明，当制造商与零售商权力均等，制造商提供服务时零售商的收益大于制造商的收益，零售商提供服务时制造商的收益大于零售商的收益。

命题3-15：当 $\frac{(2-k_m)(4-2k_m-b)}{2(6-3k_m-b)^2} \geqslant \frac{(2-k_r)^2}{(6-3k_r-b)^2}$ 时，$\pi_m^{NM} \geqslant \pi_m^{NR}$，$\pi_r^{NM} \geqslant \pi_r^{NR}$。当 $\frac{(2-k_r)(4-2k_r-b)}{2(6-3k_r-b)^2} \geqslant \frac{(2-k_m)^2}{(6-3k_m-b)^2}$ 时，$\pi_r^{NR} \geqslant \pi_r^{NM}$，$\pi_m^{NR} \geqslant \pi_m^{NM}$。当 $\frac{(2-k_m)(8-4k_m-b)}{(6-3k_m-b)^2} \geqslant \frac{(2-k_r)(8-4k_r-b)}{(6-3k_r-b)^2}$ 时，$\pi_{sc}^{NM} \geqslant \pi_{sc}^{NR}$，否则 $\pi_{sc}^{NR} \geqslant \pi_{sc}^{NM}$。

证明：由命题3-14可知，当 $\pi_m^{NM} \geqslant \pi_m^{NR}$ 时，$\pi_r^{NM} \geqslant \pi_r^{NR}$ 也成立，因此由 $\pi_m^{NM} \geqslant \pi_m^{NR}$ 可得：$\frac{(2-k_m)(4-2k_m-b)}{2(6-3k_m-b)^2} \geqslant \frac{(2-k_r)^2}{(6-3k_r-b)^2}$。当 $\pi_r^{NR} \geqslant \pi_r^{NM}$ 时，$\pi_m^{NR} \geqslant \pi_m^{NM}$ 也成立，因此由 $\pi_r^{NR} \geqslant \pi_r^{NM}$ 可得：$\frac{(2-k_r)(4-2k_r-b)}{2(6-3k_r-b)^2} \geqslant \frac{(2-k_m)^2}{(6-3k_m-b)^2}$。由 $\pi_{sc}^{NM} \geqslant \pi_{sc}^{NR}$ 可得：$\frac{(2-k_m)(8-4k_m-b)}{(6-3k_m-b)^2} \geqslant \frac{(2-k_r)(8-4k_r-b)}{(6-3k_r-b)^2}$。

命题3-15说明，制造商和零售商需要权衡服务需求敏感指数的大小来做出服务提供模式的选择，当 $\frac{(2-k_m)(4-2k_m-b)}{2(6-3k_m-b)^2} \geqslant \frac{(2-k_r)^2}{(6-3k_r-b)^2}$ 时，制造商和零售商均会选择制造商提供服务。当 $\frac{(2-k_r)(4-2k_r-b)}{2(6-3k_r-b)^2} \geqslant \frac{(2-k_m)^2}{(6-3k_m-b)^2}$ 时，制造商和零售商均会选择零售商提供服务。从产品服务化供应链的总收益来看，当 $\frac{(2-k_m)(8-4k_m-b)}{(6-3k_m-b)^2} \geqslant$

$\frac{(2-k_r)(8-4k_r-b)}{(6-3k_r-b)^2}$时，偏好于制造商提供服务，否则偏好于零售商提供服务。

命题 3-16：显然，当 $k_m=k_r=k$ 时，制造商和零售商分别提供服务这两种服务提供模式下的产品需求、服务需求、产品价格、服务价格、服务水平及供应链的总收益相等。

命题 3-17：当 $k_m=k_r=k$ 时，$\pi_m^{NR}>\pi_m^{NM}$，$\pi_r^{NR}<\pi_r^{NM}$。

证明：由 $\frac{(D_0-\alpha c_1)^2(2-k)^2}{\alpha(6-3k-b)^2}>\frac{(D_0-\alpha c_1)^2(2-k)(4-2k-b)}{2\alpha(6-3k-b)^2}$ 化简可得：$\frac{b}{2}>0$ 成立，命题得证。

由命题 3-17 可以看出，制造商和零售商权力均等时，当制造商提供服务时，零售商的收益最大；当零售商提供服务时，制造商的收益最大。所以制造商更偏好于零售商提供服务，零售商更偏好于制造商提供服务，因此不存在最优的服务提供模式。

第四节　三种权力结构下的均衡结果分析

命题 3-18：从三种权力结构来看，当制造商提供服务时，制造商的收益满足 $\pi_m^{MM}>\pi_m^{NM}>\pi_m^{RM}$。当零售商提供服务时，制造商的收益满足 $\pi_m^{MR}>\pi_m^{NR}>\pi_m^{RR}$。这说明，无论制造商提供服务还是零售商提供服务，当制造商为核心企业时制造商的收益最大，其次是权力均等，零售商为核心企业时制造商的收益最小。

证明：由 $\frac{(D_0-\alpha c_1)^2(2-k_m)}{4\alpha(4-2k_m-b)}>\frac{(D_0-\alpha c_1)^2(2-k_m)^2}{\alpha(6-3k_m-b)^2}>\frac{(D_0-\alpha c_1)^2(2-k_m)^2}{\alpha(8-4k_m-b)^2}$，

$\frac{(D_0-\alpha c_1)^2(2-k_r)}{4\alpha(4-2k_r-b)}>\frac{(D_0-\alpha c_1)^2(2-k_r)^2}{\alpha(6-3k_r-b)^2}>\frac{(D_0-\alpha c_1)^2(2-k_r)^2}{\alpha(8-4k_r-b)^2}$ 可得证。

命题 3-19：从三种权力结构来看，当制造商提供服务时，零售商的收益满足$\pi_r^{RM}>\pi_r^{NM}>\pi_r^{MM}$。当零售商提供服务时，零售商的收益满足$\pi_r^{RR}>\pi_r^{NR}>\pi_r^{MR}$。这说明，无论是制造商提供服务还是零售商提供服务，零售商为核心企业时零售商的收益最大，制造商与零售商权力均等时零售商收益次之，制造商为核心企业时零售商的收益最小。

证明：由$\frac{(D_0-\alpha c_1)^2(2-k_m)}{2\alpha(8-4k_m-b)}>\frac{(D_0-\alpha c_1)^2(2-k_m)(4-2k_m-b)}{2\alpha(6-3k_m-b)^2}>\frac{(D_0-\alpha c_1)^2(2-k_m)}{8\alpha(4-2k_m-b)}$，$\frac{(D_0-\alpha c_1)^2(2-k_r)}{2\alpha(8-4k_r-b)}>\frac{(D_0-\alpha c_1)^2(2-k_r)(4-2k_r-b)}{2\alpha(6-3k_r-b)^2}>\frac{(D_0-\alpha c_1)^2(2-k_r)}{8\alpha(4-2k_r-b)}$可得证。

命题 3-20：从三种权力结构来看，当制造商提供服务时，产品服务化供应链的总收益满足$\pi_{sc}^{NM}>\pi_{sc}^{RM}>\pi_{sc}^{MM}$。当零售商提供服务时，产品服务化供应链的总收益满足$\pi_{sc}^{NR}>\pi_{sc}^{MR}>\pi_{sc}^{RR}$。

证明：由$\frac{(D_0-\alpha c_1)^2(2-k_m)(8-4k_m-b)}{2\alpha(6-3k_m-b)^2}>\frac{3(D_0-\alpha c_1)^2(2-k_m)}{8\alpha(4-2k_m-b)}>\frac{(D_0-\alpha c_1)^2(2-k_m)(12-6k_m-b)}{2\alpha(8-4k_m-b)^2}$，$\frac{(D_0-\alpha c_1)^2(2-k_r)(8-4k_r-b)}{2\alpha(6-3k_r-b)^2}>\frac{3(D_0-\alpha c_1)^2(2-k_r)}{8\alpha(4-2k_r-b)}>\frac{(D_0-\alpha c_1)^2(2-k_r)(12-6k_r-b)}{2\alpha(8-4k_r-b)^2}$可得证。

命题 3-20 说明，当制造商与零售商权力均等时，产品服务化供应链的总收益最大，为最优的权力结构。当制造商与零售商权力不均等时，制造商提供服务时，零售商为核心企业的供应链的总收益最大，为最优的权力结构；零售商提供服务时，制造商为核心企业的供应链的总收益最大，为最优的权力结构。

命题 3-21：当$k_m=k_r=k$时，制造商与零售商在三种权力结构和两种服务提供模式选择策略下的 NASH 均衡解为（制造商为核心企业，零售商提供服务）和（制造商提供服务，零售商为核心企业）。

证明：假设制造商的策略集为（核心企业，非核心企业，权力均等），零售商的策略集为（提供服务，不提供服务），（制造商，零售商）的均衡收益结果如表 3-1 所示。

表 3-1 静态博弈组合策略结果（一）

制造商	提供服务的零售商	不提供服务的零售商
核心企业	$\left(\frac{(D_0-\alpha c_1)^2(2-k_r)}{4\alpha(4-2k_r-b)}, \frac{(D_0-\alpha c_1)^2(2-k_r)}{8\alpha(4-2k_r-b)}\right)$	$\left(\frac{(D_0-\alpha c_1)^2(2-k_m)}{2\alpha(8-4k_m-b)}, \frac{(D_0-\alpha c_1)^2(2-k_m)^2}{\alpha(8-4k_m-b)^2}\right)$
非核心企业	$\left(\frac{(D_0-\alpha c_1)^2(2-k_r)^2}{\alpha(8-4k_r-b)^2}, \frac{(D_0-\alpha c_1)^2(2-k_r)^2}{2\alpha(8-4k_r-b)^2}\right)$	$\left(\frac{(D_0-\alpha c_1)^2(2-k_m)}{8\alpha(4-2k_m-b)}, \frac{(D_0-\alpha c_1)^2(2-k_m)}{4\alpha(4-2k_m-b)}\right)$
权力均等	$\left(\frac{(D_0-\alpha c_1)^2(2-k_r)^2}{\alpha(6-3k_r-b)^2}, \frac{(D_0-\alpha c_1)^2(2-k_r)(4-2k_r-b)}{2\alpha(6-3k_r-b)^2}\right)$	$\left(\frac{(D_0-\alpha c_1)^2(2-k_m)(4-2k_m-b)}{2\alpha(6-3k_m-b)^2}, \frac{(D_0-\alpha c_1)^2(2-k_m)^2}{\alpha(6-3k_m-b)^2}\right)$

若 $k_m = k_r = k$，当制造商选择为核心企业时，对于零售商来说，当 $b > 0$ 时，$\frac{(D_0-\alpha c_1)^2(2-k)}{8\alpha(4-2k-b)} > \frac{(D_0-\alpha c_1)^2(2-k)^2}{\alpha(8-4k-b)^2}$，所以零售商的最优决策是选择提供服务。

当制造商选择为非核心企业（即零售商为核心企业）时，对于零售商来说，当 $b < 4-2k$ 时，$\frac{(D_0-\alpha c_1)^2(2-k)^2}{2\alpha(8-4k-b)^2} < \frac{(D_0-\alpha c_1)^2(2-k)}{4\alpha(4-2k-b)}$，所以零售商的最优决策是选择不提供服务。

当制造商选择权力均等时，对于零售商来说，当 $b > 0$ 时，$\frac{(D_0-\alpha c_1)^2(2-k)(4-2k-b)}{2\alpha(6-3k-b)^2} < \frac{(D_0-\alpha c_1)^2(2-k)^2}{\alpha(6-3k-b)^2}$，所以零售商的最优决策是选择不提供服务。

当零售商选择提供服务时，对于制造商来说，由于 $\frac{(D_0-\alpha c_1)^2(2-k)}{4\alpha(4-2k-b)} >$

$\frac{(D_0-\alpha c_1)^2(2-k)^2}{\alpha(6-3k-b)^2}>\frac{(D_0-\alpha c_1)^2(2-k)^2}{\alpha(8-4k-b)^2}$，所以制造商的最优决策是成为核心企业。

当零售商选择不提供服务（即制造商提供服务）时，对于制造商来说，当 $2-k-b>0$ 时，$\frac{(D_0-\alpha c_1)^2(2-k)}{2\alpha(8-4k-b)}>\frac{(D_0-\alpha c_1)^2(2-k)(4-2k-b)}{2\alpha(6-3k-b)^2}>\frac{(D_0-\alpha c_1)^2(2-k)}{8\alpha(4-2k-b)}$，所以制造商的最优决策是成为核心企业。

因此，根据静态博弈的划线法可得，当 $2-k-b>0$ 且 $b>0$ 时，NASH 均衡解有一个，即（制造商为核心企业，零售商提供服务）。

假设制造商的策略集为（提供服务，不提供服务），零售商的策略集为（核心企业，非核心企业，权力均等），（制造商，零售商）的均衡收益结果如表 3-2 所示。

表 3-2　静态博弈组合策略结果（二）

零售商	提供服务的制造商	不提供服务的制造商
核心企业	$\left(\frac{(D_0-\alpha c_1)^2(2-k_m)}{8\alpha(4-2k_m-b)},\frac{(D_0-\alpha c_1)^2(2-k_m)}{4\alpha(4-2k_m-b)}\right)$	$\left(\frac{(D_0-\alpha c_1)^2(2-k_r)^2}{\alpha(8-4k_r-b)^2},\frac{(D_0-\alpha c_1)^2(2-k_r)^2}{2\alpha(8-4k_r-b)^2}\right)$
非核心企业	$\left(\frac{(D_0-\alpha c_1)^2(2-k_m)}{2\alpha(8-4k_m-b)},\frac{(D_0-\alpha c_1)^2(2-k_m)^2}{\alpha(8-4k_m-b)^2}\right)$	$\left(\frac{(D_0-\alpha c_1)^2(2-k_r)}{4\alpha(4-2k_r-b)},\frac{(D_0-\alpha c_1)^2(2-k_r)}{8\alpha(4-2k_r-b)}\right)$
权力均等	$\left(\frac{(D_0-\alpha c_1)^2(2-k_m)(4-2k_m-b)}{2\alpha(6-3k_m-b)^2},\frac{(D_0-\alpha c_1)^2(2-k_m)^2}{\alpha(6-3k_m-b)^2}\right)$	$\left(\frac{(D_0-\alpha c_1)^2(2-k_r)^2}{\alpha(6-3k_r-b)^2},\frac{(D_0-\alpha c_1)^2(2-k_r)(4-2k_r-b)}{2\alpha(6-3k_r-b)^2}\right)$

当制造商选择提供服务时，对于零售商来说，由于$\frac{(D_0-\alpha c_1)^2(2-k)}{4\alpha(4-2k-b)}>\frac{(D_0-\alpha c_1)^2(2-k)^2}{\alpha(6-3k-b)^2}>\frac{(D_0-\alpha c_1)^2(2-k)^2}{\alpha(8-4k-b)^2}$，所以零售商的最优决策是成为核心

企业。

当制造商选择不提供服务（即零售商提供服务）时，对于零售商来说，当 $2-k-b>0$ 时，$\frac{(D_0-\alpha c_1)^2(2-k)}{2\alpha(8-4k-b)}>\frac{(D_0-\alpha c_1)^2(2-k)(4-2k-b)}{2\alpha(6-3k-b)^2}>\frac{(D_0-\alpha c_1)^2(2-k)}{8\alpha(4-2k-b)}$，所以零售商的最优决策是成为核心企业。

当零售商选择为核心企业时，对于制造商来说，当 $b>0$ 时，$\frac{(D_0-\alpha c_1)^2(2-k)}{8\alpha(4-2k-b)}>\frac{(D_0-\alpha c_1)^2(2-k)^2}{\alpha(8-4k-b)^2}$，所以制造商的最优决策是选择提供服务。

当零售商选择为非核心企业（即制造商为核心企业）时，对于制造商来说，当 $b<4-2k$ 时，$\frac{(D_0-\alpha c_1)^2(2-k)^2}{2\alpha(8-4k-b)^2}<\frac{(D_0-\alpha c_1)^2(2-k)}{4\alpha(4-2k-b)}$，所以制造商的最优决策是选择不提供服务。

当零售商选择权力均等时，对于制造商来说，当 $b>0$ 时，$\frac{(D_0-\alpha c_1)^2(2-k)(4-2k-b)}{2\alpha(6-3k-b)^2}<\frac{(D_0-\alpha c_1)^2(2-k)^2}{\alpha(6-3k-b)^2}$，所以制造商的最优决策是选择不提供服务。

因此，根据静态博弈的划线法可得，当 $2-k-b>0$ 且 $b>0$ 时，NASH 均衡解有一个，即（制造商提供服务，零售商为核心企业）。

第五节　数值仿真分析

根据各参数的含义及取值范围，随机取参数 $\alpha=0.3$，$b=0.6$，$c_1=20$，$D_0=1000$。利用 SAS 软件进行仿真，可得出如图 3-7～图 3-20 所示的仿真结果。

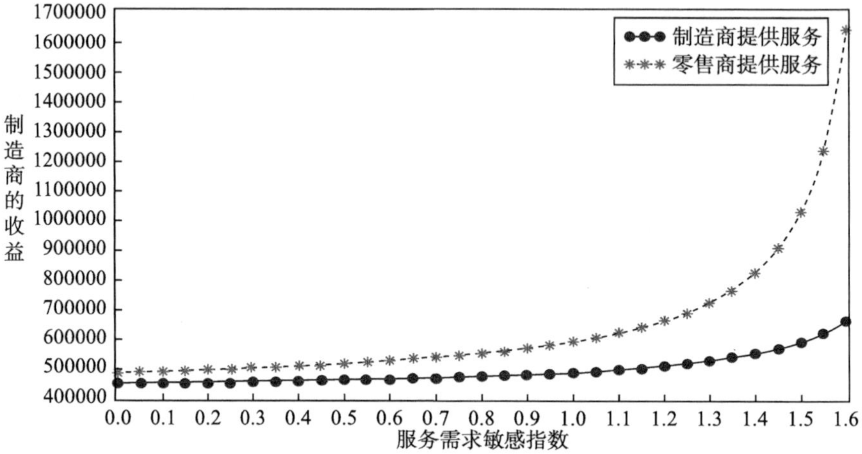

图 3-7　制造商为核心企业时两种服务提供模式下制造商的收益

由图 3-7 可以看出，当制造商为核心企业时，零售商提供服务时制造商的收益大于制造商提供服务时的收益。

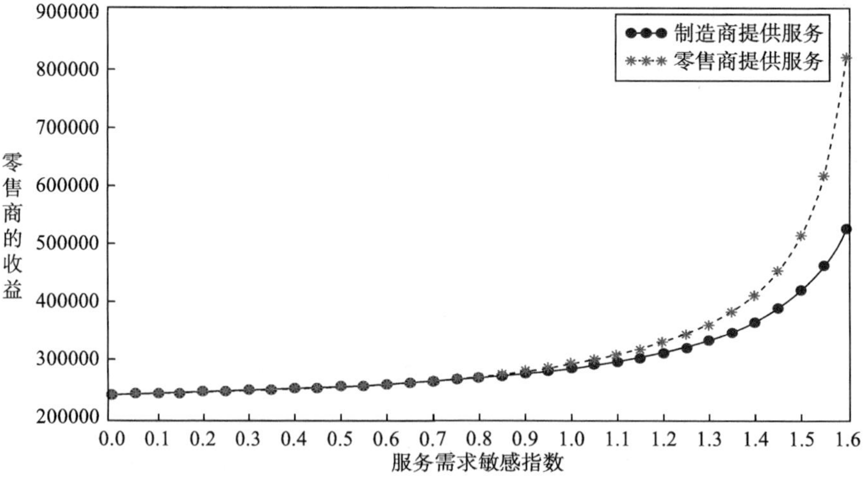

图 3-8　制造商为核心企业时两种服务提供模式下零售商的收益

由图 3-8 可以看出，当制造商为核心企业时，零售商提供服务时零售商的收益大于制造商提供服务时的收益。

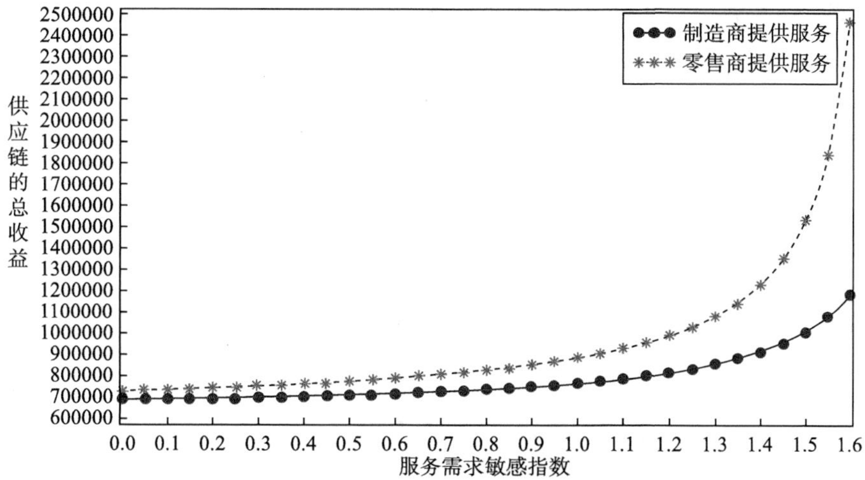

图 3-9 制造商为核心企业时两种服务提供模式下供应链的总收益

由图 3-9 可以看出，当制造商为核心企业，零售商提供服务时，产品服务化供应链的总收益大于制造商提供服务时的总收益。

因此，从图 3-7 至图 3-9 可得出，当制造商为核心企业，零售商提供服务时，制造商的收益、零售商的收益和产品服务化供应链的总收益均最大，因此零售商提供服务是最优的服务提供模式。

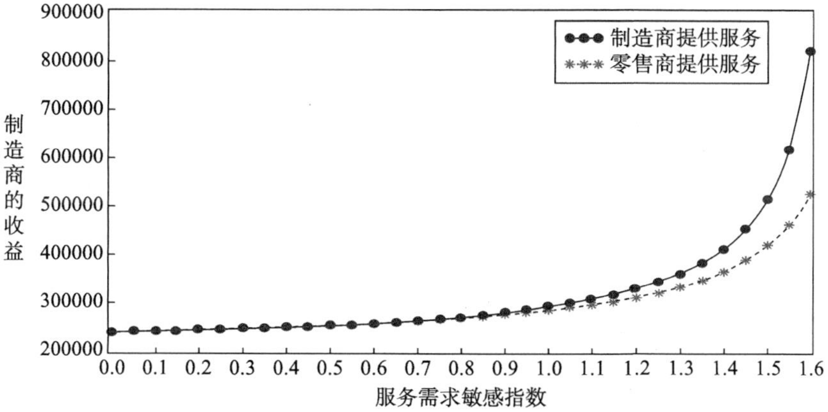

图 3-10 零售商为核心企业时两种服务提供模式下制造商的收益

由图 3-10 可以看出，当零售商为核心企业，制造商提供服务时制造商的收益大于零售商提供服务时的收益。

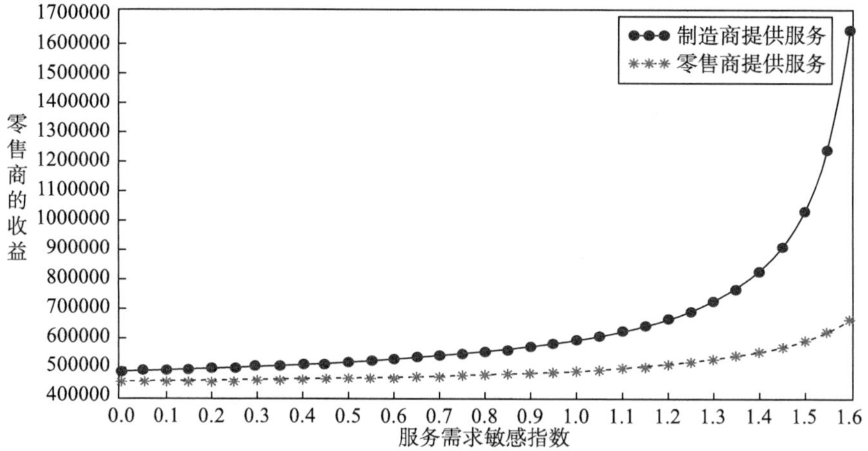

图 3-11　零售商为核心企业时两种服务提供模式下零售商的收益

由图 3-11 可以看出，当零售商为核心企业，制造商提供服务时零售商的收益大于零售商提供服务时的收益。

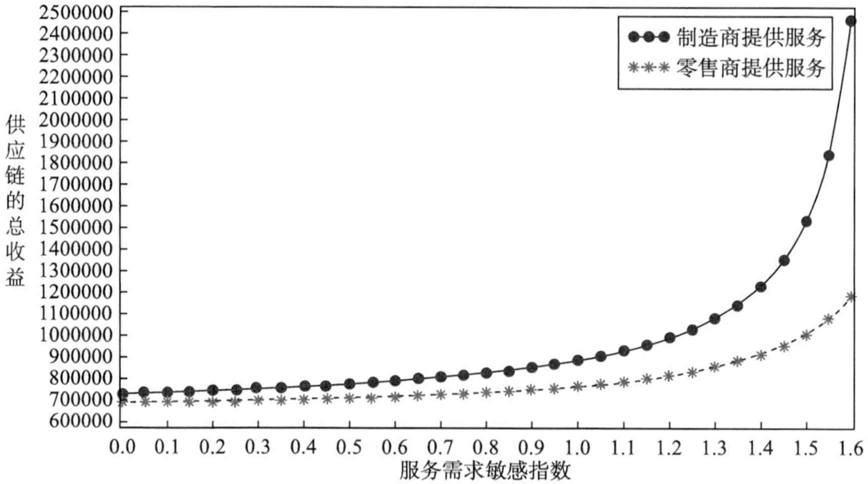

图 3-12　零售商为核心企业时两种服务提供模式下供应链的总收益

由图 3-12 可以看出，当零售商为核心企业，制造商提供服务时产品服务化供应链的总收益大于零售商提供服务时的总收益。

因此，由图 3-10 至图 3-12 可得，当零售商为核心企业，制造商提供服务时，制造商的收益、零售商的收益和产品服务化供应链的总收益均最大，因此制造商提供服务是最优的服务提供模式。

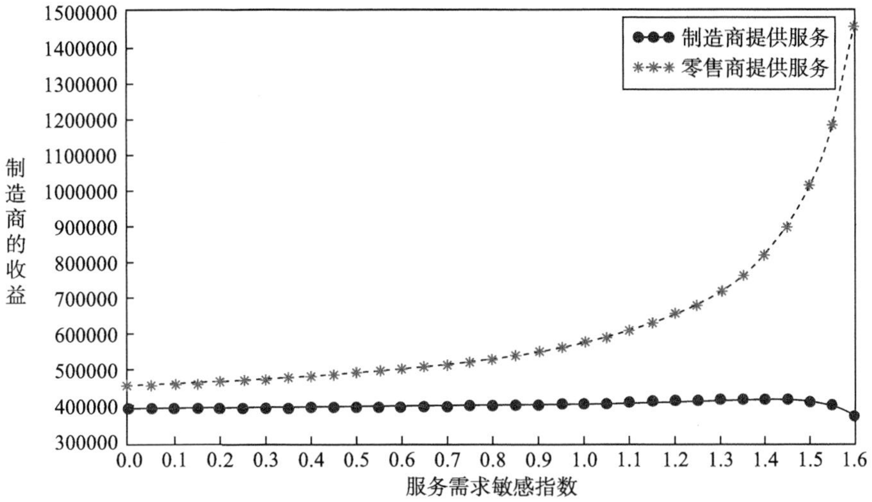

图 3-13　制造商与零售商权力均等时两种服务提供模式下制造商的收益

由图 3-13 可以看出，当制造商与零售商权力均等时，零售商提供服务时制造商的收益大于制造商提供服务时的收益。

由图 3-14 可以看出，当制造商和零售商权力均等时，制造商提供服务时零售商的收益大于零售商提供服务时的收益。

因此，由图 3-13 和图 3-14 可得，制造商更希望零售商提供服务，零售商更希望制造商提供服务。由于两种服务提供模式下产品服务化供应链的总收益相等，所以不存在最优的服务提供模式。

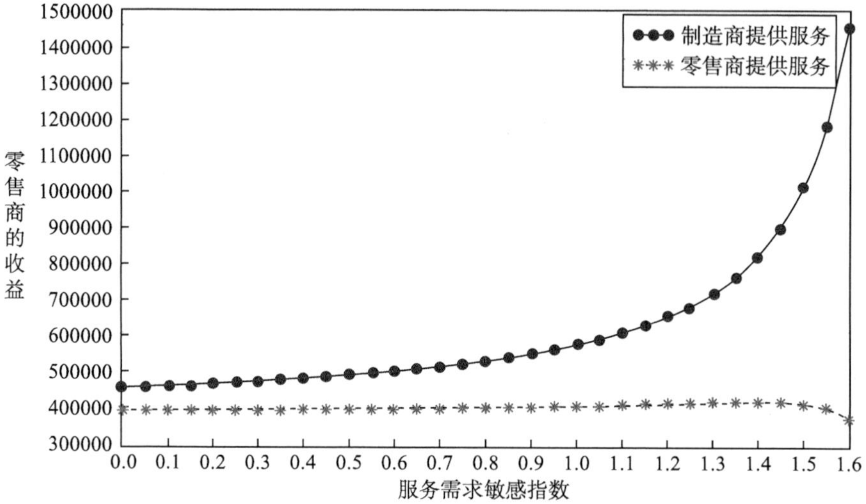

图 3-14　制造商与零售商权力均等时两种服务提供模式下零售商的收益

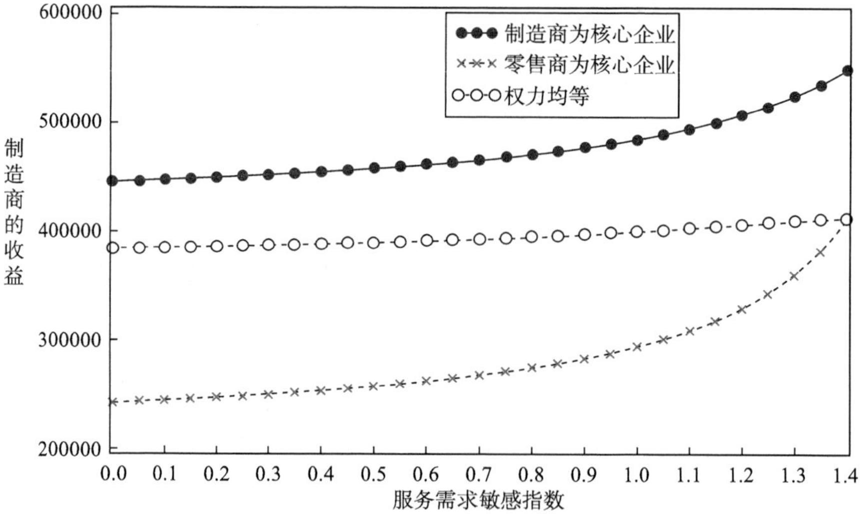

图 3-15　不同权力结构下制造商提供服务时制造商的收益

由图 3-15 可以看出，当制造商提供服务时，从三种权力结构来看，制造商为核心企业时制造商的收益最大。

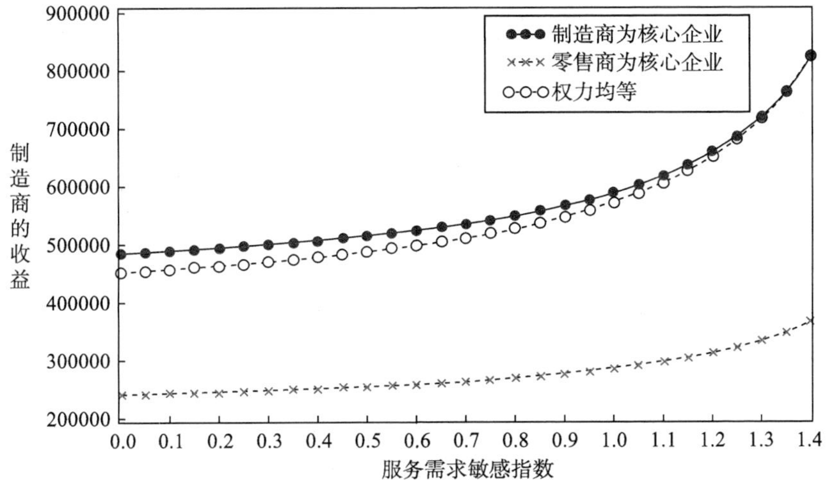

图 3-16 不同权力结构下零售商提供服务时制造商的收益

由图 3-16 可以看出，当零售商提供服务时，从三种权力结构来看，当制造商为核心企业时制造商的收益最大。

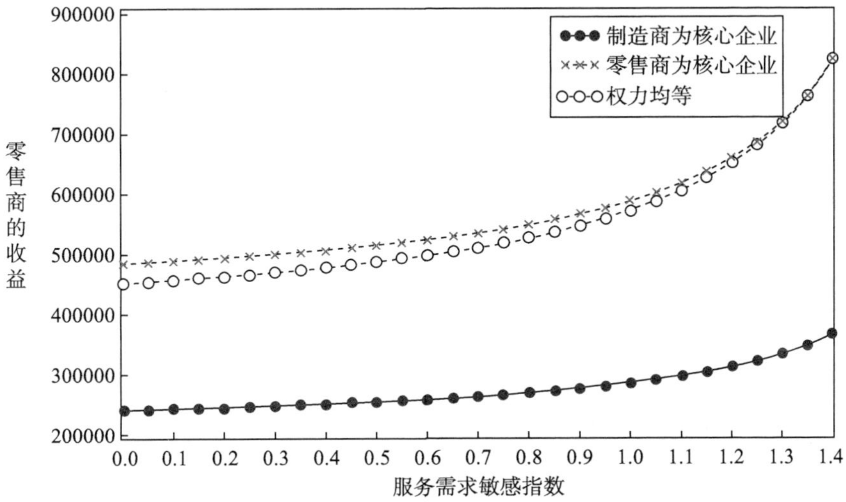

图 3-17 不同权力结构下制造商提供服务时零售商的收益

由图 3-17 可以看出，当制造商提供服务时，从三种权力结构来看，零售商为核心企业时零售商的收益最大。

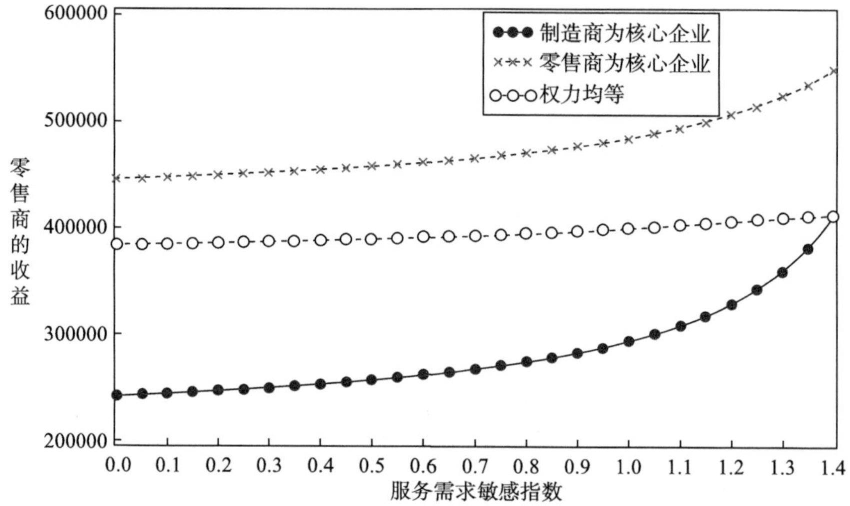

图 3-18　不同权力结构下零售商提供服务时零售商的收益

由图 3-18 可以看出，当零售商提供服务时，从三种权力结构来看，当零售商为核心企业时零售商的收益最大。

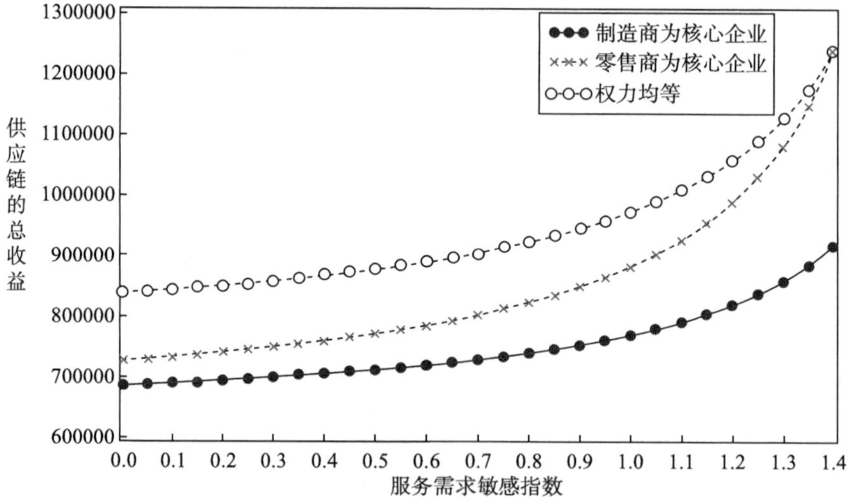

图 3-19　不同权力结构下制造商提供服务时供应链的总收益

由图 3-19 可以看出，当制造商提供服务时，从三种权力结构来看，当制造商和零售商的权力均等时产品服务化供应链的总收益最大，零售商为核心企业时产品服务化供应链的总收益大于制造商为核心企业时的总收益。

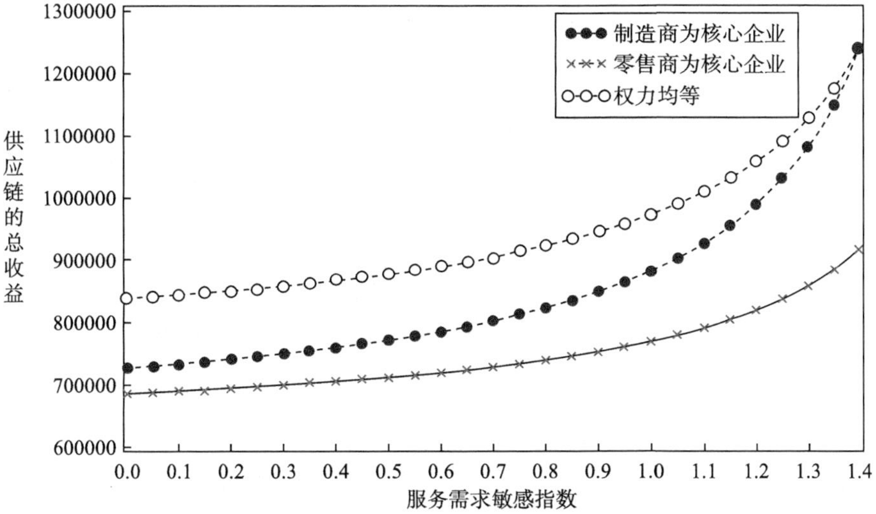

图 3-20　不同权力结构下零售商提供服务时供应链的总收益

由图 3-20 可以看出，当零售商提供服务时，从三种权力结构来看，当制造商与零售商的权力均等时产品服务化供应链的总收益最大，制造商为核心企业时产品服务化供应链的总收益大于零售商为核心企业时的总收益。

第六节　本章小结

本章研究了由制造商和零售商组成的两级产品服务化供应链中，制造商或零售商提供服务两种服务提供模式下，制造商为核心企业、零售商为核心企业和制造商与零售商权力均等三种权力结构下的均衡决策。得到了如下结论：

（1）三种权力结构下，产品需求、服务需求、服务价格、服务水平、制造商的收益、零售商的收益和产品服务化供应链的总收益均为服务需求敏感指数的增函数。

（2）当制造商与零售商的服务需求敏感指数不同时，制造商和零售商需衡量各自的服务需求敏感指数的大小来决定最优的服务提供模式。

（3）制造商与零售商的服务需求敏感指数相等时，当制造商为核心企业，零售商提供服务时，制造商的收益、零售商的收益和产品服务化供应链的总收益最大，所以零售商提供服务是最优的服务提供模式。

（4）制造商与零售商的服务需求敏感指数相等时，当零售商为核心企业，制造商提供服务时，制造商的收益、零售商的收益和产品服务化供应链的总收益最大，所以制造商提供服务是最优的服务提供模式。

（5）制造商与零售商的服务需求敏感指数相等时，当制造商与零售商权力均等，制造商提供服务时，零售商的收益最大；零售商提供服务时，制造商的收益最大，两种服务提供模式下产品服务化供应链的总收益相等。因此在制造商与零售商权力均等时不存在最优的服务提供模式。

（6）在制造商提供服务和零售商提供服务两种服务模式下，对于制造商来说，制造商为核心企业时，制造商的收益最大；对于零售商来说，零售商为核心企业时，零售商的收益最大；对于产品服务化供应链来说，制造商和零售商权力均等时产品服务化供应链的总收益最大。

（7）（制造商为核心企业，零售商提供服务）和（制造商提供服务，零售商为核心企业）为两个 NASH 均衡解。

（8）从产品服务化供应链的总收益来看，当权力均等时，制造商提供服务和零售商提供服务两种服务模式下产品服务化供应链的总收益相等且最大，是最优的权力结构。在权力不均等情况下，制造商提供服务、零售商为核心企业时，产品服务化供应链的总收益最大，是最优的权力结构；零售商提供服务、制造商为核心企业时，产品服务化供应链的总收益最大，是最优的权力结构。

第四章　不同权力结构下制造商与零售商的共同服务模式研究

电子商务已经进入了一个新的高速发展阶段，网络购物不仅改变了企业的交易方式，也推动了供应链管理的变革。网络直销渠道与传统渠道相融合的双渠道供应链不仅有助于提高企业的供应链管理效率，也有利于满足顾客的差异化偏好，提升顾客的忠诚度，提高市场覆盖率和利润回报率。网络直销渠道给顾客带来了方便快捷、选择多样、时间灵活的购物体验。传统渠道则为顾客提供了降低购物风险、能够对产品进行实际体验以及无须等待产品配送的购物体验。

本章主要研究在制造商和零售商组成的双渠道产品服务化供应链中，零售商通过零售渠道将产品和服务销售给顾客，制造商开辟网络直销渠道与零售商共同为顾客提供服务，在制造商为核心企业、零售商为核心企业以及制造商与零售商权力均等三种权力结构下的最优决策，与制造商或零售商单独提供服务的最优决策进行比较，找出每种权力结构下最优的服务提供模式。

第一节　制造商为核心企业时制造商与零售商共同提供服务

假设产品需求为 $D_p = D_0 - \alpha p_1$ ，制造商的服务需求为 $D_{s1} = D_0 - \alpha p_1 - \beta p_{21} + \gamma s_m$，其中，$p_{21}$ 表示制造商的服务价格，s_m 表示制造商的服务水平。零售商的服务需求为 $D_{s2} = D_0 - \alpha p_1 - \beta p_{22} + \gamma s_r$，其中，$p_{22}$ 表示零售商的服务价格，s_r 表示零售商的服务水平。此时零售商为顾客提供产品，且与制造商共同为顾客提供互补性服务，如图 4-1 所示。

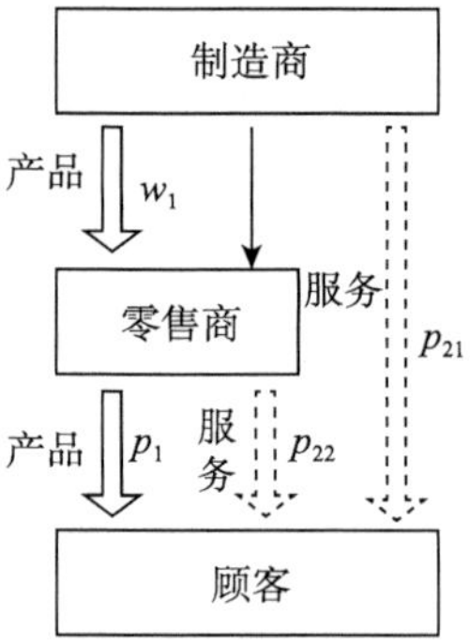

图 4-1　制造商为核心时二者共同提供服务的供应链结构

制造商的收益为 $\pi_m=(w_1-c_1)D_p+p_{21}D_{s1}-\frac{1}{2}\eta_m s_m^2$，零售商的收益为 $\pi_r=(p_1-w_1)D_p+p_{22}D_{s2}-\frac{1}{2}\eta_r s_r^2$。将 D_p、D_{s1} 和 D_{s2} 代入 π_m、π_r 可得：

$$\pi_m=(w_1-c_1)(D_0-\alpha p_1)+p_{21}(D_0-\alpha p_1-\beta p_{21}+\gamma s_m)-\frac{1}{2}\eta_m s_m^2 \tag{4.1}$$

$$\pi_r=(p_1-w_1)(D_0-\alpha p_1)+p_{22}(D_0-\alpha p_1-\beta p_{22}+\gamma s_r)-\frac{1}{2}\eta_r s_r^2 \tag{4.2}$$

由于制造商为核心企业，由制造商先决定产品的批发价格、自身的服务价格和服务水平，然后零售商决定自身的服务价格、服务水平和产品的销售价格。

设$p_1=U_1+w_1$，根据逆向归纳法，由 $\frac{\partial\pi_r}{\partial p_{22}}=0$，$\frac{\partial\pi_r}{\partial s_r}=0$，$\frac{\partial\pi_r}{\partial p_1}=0$ 可得：$s_r^{M*}=\frac{p_{22}\gamma}{\eta_r}$，$p_{22}^{M*}=\frac{D_0-\alpha p_1+\gamma s_r}{2\beta}$，$p_1^{M*}=\frac{D_0+\alpha w_1-\alpha p_{22}}{2\alpha}$，联立求解可得：$p_{22}^{M*}=\frac{D_0-\alpha p_1}{\beta(2-k_r)}=\frac{D_0-\alpha w_1}{\beta(4-2k_r-b)}$，$s_m^{M*}=\frac{(D_0-\alpha p_1)k_r}{\gamma(2-k_r)}=\frac{(D_0-\alpha w_1)k_r}{\gamma(4-2k_r-b)}$，$p_1^{M*}=$

$\frac{(D_0+\alpha w_1)(2-k_r)-bD_0}{\alpha(4-2k_r-b)}$。将$p_{22}^{M*}$、$p_1^{M*}$和$s_r^{M*}$代入$\pi_m$，并由$\frac{\partial\pi_m}{\partial w_1}=0$，$\frac{\partial\pi_m}{\partial p_{21}}=0$，$\frac{\partial\pi_m}{\partial s_m}=0$ 可得：$w_1^{M*}=\frac{D_0+\alpha c_1-\alpha p_{21}}{2\alpha}$，$p_{21}^{M*}=\frac{D_0-\alpha p_1+\gamma s_m}{2\beta}$，$s_m^{M*}=\frac{p_{21}\gamma}{\eta_m}$。联立求解可得：$p_{21}^{M*}=\frac{(D_0-\alpha w_1)(2-k_r)}{\beta(2-k_m)(4-2k_r-b)}$，$s_m^{M*}=\frac{(D_0-\alpha w_1)(2-k_m)k_r}{\gamma(2-k_m)(4-2k_r-b)}$，则$w_1^{M*}=\frac{(D_0+\alpha c_1)(2-k_m)(4-2k_r-b)-bD_0(2-k_r)}{\alpha[2(2-k_m)(4-2k_r-b)-b(2-k_r)]}$，当 $k_m=k_r=k$ 时：

$$w_1^{M*}=\frac{(D_0+\alpha c_1)(4-2k-b)-bD_0}{\alpha(8-4k-3b)} \tag{4.3}$$

$$p_{21}^{M*}=\frac{D_0-\alpha c_1}{\beta(8-4k-3b)} \tag{4.4}$$

$$s_m^{M*}=\frac{(D_0-\alpha c_1)k}{\gamma(8-4k-3b)} \tag{4.5}$$

$$p_1^{M*}=\frac{3D_0(2-k-b)+\alpha c_1(2-k)}{\alpha(8-4k-3b)} \tag{4.6}$$

$$U_1^{M*}=\frac{(D_0-\alpha c_1)(2-k-b)}{\alpha(8-4k-3b)} \tag{4.7}$$

$$p_{22}^{M*}=\frac{D_0-\alpha c_1}{\beta(8-4k-3b)} \tag{4.8}$$

$$s_r^{M*}=\frac{(D_0-\alpha c_1)k}{\gamma(8-4k-3b)} \tag{4.9}$$

$$D_p^{M*}=\frac{(D_0-\alpha c_1)(2-k)}{8-4k-3b} \tag{4.10}$$

$$D_{s1}^{M*}=D_{s2}^{M*}=\frac{D_0-\alpha c_1}{8-4k-3b} \tag{4.11}$$

$$\pi_m^{M*}=\frac{(D_0-\alpha c_1)^2(2-k)}{2\alpha(8-4k-3b)} \tag{4.12}$$

$$\pi_r^{M*}=\frac{(D_0-\alpha c_1)^2(2-k)(4-2k-b)}{2\alpha(8-4k-3b)^2} \tag{4.13}$$

$$\pi_{sc}^{M*} = \frac{(D_0 - \alpha c_1)^2(2 - k)(6 - 3k - 2b)}{\alpha(8 - 4k - 3b)^2} \tag{4.14}$$

其中，π_{sc}^{M*} 表示制造商为核心企业时产品服务化供应链的总收益的最优值，上标 $M*$ 表示制造商为核心企业时各决策变量的最优值。为保证零售商有利可图，由上述最优变量的解可得出：$2 - k - b > 0$。

第二节　零售商为核心企业时制造商与零售商共同提供服务

当零售商为核心企业时，其供应链结构如图 4-2 所示。

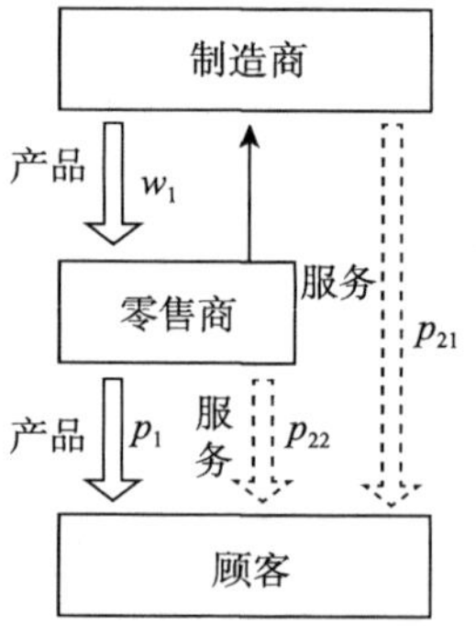

图 4-2　零售商为核心时二者共同提供服务的供应链结构

此时，首先由零售商决定产品的零售价格、自身的服务价格和服务水平，然后制造商决定自身的服务价格、服务水平和产品的批发价格。设 $p_1 = U_1 + w_1$，根据逆向归纳法，由 $\frac{\partial \pi_m}{\partial p_{21}} = 0$，$\frac{\partial \pi_m}{\partial s_m} = 0$，$\frac{\partial \pi_m}{\partial w_1} = 0$ 可得：$p_{21}^{R*} = \frac{D_0 - \alpha p_1 + \gamma_m s_m}{2\beta}$，$s_m^{R*} = \frac{p_{21}\gamma}{\eta_m}$，$w_1^{R*} = \frac{D_0 + \alpha c_1 - \alpha p_1 - \alpha p_{21}}{\alpha}$，联立求解可得：$p_{21}^{R*} = \frac{D_0 - \alpha p_1}{\beta(2 - k_m)}$，$s_m^{R*} = \frac{(D_0 - \alpha p_1)k_m}{\gamma(2 - k_m)}$，$w_1^{R*} =$

$\dfrac{(D_0-\alpha p_1+\alpha c_1)(2-k_m)-b(D_0-\alpha p_1)}{\alpha(2-k_m)}$。将 p_{21}^{R*}、w_1^{R*} 和 s_m^{R*} 代入 π_r，由 $\dfrac{\partial\pi_r}{\partial p_1}=0$，$\dfrac{\partial\pi_r}{\partial p_{22}}=0$，$\dfrac{\partial\pi_r}{\partial s_r}=0$ 可得：$p_1^{R*}=\dfrac{D_0(6-3k_m-2b)+\alpha c_1(2-k_m)-\alpha p_{22}(2-k_m)}{2\alpha(4-2k_m-b)}$，$p_{22}^{R*}=\dfrac{D_0-\alpha p_1+\gamma_r s_r}{2\beta}$，$s_r^{R*}=\dfrac{p_{22}\gamma}{\eta_r}$。联立求解可得：$p_{22}^{R*}=\dfrac{D_0-\alpha p_1}{\beta(2-k_r)}$，$s_r^{R*}=\dfrac{(D_0-\alpha p_1)k_r}{\gamma(2-k_r)}$，则 $p_1^{R*}=\dfrac{D_0(6-3k_m-2b)(2-k_r)+\alpha c_1(2-k_m)(2-k_r)-bD_0(2-k_m)}{\alpha[2(2-k_r)(4-2k_m-b)-b(2-k_m)]}$，假设 $k_m=k_r=k$，则：

$$p_1^{R*}=\frac{3D_0(2-k-b)+\alpha c_1(2-k)}{\alpha(8-4k-3b)} \tag{4.15}$$

$$w_1^{R*}=\frac{(D_0+3\alpha c_1)(2-k-b)+\alpha b c_1}{\alpha(8-4k-3b)} \tag{4.16}$$

$$P_{22}^{R*}=\frac{D_0-\alpha c_1}{\beta(8-4k-3b)} \tag{4.17}$$

$$s_r^{R*}=\frac{(D_0-\alpha c_1)k}{\gamma(8-4k-3b)} \tag{4.18}$$

$$p_1^{R*}=\frac{3D_0(2-k-b)+\alpha c_1(2-k)}{\alpha(8-4k-3b)} \tag{4.19}$$

$$U_1^{R*}=\frac{2(D_0-\alpha c_1)(2-k-b)}{\alpha(8-4k-3b)} \tag{4.20}$$

$$p_{21}^{R*}=\frac{D_0-\alpha c_1}{\beta(8-4k-3b)} \tag{4.21}$$

$$s_m^{R*}=\frac{(D_0-\alpha c_1)k}{\gamma(8-4k-3b)} \tag{4.22}$$

$$D_p^{R*}=\frac{(D_0-\alpha c_1)(2-k)}{8-4k-3b} \tag{4.23}$$

$$D_{s1}^{R*}=D_{s2}^{R*}=\frac{D_0-\alpha c_1}{8-4k-3b} \tag{4.24}$$

$$\pi_m^{R*} = \frac{(D_0 - \alpha c_1)^2(2-k)(4-2k-b)}{2\alpha(8-4k-3b)^2} \tag{4.25}$$

$$\pi_r^{R*} = \frac{(D_0 - \alpha c_1)^2(2-k)}{2\alpha(8-4k-3b)} \tag{4.26}$$

$$\pi_{sc}^{R*} = \frac{(D_0 - \alpha c_1)^2(2-k)(6-3k-2b)}{\alpha(8-4k-3b)^2} \tag{4.27}$$

其中，π_{sc}^{R*} 表示零售商为核心企业时产品服务化供应链的总收益的最优值，上标 $R*$ 表示零售商为核心企业时各决策变量的最优值。为保证零售商有利可图，由上述最优变量的解可得出：$2-k-b>0$。

第三节　制造商和零售商权力均等时制造商与零售商共同提供服务

当制造商与零售商权力均等时，其供应链结构如图 4-3 所示。

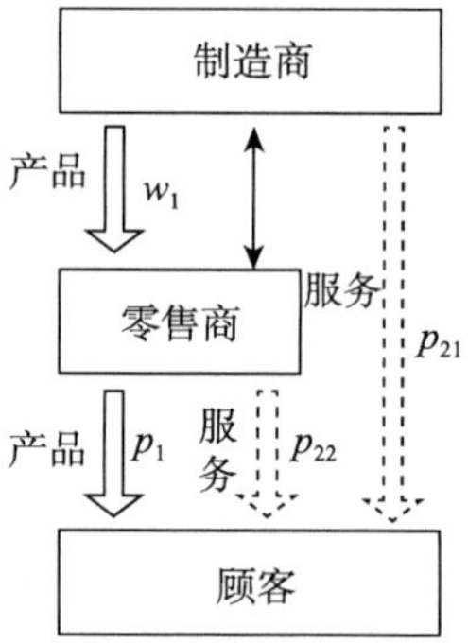

图 4-3　权力均等时两者共同提供服务的供应链结构

此时，制造商和零售商同时进行决策，制造商决定产品的批发价格、自身的服务价格和服务水平，零售商决定自身的服务价格、服务水平和产品的销售价格。设 $p_1 = U_1 + w_1$，由 $\frac{\partial \pi_r}{\partial p_{22}} = 0$，$\frac{\partial \pi_r}{\partial s_r} = 0$，$\frac{\partial \pi_r}{\partial p_1} = 0$ 可得：

$p_{22}^{N*}=\dfrac{D_0-\alpha p_1+\gamma s_r}{2\beta}$，$s_r^{N*}=\dfrac{p_{22}\gamma}{\eta_r}$，$p_1^{N*}=\dfrac{D_0+\alpha w_1-\alpha p_{22}}{2\alpha}$，联立求解可得：$p_{22}^{N*}=\dfrac{D_0-\alpha p_1}{\beta(2-k_r)}$，$s_r^{N*}=\dfrac{(D_0-\alpha p_1)k_r}{\gamma(2-k_r)}$，$p_1^{N*}=\dfrac{(D_0+\alpha w_1)(2-k_r)-bD_0}{\alpha(4-2k_r-b)}$。

由 $\dfrac{\partial\pi_m}{\partial p_{21}}=0$，$\dfrac{\partial\pi_m}{\partial s_m}=0$，$\dfrac{\partial\pi_m}{\partial w_1}=0$ 可得：$p_{21}^{N*}=\dfrac{D_0-\alpha p_1+\gamma s_m}{2\beta}$，$w_1^{N*}=\dfrac{D_0+\alpha c_1-\alpha p_1-\alpha p_{21}}{\alpha}$，$s_m^{N*}=\dfrac{p_{21}\gamma}{\eta_m}$，联立求解可得：$p_{21}^{N*}=\dfrac{D_0-\alpha p_1}{\beta(2-k_m)}$，$s_m^{N*}=\dfrac{(D_0-\alpha p_1)k_m}{\gamma(2-k_m)}$，$w_1^{N*}=\dfrac{(D_0-\alpha p_1+\alpha c_1)(2-k_m-b)+\alpha bc_1}{\alpha(2-k_m)}$，则 $w_1^{N*}=\dfrac{D_0(2-k_m-b)(2-k_r)+\alpha c_1(2-k_m)(4-2k_r-b)}{\alpha[(2-k_m)(4-2k_m-b)+(2-k_r)(2-k_m-b)]}$。当 $k_m=k_r=k$ 时：

$$w_1^{N*}=\frac{(D_0+2\alpha c_1)(2-k-b)+\alpha bc_1}{\alpha(6-3k-2b)}\tag{4.28}$$

$$p_{21}^{N*}=\frac{D_0-\alpha c_1}{\beta(6-3k-2b)}\tag{4.29}$$

$$s_m^{N*}=\frac{(D_0-\alpha c_1)k}{\gamma(6-3k-2b)}\tag{4.30}$$

$$p_1^{N*}=\frac{(2D_0+\alpha c_1)(2-k)-2bD_0}{\alpha(6-3k-2b)}\tag{4.31}$$

$$U_1^{N*}=\frac{(D_0-\alpha c_1)(2-k-b)}{\alpha(6-3k-2b)}\tag{4.32}$$

$$p_{22}^{N*}=\frac{D_0-\alpha c_1}{\beta(6-3k-2b)}\tag{4.33}$$

$$s_r^{N*}=\frac{(D_0-\alpha c_1)k}{\gamma(6-3k-2b)}\tag{4.34}$$

$$D_p^{N*}=\frac{(D_0-\alpha c_1)(2-k)}{6-3k-2b}\tag{4.35}$$

$$D_{s1}^{N*}=D_{s2}^{N*}=\frac{D_0-\alpha c_1}{6-3k-2b}\tag{4.36}$$

$$\pi_m^{N*} = \frac{(D_0 - \alpha c_1)^2(2-k)(4-2k-b)}{2\alpha(6-3k-2b)^2} \tag{4.37}$$

$$\pi_r^{N*} = \frac{(D_0 - \alpha c_1)^2(2-k)(4-2k-b)}{2\alpha(6-3k-2b)^2} \tag{4.38}$$

$$\pi_{sc}^{N*} = \frac{(D_0 - \alpha c_1)^2(2-k)(4-2k-b)}{\alpha(6-3k-2b)^2} \tag{4.39}$$

其中，π_{sc}^{N*} 表示制造商与零售商权力均等时产品服务化供应链的总收益的最优值，上标 $N*$ 表示制造商与零售商权力均等时各决策变量的最优值。为保证零售商有利可图，由上述最优变量的解可以得出：$2-k-b>0$。

第四节　三种权力结构下的均衡结果分析

命题 4-1：当 $k_m = k_r = k$ 时，制造商的收益满足 $\pi_m^{M*} > \pi_m^{N*} > \pi_m^{R*}$，零售商的收益满足 $\pi_r^{R*} > \pi_r^{N*} > \pi_r^{M*}$。

证明：由 $\pi_m^{M*} > \pi_m^{N*} > \pi_m^{R*}$，$\pi_r^{R*} > \pi_r^{N*} > \pi_r^{M*}$ 可得：$\frac{(D_0-\alpha c_1)^2(2-k)}{2\alpha(8-4k-3b)} > \frac{(D_0-\alpha c_1)^2(2-k)(4-2k-b)}{2\alpha(6-3k-2b)^2} > \frac{(D_0-\alpha c_1)^2(2-k)(4-2k-b)}{2\alpha(8-4k-3b)^2}$。由 $\frac{(D_0-\alpha c_1)^2(2-k)}{2\alpha(8-4k-3b)} > \frac{(D_0-\alpha c_1)^2(2-k)(4-2k-b)}{2\alpha(6-3k-2b)^2}$ 化简可得，$(2-k-b)^2>0$ 成立，又由于当 $2-k-b>0$ 时，$6-3k-2b<8-4k-3b$ 成立，所以 $\frac{(D_0-\alpha c_1)^2(2-k)(4-2k-b)}{2\alpha(6-3k-2b)^2} > \frac{(D_0-\alpha c_1)^2(2-k)(4-2k-b)}{2\alpha(8-4k-3b)^2}$ 成立。

命题 4-1 说明，当制造商与零售商共同提供服务时，制造商为核心企业时制造商的收益最大，零售商为核心企业时零售商的收益最大。

命题 4-2：当 $k_m = k_r = k$ 时，产品服务化供应链的总收益满足 $\pi_{sc}^{N*} > \pi_{sc}^{M*} = \pi_{sc}^{R*}$。

证明：由 $\frac{(D_0-\alpha c_1)^2(2-k)(4-2k-b)}{\alpha(6-3k-2b)^2} > \frac{(D_0-\alpha c_1)^2(2-k)(6-3k-2b)}{\alpha(8-4k-3b)^2}$ 化简可

得：$(2-k-b)\left[(2-k)^2+(8-4k-b)(2-k-b)\right]$，当 $2-k-b>0$ 时，$(2-k-b)\left[(2-k)^2+(8-4k-b)(2-k-b)\right]>0$ 成立。

命题 4-2 说明，三种权力结构中，制造商与零售商权力均等时产品服务化供应链的总收益最大，为最优的权力结构。

命题 4-3：当 $k_m=k_r=k$，制造商为核心企业时，制造商与零售商共同提供服务时制造商的收益、零售商的收益和供应链的总收益均大于制造商或零售商单独提供服务时的收益。

证明：由第三章的命题 3-6 可得：当制造商为核心企业，零售商提供服务时制造商的收益、零售商的收益和产品服务化供应链的总收益均大于制造商提供服务时的收益。因此，只需比较零售商提供服务与制造商和零售商共同提供服务时制造商的收益、零售商的收益和产品服务化供应链的总收益即可。

由$\pi_m^{M*}>\pi_m^{MR}$可得：$\dfrac{(D_0-\alpha c_1)^2(2-k)}{2\alpha(8-4k-3b)}>\dfrac{(D_0-\alpha c_1)^2(2-k)}{4\alpha(4-2k-b)}$，化简可得：$8-4k-2b>8-4k-3b$ 成立。由 $\pi_r^{M*}>\pi_r^{MR}$ 可得：$\dfrac{(D_0-\alpha c_1)^2(2-k)(4-2k-b)}{2\alpha(8-4k-3b)^2}>\dfrac{(D_0-\alpha c_1)^2(2-k)}{8\alpha(4-2k-b)}$，化简可得：$(8-4k-2b)^2>(8-4k-3b)^2$ 成立。由 $\pi_{sc}^{M*}>\pi_{sc}^{MR}$ 可得：$\dfrac{(D_0-\alpha c_1)^2(2-k)(6-3k-2b)}{\alpha(8-4k-3b)^2}>\dfrac{3(D_0-\alpha c_1)^2(2-k)}{8\alpha(4-2k-b)}$，化简可得：$b[16(2-k-b)+5b]>0$成立。

命题 4-4：当 $k_m=k_r=k$，零售商为核心企业时，制造商与零售商共同提供服务时制造商的收益、零售商的收益和产品服务化供应链的总收益均大于制造商或零售商单独提供服务时的收益。

证明：由第三章的命题 3-12 可得：当零售商为核心企业，制造商提供服务时制造商的收益、零售商的收益和产品服务化供应链的总收益均大于零售商提供服务时的收益。因此，只需比较制造商提供服务和制造商与零售商共同提供服务时制造商的收益、零售商的收益和产品服务化供应链的总收益即可。

由$\pi_m^{R*}>\pi_m^{RM}$可得：$\frac{(D_0-\alpha c_1)^2(2-k)(4-2k-b)}{2\alpha(8-4k-3b)^2}>\frac{(D_0-\alpha c_1)^2(2-k)}{8\alpha(4-2k-b)}$，化简可得：$(8-4k-2b)^2>(8-4k-3b)^2$成立。由$\pi_r^{R*}>\pi_r^{RM}$可得：$\frac{(D_0-\alpha c_1)^2(2-k)}{2\alpha(8-4k-3b)}>\frac{(D_0-\alpha c_1)^2(2-k)}{4\alpha(4-2k-b)}$，化简可得：$8-4k-2b>8-4k-3b$成立。

由$\pi_{sc}^{R*}>\pi_{sc}^{RM}$可得：$\frac{(D_0-\alpha c_1)^2(2-k)(6-3k-2b)}{\alpha(8-4k-3b)^2}>\frac{3(D_0-\alpha c_1)^2(2-k)}{8\alpha(4-2k-b)}$，化简可得：$b[16(2-k-b)+5b]>0$成立。

命题4-5：当$k_m=k_r=k$，制造商与零售商权力均等时，制造商与零售商共同提供服务时制造商的收益、零售商的收益和产品服务化供应链的总收益均大于制造商或零售商单独提供服务时的收益。

证明：由第三章的命题3-16、命题3-17可得：当制造商与零售商权力均等，零售商提供服务时制造商的收益大于制造商提供服务时的收益，制造商提供服务时零售商的收益大于零售商提供服务时的收益，两种服务提供模式下产品服务化供应链的总收益相等。因此，只需比较零售商提供服务时制造商的收益、制造商提供服务时零售商的收益以及产品服务化供应链的总收益与制造商和零售商共同提供服务时的收益即可。

由$\pi_m^{N*}>\pi_m^{NR}$可得：$\frac{(D_0-\alpha c_1)^2(2-k)(4-2k-b)}{2\alpha(6-3k-2b)^2}>\frac{(D_0-\alpha c_1)^2(2-k)^2}{\alpha(6-3k-b)^2}$，化简可得：$b[3(2-k)^2-b^2]>0$成立。由$\pi_r^{N*}>\pi_r^{NM}$可得：$\frac{(D_0-\alpha c_1)^2(2-k)(4-2k-b)}{2\alpha(6-3k-2b)^2}>\frac{(D_0-\alpha c_1)^2(2-k)^2}{\alpha(6-3k-b)^2}$，化简可得：$b[3(2-k)^2-b^2]>0$成立。由$\pi_{sc}^{N*}>\pi_{sc}^{NR}$可得：$\frac{(D_0-\alpha c_1)^2(2-k)(4-2k-b)}{\alpha(6-3k-2b)^2}>\frac{(D_0-\alpha c_1)^2(2-k)(8-4k-b)}{2\alpha(6-3k-b)^2}$，化简可得：$b[5(2-k)^2+2(10-5k-b)(2-k-b)]>0$成立。

第五节　数值仿真分析

为了进一步验证以上命题，取 $D_0 = 1000$，$\alpha = 0.3$，$c_1 = 20$，$k = 0.8$，$b = 0.6$，利用 SAS 软件得到仿真结果。

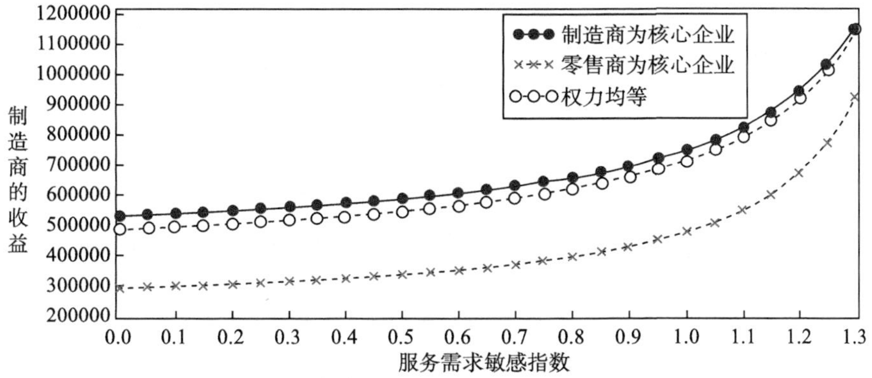

图 4-4　不同权力结构下制造商与零售商共同提供服务时制造商的收益

由图 4-4 可以看出，当制造商与零售商共同提供服务时，从三种权力结构来看，制造商为核心企业时制造商的收益最大。

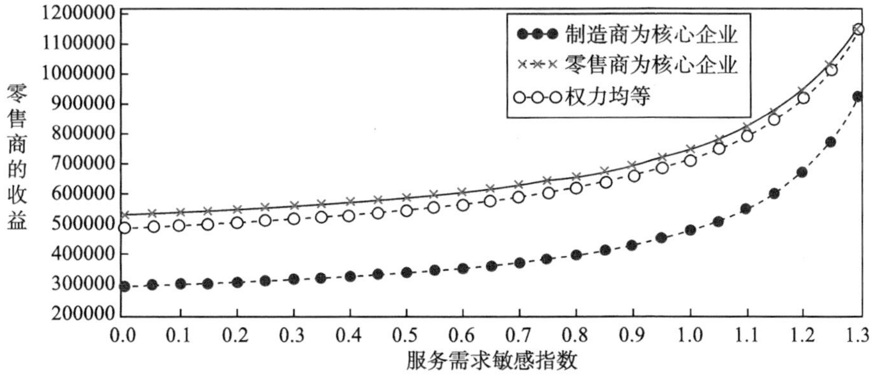

图 4-5　不同权力结构下制造商与零售商共同提供服务时零售商的收益

由图 4-5 可以看出，当制造商与零售商共同提供服务时，从三种权力结构来看，零售商为核心企业时零售商的收益最大。

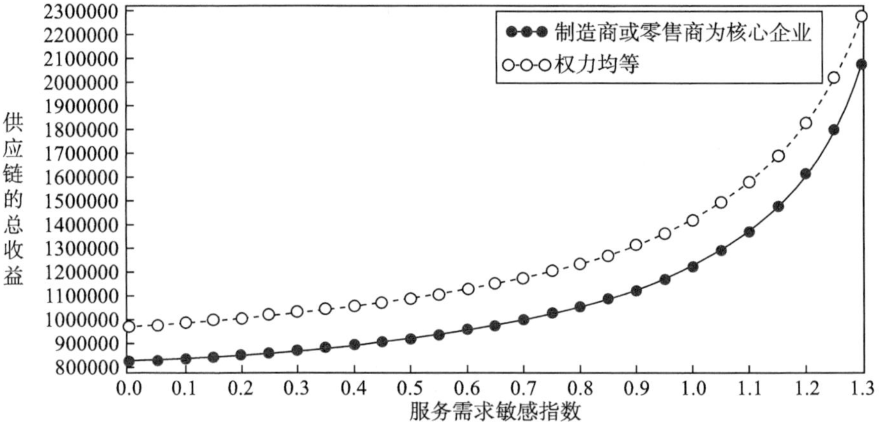

图 4-6　不同权力结构下制造商与零售商共同提供服务时供应链的总收益

由图 4-6 可以看出，当制造商与零售商共同提供服务时，从三种权力结构来看，制造商与零售商权力均等时产品服务化供应链的总收益最大，制造商为核心企业和零售商为核心企业时产品服务化供应链的总收益相等。

由图 4-7 可以看出，当制造商为核心企业时，与零售商单独提供服务相比，制造商与零售商共同提供服务时制造商的收益更大，由第三章可知，零售商提供服务时制造商的收益大于制造商提供服务时的收益，所以三种服务提供模式下，制造商与零售商共同提供服务时制造商的收益最大。

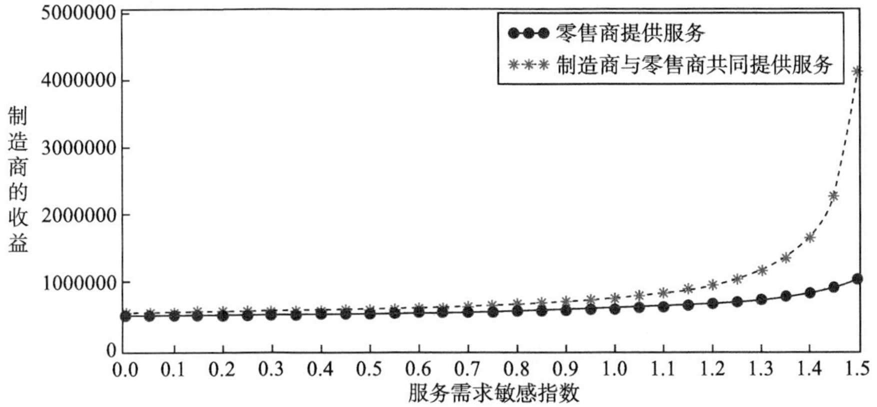

图 4-7　制造商为核心企业时两种服务提供模式下制造商的收益

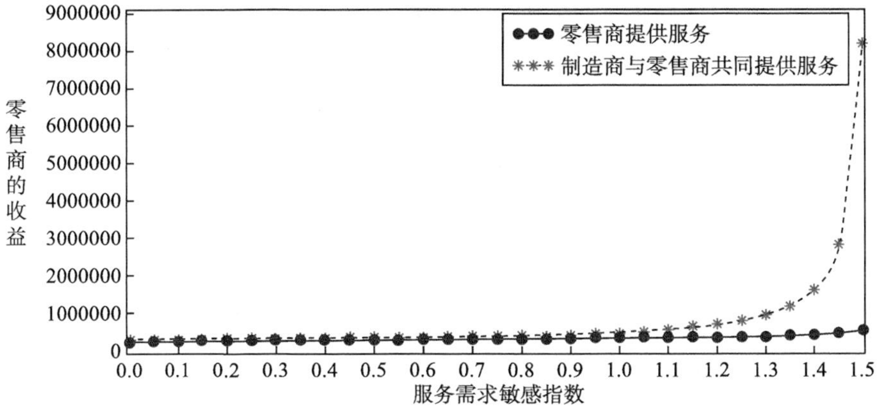

图 4-8　制造商为核心企业时两种服务提供模式下零售商的收益

由图 4-8 可以看出，当制造商为核心企业时，与零售商单独提供服务相比，制造商与零售商共同提供服务时零售商的收益更大，由第三章可知，零售商提供服务时零售商的收益大于制造商提供服务时的收益，所以三种服务提供模式下，制造商与零售商共同提供服务时零售商的收益最大。

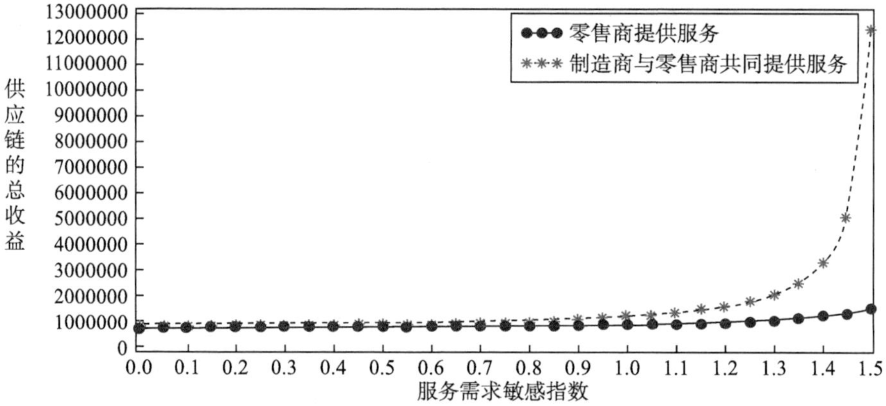

图 4-9　制造商为核心企业时两种服务提供模式下供应链的总收益

由图 4-9 可以看出，当制造商为核心企业时，与零售商单独提供服务相比，制造商与零售商共同提供服务时产品服务化供应链的总收益更大，由第三章可知，零售商提供服务时供应链的总收益大于制造商提供服务时的总收益，所以三种服务提供模式下，制造商与零售商共同提供服务时供应链的总收益最大。

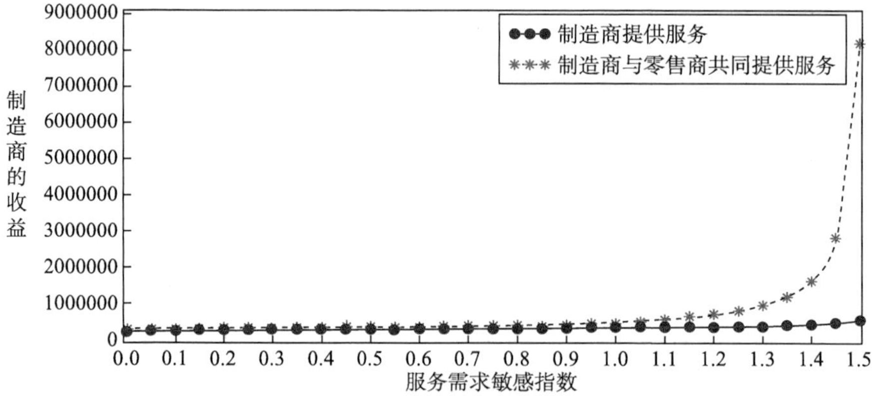

图 4-10　零售商为核心企业时两种服务提供模式下制造商的收益

由图 4-10 可以看出，当零售商为核心企业时，制造商与零售商共同提供服务时制造商的收益比制造商提供服务时要大，由第三章可知，制造商提供服务时制造商的收益大于零售商提供服务时的收益，所以三种服务提供模式下，制造商与零售商共同提供服务时制造商的收益最大。

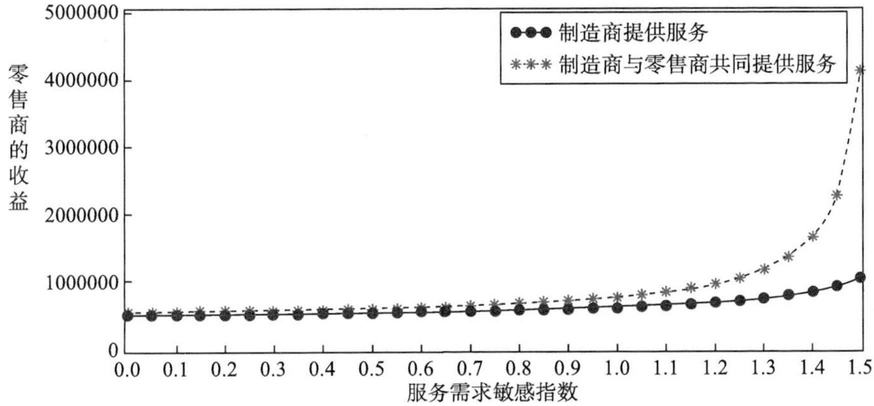

图 4-11　零售商为核心企业时两种服务提供模式下零售商的收益

由图 4-11 可以看出，当零售商为核心企业时，制造商与零售商共同提供服务时零售商的收益比制造商提供服务时要大，由第三章可知，制造商提供服务时零售商的收益大于零售商提供服务时的收益，所以三种服务提供模式下，制造商与零售商共同提供服务时零售商的收益最大。

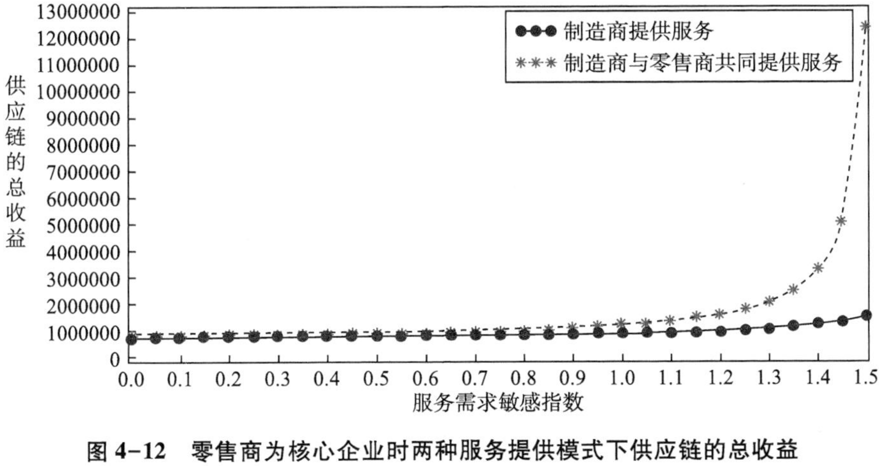

图 4-12　零售商为核心企业时两种服务提供模式下供应链的总收益

由图 4-12 可以看出，当零售商为核心企业时，制造商与零售商共同提供服务比制造商提供服务时获得的供应链的总收益要大，由第三章可知，制造商提供服务时供应链的总收益大于零售商提供服务时的总收益，所以三种服务提供模式下，制造商与零售商共同提供服务时产品服务化供应链的总收益最大。

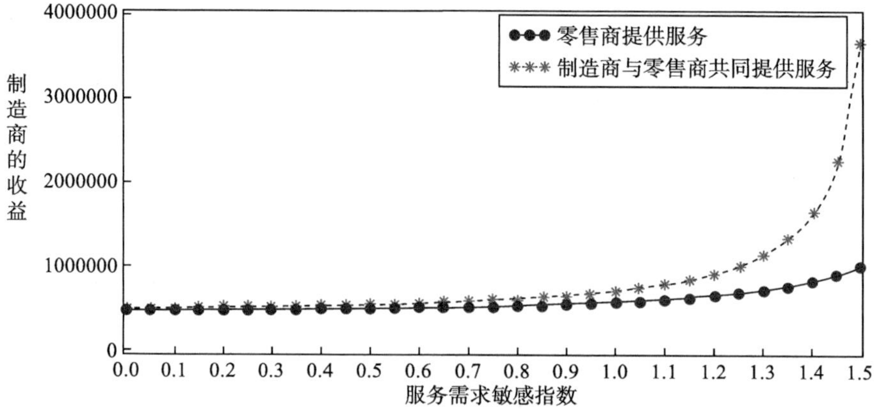

图 4-13　权力均等时两种服务提供模式下制造商的收益

由图 4-13 可以看出，当制造商与零售商权力均等时，制造商与零售商共同提供服务时制造商的收益比零售商提供服务时要大，由第三章可知，零售商提供服务时制造商的收益大于制造商提供服务时的收益，所以三种服务提供模式下，制造商与零售商共同提供服务时制造商的收益最大。

由图 4-14 可以看出，当制造商与零售商权力均等时，制造商与零售商共同提供服务时零售商的收益比制造商提供服务时要大，由第三章可知，制造商提供服务时零售商的收益大于零售商提供服务时的收益，所以三种服务提供模式下，制造商与零售商共同提供服务时零售商的收益最大。

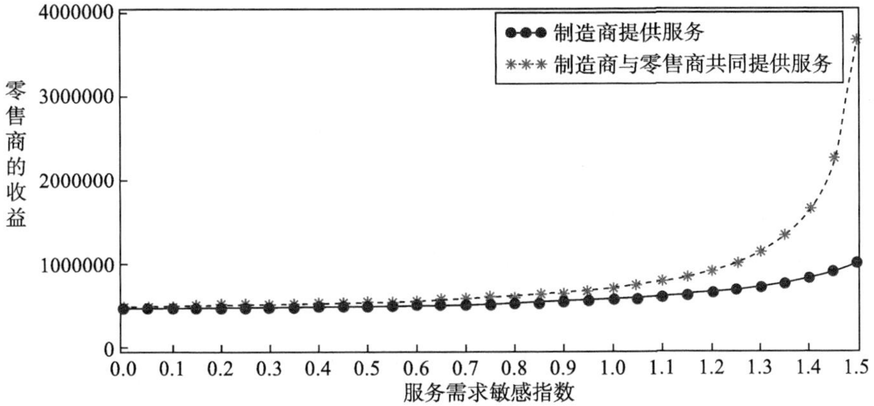

图 4-14　权力均等时两种服务提供模式下零售商的收益

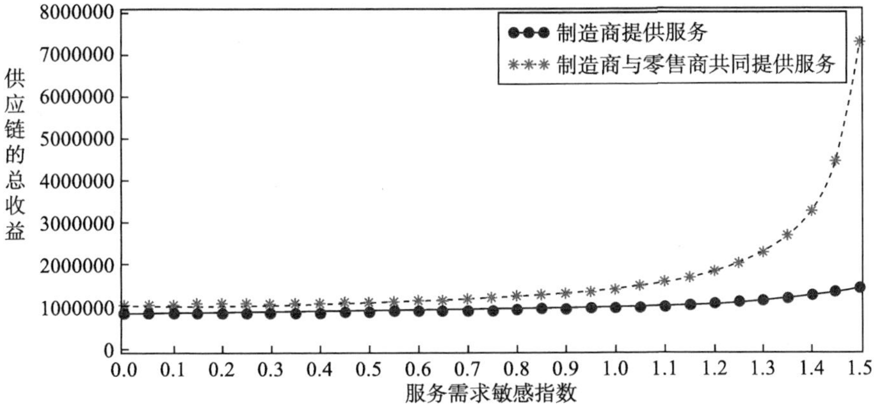

图 4-15　权力均等时不同服务提供模式下供应链的总收益

由图 4-15 可以看出，当制造商与零售商权力均等时，制造商与零售商共同提供服务时供应链的总收益比制造商提供服务时要大，由第三章可知，制造商提供服务时产品服务化供应链的总收益等于零售商提供服务时的总收益，所以三种服务提供模式下，制造商与零售商共同提供服务时产品服务化供应链的总收益最大。

第六节　本章小结

（1）通过对制造商和零售商共同提供服务的博弈模型分析发现，当制造商为核心企业时，制造商的收益大于零售商的收益；当零售商为核心企业时，零售商的收益大于制造商的收益；当制造商与零售商权力均等时，制造商的收益等于零售商的收益。

（2）当制造商为核心企业时，产品服务化供应链的总收益等于零售商为核心企业时的总收益；当制造商与零售商权力均等时，产品服务化供应链的总收益大于制造商为核心企业或零售商为核心企业时的总收益。这说明制造商与零售商权力均等是最优的权力结构。

（3）同一权力结构下，制造商与零售商共同提供服务时制造商的收益、零售商的收益和产品服务化供应链的总收益均大于制造商或零售商单独提供服务时的相应收益。这说明制造商与零售商共同提供服务是最优的服务提供模式。

第五章　不同权力结构下第三方服务公司的服务模式研究

随着我国市场经济的不断完善与产业价值链的不断细分和扩张，更多的第三方服务业正不断涌现，出现了专业的第三方服务公司，这也是社会化分工的产物。制造商或零售商为了专注于自身的核心业务，降低服务成本，或者是由于服务能力的限制，会选择将服务外包给第三方服务公司来提供。将服务外包给第三方服务公司的优势在于：首先，制造商或零售商可以更专注于自身的核心业务，不必担心后续的产品延伸服务部分。其次，可以降低制造商或零售商为开拓相应的服务业务而增加的运营成本。最后，有些比较专业的服务公司拥有专业的服务业务开发团队，有助于提高服务质量，满足顾客多样化和个性化的服务需求，提高顾客对产品品牌的忠诚度。

本章主要研究当制造商或零售商将服务外包给第三方服务公司时，在制造商为核心企业、零售商为核心企业以及制造商与零售商权力均等三种权力结构下的最优服务提供模式以及每种服务提供模式下最优的权力结构。

第一节　制造商为核心企业时将服务外包给第三方服务公司

一、制造商将服务外包给第三方服务公司

制造商将产品批发给零售商，零售商通过零售渠道将产品销售给顾客，制造商将服务外包给第三方服务公司，如图 5-1 所示。

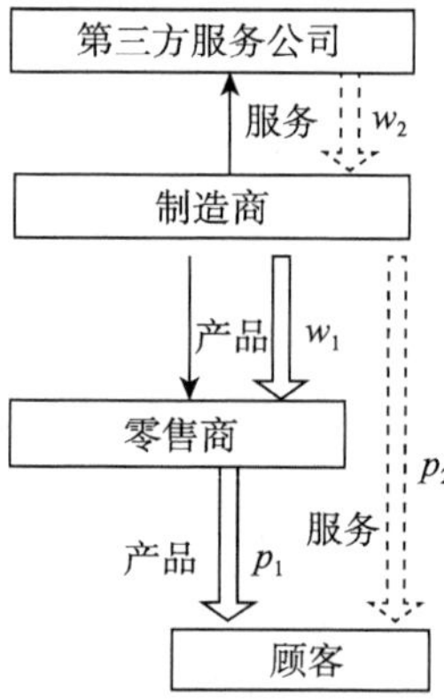

图 5-1　制造商为核心企业时制造商外包服务的供应链结构

假设产品需求函数为 $D_p = D_0 - \alpha p_1$，其中，D_0 为产品的基本需求，α 表示产品的价格敏感系数，p_1 表示产品价格。服务需求函数为 $D_s = D_0 - \alpha p_1 - \beta p_2 + \gamma s_{3s}$，其中，$s_{3s}$ 表示第三方服务公司的服务水平，则制造商的收益为 $\pi_m = (w_1 - c_1) D_p + (p_2 - w_2) D_s$，零售商的收益为 $\pi_r = (p_1 - w_1) D_p$，第三方服务公司的收益为 $\pi_{3s} = w_2 D_s - \frac{1}{2}\eta_{3s} s_{3s}^2$，其中，$w_2$ 表示服务的批发价格，η_{3s} 表示第三方服务公司的服务成本系数，$\frac{1}{2}\eta_{3s} s_{3s}^2$ 表示第三方服务公司的服务成本。将 D_p、D_s 代入，可得制造商、零售商和第三方服务公司的收益，分别为：

$$\pi_m = (w_1 - c_1)(D_0 - \alpha p_1) + (p_2 - w_2)(D_0 - \alpha p_1 - \beta p_2 + \gamma s_{3_s}) \tag{5.1}$$

$$\pi_r = (p_1 - w_1)(D_0 - \alpha p_1) \tag{5.2}$$

$$\pi_{3_s} = w_2(D_0 - \alpha p_1 - \beta p_2 + \gamma s_{3_s}) - \frac{1}{2}\eta_{3_s} s_{3_s}^2 \tag{5.3}$$

由于制造商为核心企业，由制造商先决定产品的批发价格及服务价格，然后零售商决定产品的零售价格，最后第三方服务公司决定服务的批发价格和服务水平。

设 $p_1 = w_1 + U_1$，$p_2 = w_2 + U_2$，根据逆向归纳法，由 $\frac{\partial \pi_{3S}}{\partial w_2} = 0$，$\frac{\partial \pi_{3_s}}{\partial s_{3_s}} = 0$ 可得：$w_2^{M3M} = \frac{D_0 - \alpha p_1 - \beta p_2 + \gamma s_{3_s}}{\beta}$，$s_{3_s}^{M3M} = \frac{w_2 \gamma}{\eta_{3_s}}$。联立求解可得：$w_2^{M3M} = \frac{D_0 - \alpha p_1 - \beta p_2}{\beta(1 - k_{3_s})}$，$s_{3_s}^{M3M} = \frac{(D_0 - \alpha p_1 - \beta p_2) k_{3_s}}{\gamma(1 - k_{3_s})}$。由 $\frac{\partial \pi_r}{\partial p_1} = 0$ 可得：$p_1^{M3M} = \frac{D_0 + \alpha w_1}{2\alpha}$。联立求解可得：$w_2^{M3M} = \frac{D_0 - \alpha w_1 - 2\beta p_2}{2\beta(1 - k_{3_s})}$，$s_{3_s}^{M3M} = \frac{(D_0 - \alpha w_1 - 2\beta p_2) k_{3_s}}{2\gamma(1 - k_{3_s})}$。将 p_1^{M3M}、w_2^{M3M}、$s_{3_s}^{M3M}$ 代入 π_m，由 $\frac{\partial \pi_m}{\partial p_2} = 0$，$\frac{\partial \pi_m}{\partial w_1} = 0$ 可得：$p_2^{M3M} = \frac{(D_0 - \alpha w_1)(3 - k_{3_s})}{4\beta(2 - k_{3_s})}$，$w_1^{M3M} = \frac{(D_0 + \alpha c_1)(1 - k_{3_s})^2 + b(D_0 - 3\beta p_2 + \beta p_2 k_{3_s})}{\alpha[2(1 - k_{3_s})^2 + b]}$。联立求解可得：$w_1^{M3M} = \frac{4(D_0 + \alpha c_1)(2 - k_{3_s}) - bD_0}{\alpha(16 - 8k_{3_s} - b)}$，$p_2^{M3M} = \frac{(D_0 - \alpha c_1)(3 - k_{3_s})}{\beta(16 - 8k_{3_s} - b)}$，则：

$$w_2^{M3M} = \frac{D_0 - \alpha c_1}{\beta(16 - 8k_{3_s} - b)} \tag{5.4}$$

$$s_{3_s}^{M3M} = \frac{(D_0 - \alpha c_1) k_{3_s}}{\gamma(16 - 8k_{3_s} - b)} \tag{5.5}$$

$$p_1^{M3M} = \frac{2(3D_0 + \alpha c_1)(2 - k_{3_s}) - bD_0}{\alpha(16 - 8k_{3_s} - b)} \tag{5.6}$$

$$U_1^{M3M} = \frac{2(D_0 - \alpha c_1)(2 - k_{3s})}{\alpha(16 - 8k_{3s} - b)} \tag{5.7}$$

$$U_2^{M3M} = \frac{(D_0 - \alpha c_1)(2 - k_{3s})}{\beta(16 - 8k_{3s} - b)} \tag{5.8}$$

$$D_p^{M3M} = \frac{2(D_0 - \alpha c_1)(2 - k_{3s})}{16 - 8k_{3s} - b} \tag{5.9}$$

$$D_s^{M3M} = \frac{D_0 - \alpha c_1}{16 - 8k_{3s} - b} \tag{5.10}$$

$$\pi_m^{M3M} = \frac{(D_0 - \alpha c_1)^2(2 - k_{3s})}{\alpha(16 - 8k_{3s} - b)} \tag{5.11}$$

$$\pi_r^{M3M} = \frac{4(D_0 - \alpha c_1)^2(2 - k_{3s})^2}{\alpha(16 - 8k_{3s} - b)^2} \tag{5.12}$$

$$\pi_{3s}^{M3M} = \frac{(D_0 - \alpha c_1)^2(2 - k_{3s})}{2\beta(16 - 8k_{3s} - b)^2} \tag{5.13}$$

$$\pi_{sc}^{M3M} = \frac{(D_0 - \alpha c_1)^2(2 - k_{3s})(48 - 24k_{3s} - b)}{2\alpha(16 - 8k_{3s} - b)^2} \tag{5.14}$$

其中，π_{sc}^{M3M} 表示制造商为核心企业且制造商外包服务时产品服务化供应链总收益的最优值，上标 *M3M* 表示当制造商或零售商将服务外包给第三方服务公司，制造商为核心企业且制造商外包服务时各决策变量的最优值。

二、零售商将服务外包给第三方服务公司

制造商将产品批发给零售商，零售商通过零售渠道将产品销售给顾客，并将服务外包给第三方服务公司，如图 5-2 所示。

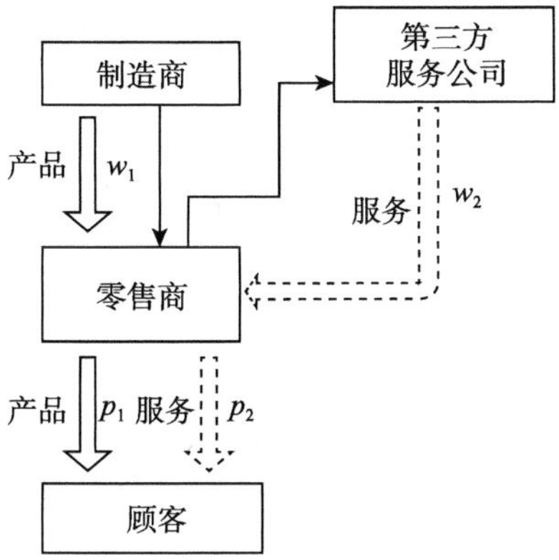

图 5-2　制造商为核心企业时零售商外包服务的供应链结构

制造商的收益为 $\pi_m = (w_1 - c_1) D_p$，零售商的收益为 $\pi_r = (p_1 - w_1)D_p + (p_2 - w_2)D_s$，第三方服务公司的收益为 $\pi_{3s} = w_2D_s - \frac{1}{2}\eta_{3s} s_{3s}^2$。将 D_p、D_s 代入，可得制造商、零售商和第三方服务公司的收益，分别为：

$$\pi_m = (w_1 - c_1)(D_0 - \alpha p_1) \tag{5.15}$$

$$\pi_r = (p_1 - w_1)(D_0 - \alpha p_1) + (p_2 - w_2)(D_0 - \alpha p_1 - \beta p_2 + \gamma s_{3s}) \tag{5.16}$$

$$\pi_{3s} = w_2(D_0 - \alpha p_1 - \beta p_2 + \gamma s_{3s}) - \frac{1}{2}\eta_{3s} s_{3s}^2 \tag{5.17}$$

由于制造商为核心企业，首先由制造商决定产品的批发价格，然后零售商决定产品价格和服务价格，最后第三方服务公司决定服务的批发价格和服务水平。

设 $p_1 = w_1 + U_1$，$p_2 = w_2 + U_2$，根据逆向归纳法，由 $\frac{\partial \pi_{3s}}{\partial w_2} = 0$，$\frac{\partial \pi_{3s}}{\partial s_{3s}} = 0$ 可得：$w_2^{M3R} = \frac{D_0 - \alpha p_1 - \beta p_2 + \gamma s_{3s}}{\beta}$，$s_{3s}^{M3R} = \frac{w_2\gamma}{\eta_{3s}}$，联立求解可得：$w_2^{M3R} = \frac{D_0 - \alpha p_1 - \beta p_2}{\beta(1 - k_{3s})}$，$s_{3s}^{M3R} = \frac{(D_0 - \alpha p_1 - \beta p_2)k_{3s}}{\gamma(1 - k_{3s})}$。将 w_2^{M3R}、s_{3s}^{M3R} 代入 π_r，由 $\frac{\partial \pi_r}{\partial p_1} = 0$，$\frac{\partial \pi_r}{\partial p_2} = 0$ 可得：$p_1^{M3R} = \frac{(D_0 + \alpha w_1)(1 - k_{3s})^2 + b(2D_0 - 3\beta p_2 + \beta p_2 k_{3s})}{2\alpha[(1 - k_{3s})^2 + b]}$，

$p_2^{M3R}=\dfrac{(D_0-\alpha p_1)(3-k_{3s})}{2\beta(2-k_{3s})}$，联立求解可得：$p_1^{M3R}=\dfrac{(D_0+\alpha w_1)(4-2k_{3s})-bD_0}{\alpha(8-4k_{3s}-b)}$，$p_2^{M3R}=\dfrac{(D_0-\alpha w_1)(3-k_{3s})}{\beta(8-4k_{3s}-b)}$，将 p_1^{M3R} 代入 π_m，由 $\dfrac{\partial\pi_m}{\partial w_1}=0$ 可得：$w_1^{M3R}=\dfrac{D_0+\alpha c_1}{2\alpha}$，则：

$$p_1^{M3R}=\frac{(3D_0+\alpha c_1)(2-k_{3s})-bD_0}{\alpha(8-4k_{3s}-b)} \tag{5.18}$$

$$p_2^{M3R}=\frac{(D_0-\alpha c_1)(3-k_{3s})}{2\beta(8-4k_{3s}-b)} \tag{5.19}$$

$$w_2^{M3R}=\frac{D_0-\alpha c_1}{2\beta(8-4k_{3s}-b)} \tag{5.20}$$

$$s_{3s}^{M3R}=\frac{(D_0-\alpha c_1)k_{3s}}{2\gamma(8-4k_{3s}-b)} \tag{5.21}$$

$$U_1^{M3R}=\frac{(D_0-\alpha c_1)(4-2k_{3s}-b)}{2\alpha(8-4k_{3s}-b)} \tag{5.22}$$

$$U_2^{M3R}=\frac{(D_0-\alpha c_1)(2-k_{3s})}{2\beta(8-4k_{3s}-b)} \tag{5.23}$$

$$D_p^{M3R}=\frac{(D_0-\alpha c_1)(2-k_{3s})}{8-4k_{3s}-b} \tag{5.24}$$

$$D_s^{M3R}=\frac{D_0-\alpha c_1}{2(8-4k_{3s}-b)} \tag{5.25}$$

$$\pi_m^{M3R}=\frac{(D_0-\alpha c_1)^2(2-k_{3s})}{2\alpha(8-4k_{3s}-b)} \tag{5.26}$$

$$\pi_r^{M3R}=\frac{(D_0-\alpha c_1)^2(2-k_{3s})}{4\alpha(8-4k_{3s}-b)} \tag{5.27}$$

$$\pi_{3s}^{M3R}=\frac{(D_0-\alpha c_1)^2(2-k_{3s})}{8\beta\,(8-4k_{3s}-b)^2} \tag{5.28}$$

$$\pi_{sc}^{M3R}=\frac{(D_0-\alpha c_1)^2(2-k_{3s})(48-24k_{3s}-5b)}{8\alpha\,(8-4k_{3s}-b)^2} \tag{5.29}$$

其中，π_{sc}^{M3R} 表示制造商为核心企业且零售商外包服务时产品服务化供应链总收益的最优值，上标 $M3R$ 表示当制造商或零售商将服务外包给第三方服务公司，制造商为核心企业且零售商外包服务时各决策变量的最优值。

三、均衡结果分析

为确保零售商有利可图，由 $U_1^{M3M}>0$，$U_1^{M3R}>0$ 可得：$0<k_{3s}<2-\frac{b}{2}$。

命题 5-1：在制造商为核心企业，制造商外包服务和零售商外包服务两种服务提供模式下，产品需求、服务需求、服务价格、服务水平、制造商的收益、零售商的收益、第三方服务公司的收益和供应链的总收益均是服务需求敏感指数的增函数。

证明：由 $\frac{\partial D_p^{M3M}}{\partial k_{3s}}=\frac{2(D_0-\alpha c_1)b}{(16-8k_{3s}-b)^2}$，$\frac{\partial D_s^{M3M}}{\partial k_{3s}}=\frac{8(D_0-\alpha c_1)}{(16-8k_{3s}-b)^2}$，$\frac{\partial p_2^{M3M}}{\partial k_{3s}}=\frac{(D_0-\alpha c_1)(8+b)}{\beta(16-8k_{3s}-b)^2}$，$\frac{\partial s_{3s}^{M3M}}{\partial k_{3s}}=\frac{(D_0-\alpha c_1)(16-b)}{\gamma(16-8k_{3s}-b)^2}$，$\frac{\partial \pi_m^{M3M}}{\partial k_{3s}}=\frac{(D_0-\alpha c_1)^2 b}{\alpha(16-8k_{3s}-b)^2}$，$\frac{\partial \pi_r^{M3M}}{\partial k_{3s}}=\frac{8(D_0-\alpha c_1)^2 b(2-k_{3s})}{\alpha(16-8k_{3s}-b)^3}$，$\frac{\partial \pi_{3s}^{M3M}}{\partial k_{3s}}=\frac{(D_0-\alpha c_1)^2(16-8k_{3s}+b)}{2\beta(16-8k_{3s}-b)^3}$，$\frac{\partial \pi_{sc}^{M3M}}{\partial k_{3s}}=\frac{(D_0-\alpha c_1)^2 b(80-40k_{3s}-b)}{2\alpha(16-8k_{3s}-b)^3}$，$\frac{\partial D_p^{M3R}}{\partial k_{3s}}=\frac{(D_0-\alpha c_1)b}{(8-4k_{3s}-b)^2}$，$\frac{\partial D_s^{M3R}}{\partial k_{3s}}=\frac{2(D_0-\alpha c_1)}{(8-4k_{3s}-b)^2}$，$\frac{\partial p_2^{M3R}}{\partial k_{3s}}=\frac{(D_0-\alpha c_1)(4+b)}{2\beta(8-4k_{3s}-b)}$，$\frac{\partial s_{3s}^{M3R}}{\partial k_{3s}}=\frac{(D_0-\alpha c_1)(8-b)}{\gamma(8-4k_{3s}-b)^2}$，$\frac{\partial \pi_m^{M3R}}{\partial k_{3s}}=\frac{(D_0-\alpha c_1)^2 b}{2\alpha(8-4k_{3s}-b)^3}$，$\frac{\partial \pi_r^{M3R}}{\partial k_{3s}}=\frac{(D_0-\alpha c_1)^2 b}{4\alpha(8-4k_{3s}-b)^2}$，$\frac{\partial \pi_{3s}^{M3R}}{\partial k_{3s}}=\frac{(D_0-\alpha c_1)^2(8-4k_{3s}+b)}{8\beta(8-4k_{3s}-b)^3}$，$\frac{\partial \pi_{sc}^{M3R}}{\partial k_{3s}}=\frac{b(D_0-\alpha c_1)^2(56-28k_{3s}-5b)}{8\alpha(8-4k_{3s}-b)^3}$可得：当 $0<k_{3s}<2-\frac{b}{2}$时，上述一阶导数均大于 0，说明各决策变量关于 k_{3s}是增函数。

命题 5-2：$\pi_m^{M3M}>\pi_r^{M3M}$，$\pi_m^{M3R}>\pi_r^{M3R}$。

证明：由 $\frac{(D_0-\alpha c_1)^2(2-k_{3s})}{\alpha(16-8k_{3s}-b)} > \frac{4(D_0-\alpha c_1)^2(2-k_{3s})^2}{\alpha(16-8k_{3s}-b)^2}$ 化简可得：$8-4k_{3s}-b>0$ 成立。由 $\frac{(D_0-\alpha c_1)^2(2-k_{3s})}{2\alpha(8-4k_{3s}-b)} > \frac{(D_0-\alpha c_1)^2(2-k_{3s})}{4\alpha(8-4k_{3s}-b)}$ 化简可得：$1>\frac{1}{2}$ 成立。

命题5-2说明，当制造商为核心企业时，无论制造商外包服务还是零售商外包服务，制造商的收益始终大于零售商的收益。

命题5-3：当 $k_m \leqslant \frac{64(2-k_{3s})^2-32b(2-k_{3s})+2b^2+8b(2-k_{3s})^2}{32(2-k_{3s})^2-16b(2-k_{3s})+b^2}$ 时，$\pi_m^{M3M} \geqslant \pi_m^{MM}$，$\pi_r^{M3M} \geqslant \pi_r^{MM}$。当 $k_r \leqslant \frac{8-4k_{3s}-bk_{3s}}{4-2k_{3s}-b}$ 时，$\pi_m^{M3R} \geqslant \pi_m^{MR}$，$\pi_r^{M3R} \geqslant \pi_r^{MR}$。

证明：由命题5-2和命题3-2可知，$\pi_m^{M3M} \geqslant \pi_r^{M3M}$，$\pi_m^{MM} \geqslant \pi_r^{MM}$。因此要证 $\pi_m^{M3M} \geqslant \pi_m^{MM}$，$\pi_r^{M3M} \geqslant \pi_r^{MM}$ 成立，只需证明 $\pi_r^{M3M} \geqslant \pi_m^{MM}$ 成立，即 $\frac{4(D_0-\alpha c_1)^2(2-k_{3s})^2}{\alpha(16-8k_{3s}-b)^2} \geqslant \frac{(D_0-\alpha c_1)^2(2-k_m)}{2\alpha(8-4k_m-b)}$，化简可得：$k_m \leqslant \frac{64(2-k_{3s})^2-32b(2-k_{3s})+2b^2+8b(2-k_{3s})^2}{32(2-k_{3s})^2-16b(2-k_{3s})+b^2}$。由命题5-2和命题3-2可知，$\pi_m^{M3R} \geqslant \pi_r^{M3R}$，$\pi_m^{MR} \geqslant \pi_r^{MR}$。因此要证 $\pi_m^{M3R} \geqslant \pi_m^{MR}$，$\pi_r^{M3R} \geqslant \pi_r^{MR}$ 成立，只需证明 $\pi_r^{M3R} \geqslant \pi_m^{MR}$ 成立，即 $\frac{(D_0-\alpha c_1)^2(2-k_{3s})}{4\alpha(8-4k_{3s}-b)} \geqslant \frac{(D_0-\alpha c_1)^2(2-k_r)}{4\alpha(4-2k_r-b)}$，化简可得：$k_r \leqslant \frac{8-4k_{3s}-bk_{3s}}{4-2k_{3s}-b}$。

由命题5-3可知，制造商和零售商需要根据服务需求敏感指数的大小来决定服务是自己提供还是外包。当 $k_m \leqslant \frac{64(2-k_{3s})^2-32b(2-k_{3s})+2b^2+8b(2-k_{3s})^2}{32(2-k_{3s})^2-16b(2-k_{3s})+b^2}$ 时，制造商会选择将服

务外包给第三方服务公司。当 $k_r \leqslant \dfrac{8-4k_{3s}-bk_{3s}}{4-2k_{3s}-b}$ 时，零售商会选择将服务外包给第三方服务公司。

命题 5-4：当 $k_m=k_r=k_{3s}=k$ 时，$\pi_m^{MM} \geqslant \pi_m^{M3M}$，$\pi_r^{MM} \geqslant \pi_r^{M3M}$，$\pi_{sc}^{MM} \geqslant \pi_{sc}^{M3M}$。$\pi_m^{MR} \geqslant \pi_m^{M3R}$，$\pi_r^{MR} \geqslant \pi_r^{M3R}$，$\pi_{sc}^{MR} \geqslant \pi_{sc}^{M3R}$。

证明：由 $\dfrac{(D_0-\alpha c_1)^2(2-k)}{2\alpha(8-4k-b)} \geqslant \dfrac{(D_0-\alpha c_1)^2(2-k)}{\alpha(16-8k-b)}$ 化简可得：$16-8k-b \geqslant 16-8k-2b$ 成立。由 $\dfrac{(D_0-\alpha c_1)^2(2-k)^2}{\alpha(8-4k-b)^2} \geqslant \dfrac{4(D_0-\alpha c_1)^2(2-k)^2}{\alpha(16-8k-b)^2}$ 化简可得：$(16-8k-b)^2 \geqslant (16-8k-2b)^2$ 成立。由 $\dfrac{(D_0-\alpha c_1)^2(2-k)(12-6k-b)}{2\alpha(8-4k-b)^2} \geqslant \dfrac{(D_0-\alpha c_1)^2(2-k)(48-24k-b)}{2\alpha(16-8k-b)^2}$ 化简可得：$48-24k-5b \geqslant 0$ 成立。由 $\dfrac{(D_0-\alpha c_1)^2(2-k)}{4\alpha(4-2k-b)} \geqslant \dfrac{(D_0-\alpha c_1)^2(2-k)}{2\alpha(8-4k-b)}$ 化简可得：$8-4k-b \geqslant 8-4k-2b$ 成立。由 $\dfrac{(D_0-\alpha c_1)^2(2-k)}{8\alpha(4-2k-b)} \geqslant \dfrac{(D_0-\alpha c_1)^2(2-k)}{4\alpha(8-4k-b)}$ 化简可得：$8-4k-b \geqslant 8-4k-2b$ 成立。由 $\dfrac{3(D_0-\alpha c_1)^2(2-k)}{8\alpha(4-2k-b)} \geqslant \dfrac{(D_0-\alpha c_1)^2(2-k)(48-24k-5b)}{8\alpha(8-4k-b)^2}$ 化简可得：$10-5k-b \geqslant 0$ 成立。

命题 5-4 说明，当 $k_m=k_r=k_{3s}=k$ 时，对于制造商和零售商来说，最优的服务提供模式均是自己提供而不选择外包服务。

命题 5-5：$D_p^{M3R} > D_p^{M3M}$，$D_s^{M3R} > D_s^{M3M}$。

证明：由 $\dfrac{(D_0-\alpha c_1)(2-k_{3s})}{8-4k_{3s}-b} > \dfrac{2(D_0-\alpha c_1)(2-k_{3s})}{16-8k_{3s}-b}$，$\dfrac{D_0-\alpha c_1}{2(8-4k_{3s}-b)} > \dfrac{D_0-\alpha c_1}{16-8k_{3s}-b}$ 可得证。

由命题 5-5 可知，零售商外包服务时，产品和服务需求均增加。

命题 5-6：$p_2^{M3R} > p_2^{M3M}$，$s_{3s}^{M3R} > s_{3s}^{M3M}$。

证明：由 $\frac{(D_0-\alpha c_1)(3-k_{3s})}{2\beta(8-4k_{3s}-b)} > \frac{(D_0-\alpha c_1)(3-k_{3s})}{\beta(16-8k_{3s}-b)}$，$\frac{(D_0-\alpha c_1)k_{3s}}{2\gamma(8-4k_{3s}-b)} > \frac{(D_0-\alpha c_1)k_{3s}}{\gamma(16-8k_{3s}-b)}$可得证。

由命题 5-6 可知，零售商外包服务时，服务价格和服务水平均提高。

命题 5-7：$\pi_m^{M3R} > \pi_m^{M3M}$，$\pi_r^{M3R} > \pi_r^{M3M}$，$\pi_{sc}^{M3R} > \pi_{sc}^{M3M}$。

证明：由 $\frac{(D_0-\alpha c_1)^2(2-k_{3s})}{2\alpha(8-4k_{3s}-b)} > \frac{(D_0-\alpha c_1)^2(2-k_{3s})}{\alpha(16-8k_{3s}-b)}$成立可得：制造商收益增加。由 $\frac{(D_0-\alpha c_1)^2(2-k_{3s})}{4\alpha(8-4k_{3s}-b)} > \frac{4(D_0-\alpha c_1)^2(2-k_{3s})^2}{\alpha(16-8k_{3s}-b)^2}$可得：$(16-8k_{3s}-b)^2 > 16(8-4k_{3s}-b)(2-k_{3s})$，化简可得：$b^2>0$，可知零售商的收益增加。由$\frac{(D_0-\alpha c_1)^2(2-k_{3s})}{8\beta(8-4k_{3s}-b)^2} > \frac{(D_0-\alpha c_1)^2(2-k_{3s})}{2\beta(16-8k_{3s}-b)^2}$可看出第三方服务公司的收益也增加。由 $\frac{(D_0-\alpha c_1)^2(2-k_{3s})(48-24k_{3s}-5b)}{8\alpha(8-4k_{3s}-b)^2} > \frac{(D_0-\alpha c_1)^2(2-k_{3s})(48-24k_{3s}-b)}{2\alpha(16-8k_{3s}-b)^2}$ 可得：$(48-24k_{3s}-5b)(16-8k_{3s}-b)^2 > 4(48-24k_{3s}-b)(8-4k_{3s}-b)^2$，化简可得：$b[20(2-k_{3s})^2-b^2]>0$。

由命题 5-7 可知，当制造商为核心、零售商外包服务时，制造商的收益、零售商的收益及产品服务化供应链的总收益最大，所以零售商外包服务是最优的服务提供模式。

第二节　零售商为核心企业时将服务外包给第三方服务公司

一、制造商将服务外包给第三方服务公司

制造商将产品批发给零售商，零售商通过零售渠道将产品销售给顾客，服务由制造商外包给第三方服务公司，如图 5-3 所示。

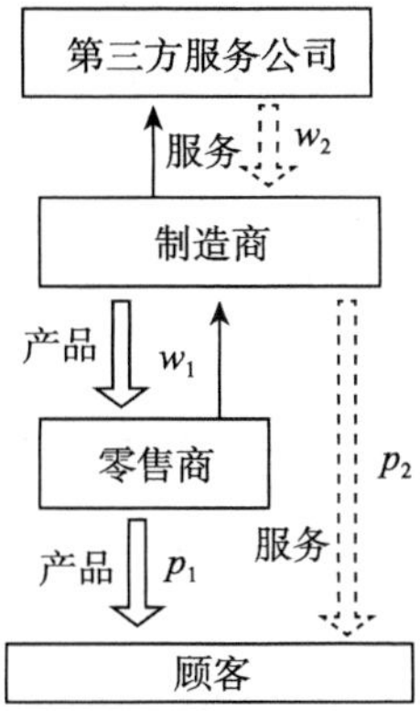

图 5-3　零售商为核心企业时制造商外包服务的供应链结构

由于零售商为核心企业，首先由零售商决定产品价格，然后制造商决定产品的批发价格和服务价格，最后第三方服务公司决定服务的批发价格和服务水平。

设 $p_1 = w_1 + U_1$, $p_2 = w_2 + U_2$ ，根据逆向归纳法，由 $\frac{\partial \pi_{3s}}{\partial w_2} = 0$, $\frac{\partial \pi_{3s}}{\partial s_{3s}} = 0$ 可得: $w_2^{R3M} = \frac{D_0 - \alpha p_1 - \beta p_2 + \gamma s_{3s}}{\beta}$, $s_{3s}^{R3M} = \frac{w_2 \gamma}{\eta_{3s}}$，联立求解可得: $w_2^{R3M} = \frac{D_0 - \alpha p_1 - \beta p_2}{\beta(1 - k_{3s})}$, $s_{3s}^{R3M} = \frac{(D_0 - \alpha p_1 - \beta p_2) k_{3s}}{\gamma(1 - k_{3s})}$。将 w_2^{R3M}、s_{3s}^{R3M} 代入 π_m ，由 $\frac{\partial \pi_p}{\partial p_2} = 0$, $\frac{\partial \pi_m}{\partial w_1} = 0$ 可得: $p_2^{R3M} = \frac{(D_0 - \alpha p_1)(3 - k_{3s})}{2\beta(2 - k_{3s})}$, $w_1^{R3M} = \frac{(D_0 - \alpha p_1 + \alpha c_1)(1 - k_{3s})^2 + b(2D_0 - 2\alpha p_1 - 3\beta p_2 + \beta p_2 k_{3s})}{\alpha (1 - k_{3s})^2}$。联立求解可得: $w_1^{R3M} = \frac{(D_0 - \alpha p_1)(4 - 2k_{3s} - b) + \alpha c_1 (4 - 2k_{3s})}{2\alpha(2 - k_{3s})}$。将 w_1^{R3M} 代入 π_r，由 $\frac{\partial \pi_r}{\partial p_1} = 0$ 可得: $p_1^{R3M} = \frac{(3D_0 + \alpha c_1)(2 - k_{3s}) - bD_0}{\alpha(8 - 4k_{3s} - b)}$，则:

$$w_1^{R3M} = \frac{(D_0 + 3\alpha c_1)(4 - 2k_{3s}) - b(D_0 + \alpha c_1)}{2\alpha(8 - 4k_{3s} - b)} \tag{5.30}$$

$$w_2^{R3M} = \frac{D_0 - \alpha c_1}{2\beta(8 - 4k_{3s} - b)} \tag{5.31}$$

$$s_{3s}^{R3M} = \frac{(D_0 - \alpha c_1)k_{3s}}{2\gamma(8 - 4k_{3s} - b)} \tag{5.32}$$

$$p_2^{R3M} = \frac{(D_0 - ac_1)\ (3 - k_{3s})}{2\beta\ (8 - 4k_{3s} - b)} \tag{5.33}$$

$$U_1^{R3M} = \frac{D_0 - \alpha c_1}{2\alpha} \tag{5.34}$$

$$U_2^{R3M} = \frac{(D_0 - \alpha c_1)(2 - k_{3s})}{2\beta(8 - 4k_{3s} - b)} \tag{5.35}$$

$$D_p^{R3M} = \frac{(D_0 - \alpha c_1)(2 - k_{3s})}{8 - 4k_{3s} - b} \tag{5.36}$$

$$D_s^{R3M} = \frac{D_0 - \alpha c_1}{2(8 - 4k_{3s} - b)} \tag{5.37}$$

$$\pi_m^{R3M} = \frac{(D_0 - \alpha c_1)^2(2 - k_{3s})}{4\alpha(8 - 4k_{3s} - b)} \tag{5.38}$$

$$\pi_r^{R3M} = \frac{(D_0 - \alpha c_1)^2(2 - k_{3s})}{2\alpha(8 - 4k_{3s} - b)} \tag{5.39}$$

$$\pi_{3s}^{R3M} = \frac{(D_0 - \alpha c_1)^2(2 - k_{3s})}{8\beta\ (8 - 4k_{3s} - b)^2} \tag{5.40}$$

$$\pi_{sc}^{R3M} = \frac{(D_0 - \alpha c_1)^2(2 - k_{3s})(48 - 24k_{3s} - 5b)}{8\alpha\ (8 - 4k_{3s} - b)^2} \tag{5.41}$$

二、零售商将服务外包给第三方服务公司

制造商将产品批发给零售商，零售商将产品通过零售渠道销售给顾客，并将服务外包给第三方服务公司，如图 5-4 所示。

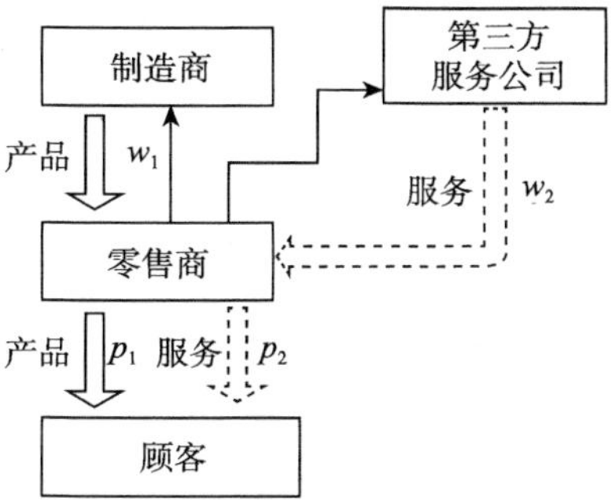

图 5-4　零售商为核心企业时零售商外包服务的供应链结构

制造商的收益为 $\pi_m = (w_1 - c_1) D_p$，零售商的收益为 $\pi_r = (p_1 - w_1)D_p + (p_2 - w_2)D_s$，第三方服务公司的收益为 $\pi_{3s} = w_2 D_s - \frac{1}{2}\eta_{3s} s_{3s}^2$。将 D_p、D_s 代入，可得制造商、零售商和第三方服务公司的收益，分别为：

$$\pi_m = (w_1 - c_1)(D_0 - \alpha p_1) \tag{5.42}$$

$$\pi_r = (p_1 - w_1)(D_0 - \alpha p_1) + (p_2 - w_2)(D_0 - \alpha p_1 - \beta p_2 + \gamma s_{3s}) \tag{5.43}$$

$$\pi_{3s} = w_2(D_0 - \alpha p_1 - \beta p_2 + \gamma s_{3s}) - \frac{1}{2}\eta_{3s} s_{3s}^2 \tag{5.44}$$

由于零售商为核心企业，首先由零售商决定产品价格和服务价格，然后制造商决定产品的批发价格，最后第三方服务公司决定服务的批发价格与服务水平。

设 $p_1 = w_1 + U_1$，$p_2 = w_2 + U_2$，根据逆向归纳法，由 $\frac{\partial \pi_{3s}}{\partial w_2} = 0$，$\frac{\partial \pi_{3s}}{\partial s_{3s}} = 0$ 可得：$w_2^{R3R} = \frac{D_0 - \alpha p_1 - \beta p_2 + \gamma s_{3s}}{\beta}$，$s_{3s}^{R3R} = \frac{w_2 \gamma}{\eta_{3s}}$，联立求解得：$w_2^{R3R} = \frac{D_0 - \alpha p_1 - \beta p_2}{\beta(1 - k_{3s})}$，$s_{3s}^{R3R} = \frac{(D_0 - \alpha p_1 - \beta p_2)k_{3s}}{\gamma(1 - k_{3s})}$。由 $\frac{\partial \pi_m}{\partial w_1} = 0$ 可得：$w_1^{R3R} = \frac{D_0 - \alpha p_1 + \alpha c_1}{\alpha}$。将 w_1^{R3R}、w_2^{R3R} 和 s_{3s}^{R3R} 代入 π_r，由 $\frac{\partial \pi_r}{\partial p_1} = 0$，$\frac{\partial \pi_s}{\partial p_2} = 0$ 可得：$p_2^{R3R} = \frac{(D_0 - \alpha p_1)(3 - k_{3s})}{2\beta(2 - k_{3s})}$，$p_1^{R3R} =$

$\frac{(3D_0+\alpha c_1)(1-k_{3s})^2+b(2D_0-3\beta p_2+\beta p_2 k_{3s})}{2\alpha[2(1-k_{3s})^2+b]}$。联立求解得：$p_1^{R3R}=\frac{2(3D_0+\alpha c_1)(2-k_{3s})-bD_0}{\alpha(16-8k_{3s}-b)}$，$p_2^{R3R}=\frac{(D_0-\alpha c_1)(3-k_{3s})}{\beta(16-8k_{3s}-b)}$，则：

$$w_1^{R3R}=\frac{(D_0+3\alpha c_1)(4-2k_{3s})-\alpha b c_1}{\alpha(16-8k_{3s}-b)} \tag{5.45}$$

$$w_2^{R3R}=\frac{D_0-\alpha c_1}{\beta(16-8k_{3s}-b)} \tag{5.46}$$

$$s_{3s}^{R3R}=\frac{(D_0-\alpha c_1)k_{3s}}{\gamma(16-8k_{3s}-b)} \tag{5.47}$$

$$U_1^{R3R}=\frac{(D_0-\alpha c_1)(8-4k_{3s}-b)}{\alpha(16-8k_{3s}-b)} \tag{5.48}$$

$$U_2^{R3R}=\frac{(2-k_{3s})(D_0-\alpha c_1)}{\beta(16-8k_{3s}-b)} \tag{5.49}$$

$$D_p^{R3R}=\frac{(D_0-\alpha c_1)(4-2k_{3s})}{16-8k_{3s}-b} \tag{5.50}$$

$$D_s^{R3R}=\frac{D_0-\alpha c_1}{16-8k_{3s}-b} \tag{5.51}$$

$$\pi_m^{R3R}=\frac{4(D_0-\alpha c_1)^2(2-k_{3s})^2}{\alpha(16-8k_{3s}-b)^2} \tag{5.52}$$

$$\pi_r^{R3R}=\frac{(D_0-\alpha c_1)^2(2-k_{3s})}{\alpha(16-8k_{3s}-b)} \tag{5.53}$$

$$\pi_{3s}^{R3R}=\frac{(D_0-\alpha c_1)^2(2-k_{3s})}{2\beta(16-8k_{3s}-b)^2} \tag{5.54}$$

$$\pi_{sc}^{R3R}=\frac{(D_0-\alpha c_1)^2(2-k_{3s})(48-24k_{3s}-b)}{2\alpha(16-8k_{3s}-b)^2} \tag{5.55}$$

其中，π_{sc}^{R3R} 表示零售商为核心企业且零售商外包服务时产品服务化供应链总收益的最优值，上标 $R3R$ 表示当制造商或零售商将服务外包给第三方服务公司，零售商为核心企业且零售商外包服务时各决策变量的最优值。

三、均衡结果分析

为确保零售商有利可图，由 $U_1^{R3M}>0$，$U_1^{R3R}>0$ 可得，$0<k_{3s}<2-\frac{b}{4}$。

命题 5-8：在零售商为核心企业，制造商外包服务和零售商外包服务两种服务提供模式下，产品需求、服务需求、服务价格、服务水平、制造商的收益、零售商的收益、第三方服务公司的收益及产品服务化供应链的总收益均是服务需求敏感指数的增函数。

证明：由 $\frac{\partial D_p^{R3M}}{\partial k_{3s}}=\frac{(D_0-\alpha c_1)b}{(8-4k_{3s}-b)^2}$，$\frac{\partial D_s^{R3M}}{\partial k_{3s}}=\frac{2(D_0-\alpha c_1)}{(8-4k_{3s}-b)^2}$，$\frac{\partial p_2^{R3M}}{\partial k_{3s}}=\frac{(D_0-\alpha c_1)(4+b)}{2\beta(8-4k_{3s}-b)^2}$，$\frac{\partial s_{3s}^{R3M}}{\partial k_{3s}}=\frac{(D_0-\alpha c_1)(8-b)}{\gamma(8-4k_{3s}-b)^2}$，$\frac{\partial \pi_m^{R3M}}{\partial k_{3s}}=\frac{(D_0-\alpha c_1)^2 b}{4\alpha(8-4k_{3s}-b)^3}$，$\frac{\partial \pi_r^{R3M}}{\partial k_{3s}}=\frac{(D_0-\alpha c_1)^2 b}{2\alpha(8-4k_{3s}-b)^2}$，$\frac{\partial \pi_{3s}^{R3M}}{\partial k_{3s}}=\frac{(D_0-\alpha c_1)^2(8-4k_{3s}+b)}{8\beta(8-4k_{3s}-b)^3}$，$\frac{\partial \pi_{sc}^{R3M}}{\partial k_{3s}}=\frac{b(D_0-\alpha c_1)^2(56-28k_{3s}-5b)}{8\alpha(8-4k_{3s}-b)^3}$，$\frac{\partial D_p^{R3R}}{\partial k_{3s}}=\frac{2(D_0-\alpha c_1)b}{(16-8k_{3s}-b)^2}$，$\frac{\partial D_s^{R3R}}{\partial k_{3s}}=\frac{8(D_0-\alpha c_1)}{(16-8k_{3s}-b)^2}$，$\frac{\partial p_2^{R3R}}{\partial k_{3s}}=\frac{(D_0-\alpha c_1)(8+b)}{\beta(16-8k_{3s}-b)^2}$，$\frac{\partial s_{3s}^{R3R}}{\partial k_{3s}}=\frac{(D_0-\alpha c_1)(16-b)}{\gamma(16-8k_{3s}-b)^2}$，$\frac{\partial \pi_m^{R3R}}{\partial k_{3s}}=\frac{8(D_0-\alpha c_1)^2 b(2-k_{3s})}{\alpha(16-8k_{3s}-b)^3}$，$\frac{\partial \pi_r^{R3R}}{\partial k_{3s}}=\frac{(D_0-\alpha c_1)^2 b}{\alpha(16-8k_{3s}-b)^2}$，$\frac{\partial \pi_{3s}^{R3R}}{\partial k_{3s}}=\frac{(D_0-\alpha c_1)^2(16-8k_{3s}+b)}{2\beta(16-8k_{3s}-b)^3}$，$\frac{\partial \pi_{sc}^{R3R}}{\partial k_{3s}}=\frac{(D_0-\alpha c_1)^2 b(80-40k_{3s}-b)}{2\alpha(16-8k_{3s}-b)^3}$ 可得：

当 $0<k_{3s}<2-\frac{b}{4}$ 时，上述一阶导数均大于 0，说明各决策变量关于 k_{3s} 是增函数。

命题 5-9：$\pi_r^{R3M}>\pi_{\mathrm{m}}^{R3M}$，$\pi_r^{R3R}>\pi_m^{R3R}$。

证明：由 $\frac{(D_0-\alpha c_1)^2(2-k_{3s})}{2\alpha(8-4k_{3s}-b)} > \frac{(D_0-\alpha c_1)^2(2-k_{3s})}{4\alpha(8-4k_{3s}-b)}$ 化简可得：$1>\frac{1}{2}$ 成立。由 $\frac{(D_0-\alpha c_1)^2(2-k_{3s})}{\alpha(16-8k_{3s}-b)} > \frac{4(D_0-\alpha c_1)^2(2-k_{3s})^2}{\alpha(16-8k_{3s}-b)^2}$ 化简可得：$8-4k_{3s}-b>0$ 成立。

命题 5-9 说明，当零售商为核心时，无论制造商外包服务还是零售商外包服务，零售商的收益始终大于制造商的收益。

命题 5-10：当 $k_m \leqslant \frac{8-4k_{3s}-bk_{3s}}{4-2k_{3s}-b}$ 时，$\pi_m^{R3M} \geqslant \pi_m^{RM}$，$\pi_r^{R3M} \geqslant \pi_r^{RM}$。当 $k_r \leqslant \frac{64(2-k_{3s})^2-32b(2-k_{3s})+2b^2+8b(2-k_{3s})^2}{32(2-k_{3s})^2-16b(2-k_{3s})+b^2}$ 时，$\pi_m^{R3R} \geqslant \pi_m^{RR}$，$\pi_r^{R3R} \geqslant \pi_r^{RR}$。

证明：由命题 5-9 和命题 3-8 可知，$\pi_r^{R3M} \geqslant \pi_m^{R3M}$，$\pi_r^{RM} \geqslant \pi_m^{RM}$，因此要证明 $\pi_m^{R3M} \geqslant \pi_m^{RM}$，$\pi_r^{R3M} \geqslant \pi_r^{RM}$ 成立，只需证明 $\pi_m^{R3M} \geqslant \pi_r^{RM}$ 成立，即 $\frac{(D_0-\alpha c_1)^2(2-k_{3s})}{4\alpha(8-4k_{3s}-b)} \geqslant \frac{(D_0-\alpha c_1)^2(2-k_m)}{4\alpha(4-2k_m-b)}$，化简可得：$k_m \leqslant \frac{8-4k_{3s}-bk_{3s}}{4-2k_{3s}-b}$。由命题 5-9 和命题 3-8 可知，$\pi_r^{R3R} \geqslant \pi_m^{R3R}$，$\pi_r^{RR} \geqslant \pi_m^{RR}$，因此要证明 $\pi_m^{R3R} \geqslant \pi_m^{RR}$，$\pi_r^{R3R} \geqslant \pi_r^{RR}$ 成立，只需证明 $\pi_m^{R3R} \geqslant \pi_r^{RR}$ 成立，即 $\frac{4(D_0-\alpha c_1)^2(2-k_{3s})^2}{\alpha(16-8k_{3s}-b)^2} \geqslant \frac{(D_0-\alpha c_1)^2(2-k_r)}{2\alpha(8-4k_r-b)}$，化简可得：$k_r \leqslant \frac{64(2-k_{3s})^2-32b(2-k_{3s})+2b^2+8b(2-k_{3s})^2}{32(2-k_{3s})^2-16b(2-k_{3s})+b^2}$。

由命题 5-10 可知，制造商和零售商需要根据服务需求敏感指数的大小来决定服务是自己提供还是外包。当 $k_m \leqslant \frac{8-4k_{3s}-bk_{3s}}{4-2k_{3s}-b}$ 时，制造商会选择将服务外包给第三方服务公司。当 $k_r \leqslant \frac{64(2-k_{3s})^2-32b(2-k_{3s})+2b^2+8b(2-k_{3s})^2}{32(2-k_{3s})^2-16b(2-k_{3s})+b^2}$ 时，零售商会选择将服

务外包给第三方服务公司。

命题 5-11：当 $k_m = k_r = k_{3s} = k$ 时，$\pi_m^{RM} \geqslant \pi_m^{R3M}$，$\pi_r^{RM} \geqslant \pi_r^{R3M}$，$\pi_{sc}^{RM} \geqslant \pi_{sc}^{R3M}$；$\pi_m^{RR} \geqslant \pi_m^{R3R}$，$\pi_r^{RR} \geqslant \pi_r^{R3R}$，$\pi_{sc}^{RR} \geqslant \pi_{sc}^{R3R}$。

证明：由 $\frac{(D_0 - \alpha c_1)^2(2-k)}{8\alpha(4-2k-b)} \geqslant \frac{(D_0 - \alpha c_1)^2(2-k)}{4\alpha(8-4k-b)}$ 化简可得：$8-4k-b \geqslant 8-4k-2b$ 成立。由 $\frac{(D_0 - \alpha c_1)^2(2-k)}{4\alpha(4-2k-b)} \geqslant \frac{(D_0 - \alpha c_1)^2(2-k)}{2\alpha(8-4k-b)}$ 化简可得：$8-4k-b \geqslant 8-4k-2b$ 成立。由 $\frac{3(D_0 - \alpha c_1)^2(2-k)}{8\alpha(4-2k-b)} \geqslant \frac{(D_0 - \alpha c_1)^2(2-k)(48-24k-5b)}{8\alpha(8-4k-b)^2}$ 化简可得：，$10-5k-b \geqslant 0$ 成立。由 $\frac{(D_0 - \alpha c_1)^2(2-k)^2}{\alpha(8-4k-b)^2} \geqslant \frac{4(D_0 - \alpha c_1)^2(2-k)^2}{\alpha(16-8k-b)^2}$ 化简可得：$(16-8k-b)^2 \geqslant (16-8k-2b)^2$ 成立。由 $\frac{(D_0 - \alpha c_1)^2(2-k)}{2\alpha(8-4k-b)} \geqslant \frac{(D_0 - \alpha c_1)^2(2-k)}{\alpha(16-8k-b)}$ 化简可得：$16-8k-b \geqslant 16-8k-2b$ 成立。由 $\frac{(D_0 - \alpha c_1)^2(2-k)(12-6k-b)}{2\alpha(8-4k-b)^2} \geqslant \frac{(D_0 - \alpha c_1)^2(2-k)(48-24k-b)}{2\alpha(16-8k-b)^2}$ 化简可得：$48-24k-5b \geqslant 0$ 成立。

命题 5-11 说明，当制造商、零售商与第三方服务公司的服务需求敏感指数相同时，对于制造商和零售商来说，最优的服务提供模式均是自己提供而不选择外包服务。

命题 5-12：$D_p^{R3M} > D_p^{R3R}$，$D_s^{R3M} > D_s^{R3R}$。

证明：由 $\frac{(D_0 - \alpha c_1)(2-k_{3s})}{8-4k_{3s}-b} > \frac{2(D_0 - \alpha c_1)(2-k_{3s})}{16-8k_{3s}-b}$，$\frac{D_0 - \alpha c_1}{2(8-4k_{3s}-b)} > \frac{D_0 - \alpha c_1}{16-8k_{3s}-b}$ 可得证。

命题 5-12 说明，与零售商外包服务相比较，制造商外包服务时，产品需求和服务需求均有所增加。

命题 5-13：$p_2^{R3M} > p_2^{R3R}$，$s_{3s}^{R3M} > s_{3s}^{R3R}$。

证明：由 $\frac{(D_0-\alpha c_1)(3-k_{3s})}{2\beta(8-4k_{3s}-b)} > \frac{(D_0-\alpha c_1)(3-k_{3s})}{\beta(16-8k_{3s}-b)}$，$\frac{(D_0-\alpha c_1)k_{3s}}{2\gamma(8-4k_{3s}-b)} > \frac{(D_0-\alpha c_1)k_{3s}}{\gamma(16-8k_{3s}-b)}$ 可得证。

命题 5-13 说明，与零售商外包服务相比较，制造商外包服务时，服务价格和服务水平均提高。

命题 5-14：$\pi_m^{R3M} > \pi_m^{R3R}$，$\pi_r^{R3M} > \pi_r^{R3R}$，$\pi_{sc}^{R3M} > \pi_{sc}^{R3R}$。

证明：由 $\frac{(D_0-\alpha c_1)^2(2-k_{3s})}{4\alpha(8-4k_{3s}-b)} > \frac{4(D_0-\alpha c_1)^2(2-k_{3s})^2}{\alpha(16-8k_{3s}-b)^2}$ 可得：$(16-8k_{3s}-b)^2 > 16(8-4k_{3s}-b)(2-k_{3s})$，化简可得：$b^2>0$，由此可得：制造商的收益增加。由 $\frac{(D_0-\alpha c_1)^2(2-k_{3s})}{2\alpha(8-4k_{3s}-b)} > \frac{(D_0-\alpha c_1)^2(2-k_{3s})}{\alpha(16-8k_{3s}-b)}$ 成立可得：零售商的收益增加。由 $\frac{(D_0-\alpha c_1)^2(2-k_{3s})}{8\beta(8-4k_{3s}-b)^2} > \frac{(D_0-\alpha c_1)^2(2-k_{3s})}{2\beta(16-8k_{3s}-b)^2}$ 可得：第三方服务公司的收益也增加。由 $\frac{(D_0-\alpha c_1)^2(2-k_{3s})(48-24k_{3s}-5b)}{8\alpha(8-4k_{3s}-b)^2} > \frac{(D_0-\alpha c_1)^2(2-k_{3s})(48-24k_{3s}-b)}{2\alpha(16-8k_{3s}-b)^2}$ 可得：$(48-24k_{3s}-5b)(16-8k_{3s}-b)^2 > 4(48-24k_{3s}-b)(8-4k_{3s}-b)^2$，化简可得：$b[20(2-k_{3s})^2-b^2]>0$。

由命题 5-14 可以看出，制造商外包服务时，制造商的收益、零售商的收益、第三方服务公司的收益和系统总收益均增加，说明当零售商为核心企业时，制造商外包服务是最优的服务提供模式。

第三节　制造商和零售商权力均等时将服务外包给第三方服务公司

一、制造商将服务外包给第三方服务公司

当制造商与零售商权力均等时，制造商将产品批发给零售商，零售商将产品通过零售渠道销售给顾客，服务由制造商外包给第三方服务公司来提供，如图 5-5 所示。

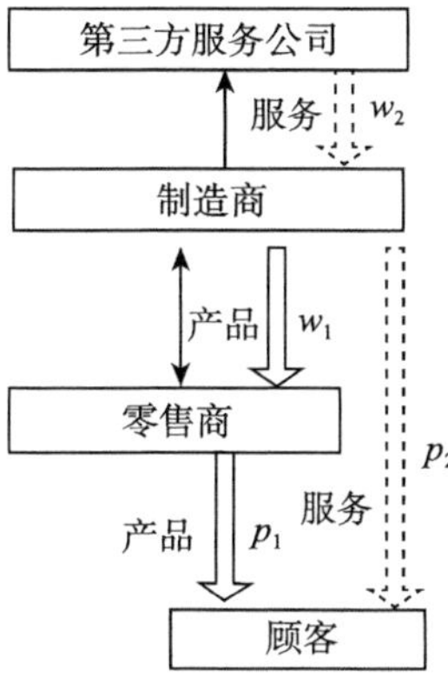

图 5-5　权力均等时制造商外包服务的供应链结构

此时，制造商和零售商同时决策，制造商决定产品的批发价格和服务价格，零售商决定产品价格，第三方服务公司决定服务的批发价格和服务水平。

设 $p_1 = w_1 + U_1$，$p_2 = w_2 + U_2$，根据逆向归纳法，由 $\frac{\partial \pi_{3s}}{\partial w_2} = 0$，$\frac{\partial \pi_{3s}}{\partial s_{3s}} = 0$ 可得：$w_2^{N3M} = \frac{D_0 - \alpha p_1 - \beta p_2 + \gamma s_{3s}}{\beta}$，$s_{3s}^{N3M} = \frac{w_2 \gamma}{\eta_{3s}}$，联立求解可得：$w_2^{N3M} =$

$\frac{D_0-\alpha p_1-\beta p_2}{\beta(1-k_{3s})}$，$s_{3s}^{N3M}=\frac{(D_0-\alpha p_1-\beta p_2)k_{3s}}{\gamma(1-k_{3s})}$。将 w_2^{N3M}、s_{3s}^{N3M} 分别代入 π_m 和 π_r，并由 $\frac{\partial\pi_m}{\partial w_1}=0$，$\frac{\partial\pi_m}{\partial p_2}=0$ 可得：$p_2^{N3M}=\frac{(D_0-\alpha p_1)(3-k_{3s})}{2\beta(2-k_{3s})}$，$w_1^{N3M}=\frac{(D_0+\alpha c_1-\alpha p_1)(1-k_{3s})^2+b(2D_0-2\alpha p_1-3\beta p_2+\beta p_2k_{3s})}{\alpha(1-k_{3s})^2}$。联立求解可得：$w_1^{N3M}=\frac{(D_0-\alpha p_1)(4-2k_{3s}-b)+\alpha c_1(4-2k_{3s})}{2\alpha(2-k_{3s})}$。由 $\frac{\partial\pi_r}{\partial p_1}=0$ 可得：$p_1^{N3M}=\frac{D_0+\alpha w_1}{2\alpha}$。联立求解可得：$w_1^{N3M}=\frac{(D_0+2\alpha c_1)(4-2k_{3s})-bD_0}{\alpha(12-6k_{3s}-b)}$，$p_1^{N3M}=\frac{(2D_0+\alpha c_1)(4-2k_{3s})-bD_0}{\alpha(12-6k_{3s}-b)}$，则：

$$w_2^{N3M}=\frac{D_0-\alpha c_1}{\beta(12-6k_{3s}-b)} \tag{5.56}$$

$$s_{3s}^{N3M}=\frac{(D_0-\alpha c_1)k_{3s}}{\gamma(12-6k_{3s}-b)} \tag{5.57}$$

$$p_2^{N3M}=\frac{(D_0-\alpha c_1)(3-k_{3s})}{\beta(12-6k_{3s}-b)} \tag{5.58}$$

$$U_1^{N3M}=\frac{(D_0-\alpha c_1)(4-2k_{3s})}{\alpha(12-6k_{3s}-b)} \tag{5.59}$$

$$U_2^{N3M}=\frac{(D_0-\alpha c_1)(2-k_{3s})}{\beta(12-6k_{3s}-b)} \tag{5.60}$$

$$D_p^{N3M}=\frac{(D_0-\alpha c_1)(4-2k_{3s})}{12-6k_{3s}-b} \tag{5.61}$$

$$D_s^{N3M}=\frac{D_0-\alpha c_1}{12-6k_{3s}-b} \tag{5.62}$$

$$\pi_m^{N3M}=\frac{(D_0-\alpha c_1)^2(2-k_{3s})(8-4k_{3s}-b)}{\alpha(12-6k_{3s}-b)^2} \tag{5.63}$$

$$\pi_r^{N3M}=\frac{(D_0-\alpha c_1)^2(4-2k_{3s})^2}{\alpha(12-6k_{3s}-b)^2} \tag{5.64}$$

$$\pi_{3s}^{N3M} = \frac{(D_0 - \alpha c_1)^2(2 - k_{3s})}{2\beta(12 - 6k_{3s} - b)^2} \tag{5.65}$$

$$\pi_{sc}^{N3M} = \frac{(D_0 - \alpha c_1)^2(4 - 2k_{3s})^2}{\alpha(12 - 6k_{3s} - b)^2} \tag{5.66}$$

其中，π_{SC}^{M3M}表示制造商为核心企业且制造商外包服务时产品服务化供应链总收益的最优值，上标 $M3M$ 表示当制造商或零售商将服务外包给第三方服务公司时，制造商为核心企业且制造商提供服务下各决策变量的最优值。

二、零售商将服务外包给第三方服务公司

制造商将产品批发给零售商，零售商将产品通过零售渠道销售给顾客，并将服务外包给第三方服务公司，如图 5-6 所示。

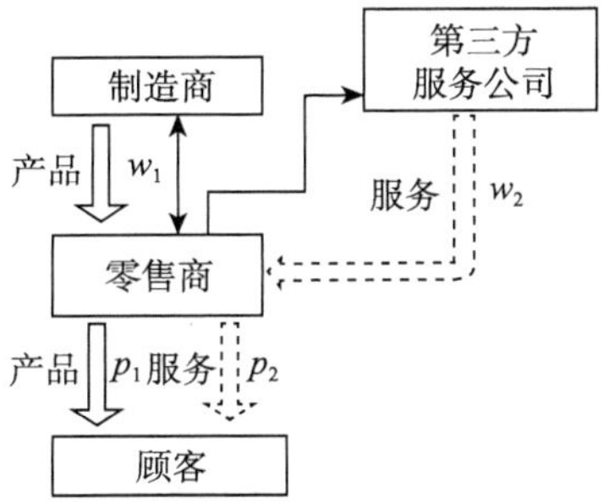

图 5-6　权力均等时零售商外包服务的供应链结构

此时，制造商和零售商同时决策，制造商决定产品的批发价格，零售商决定产品价格和服务价格，第三方服务公司决定服务的批发价格和服务水平。

设$p_1 = w_1 + U_1$，$p_2 = w_2 + U_2$，根据逆向归纳法，由$\frac{\partial \pi_{3s}}{\partial w_2} = 0$，$\frac{\partial \pi_{3s}}{\partial s_{3s}} = 0$ 可得：$w_2^{N3R} = \frac{D_0 - \alpha p_1 - \beta p_2 + \gamma s_{3s}}{\beta}$，$s_{3s}^{N3R} = \frac{w_2 \gamma}{\eta_{3s}}$，联立求解可得：$w_2^{N3R} = \frac{D_0 - \alpha p_1 - \beta p_2}{\beta(1 - k_{3s})}$，

$s_{3s}^{N3R}=\frac{(D_0-\alpha p_1-\beta p_2)\ k_{3s}}{\gamma\ (1-k_{3s})}$。将$w_2^{N3R}$、$s_{3s}^{N3R}$分别代入$\pi_m$和$\pi_r$，并由$\frac{\partial\pi_r}{\partial p_1}=0$，$\frac{\partial\pi_r}{\partial p_2}=0$可得：$p_1^{N3R}=\frac{(D_0+\alpha w_1)\ (1-k_{3s})^2+b\ (2D_0-3\beta p_2+\beta p_2 k_{3s})}{2\alpha\ [(1-k_{3s})^2+b]}$，$p_2^{N3R}=\frac{(D_0-\alpha p_1)(3-k_{3s})}{2\beta\ (2-k_{3s})}$。联立求解可得：$p_1^{N3R}=\frac{(D_0+\alpha w_1)\ (4-2k_{3s})-bD_0}{\alpha\ (8-4k_{3s}-b)}$。由$\frac{\partial\pi_m}{\partial w_1}=0$可得：$w_1^{N3R}=\frac{D_0+\alpha c_1-\alpha p_1}{\alpha}$。联立求解可得：$p_1^{N3R}=\frac{(2D_0+\alpha c_1)(4-2k_{3s})\ -bD_0}{\alpha\ (12-6k_{3s}-b)}$，$w_1^{N3R}=\frac{(D_0+2\alpha c_1)\ (4-2k_{3s})-\alpha b\ c_1}{\alpha\ (12-6k_{3s}-b)}$，则：

$$w_2^{N3R}=\frac{D_0-\alpha c_1}{\beta(12-6k_{3s}-b)} \tag{5.67}$$

$$s_{3s}^{N3R}=\frac{(D_0-\alpha c_1)k_{3s}}{\gamma(12-6k_{3s}-b)} \tag{5.68}$$

$$p_2^{N3R}=\frac{(D_0-\alpha c_1)(3-k_{3s})}{\beta(12-6k_{3s}-b)} \tag{5.69}$$

$$U_1^{N3R}=\frac{(D_0-\alpha c_1)(4-2k_{3s}-b)}{\alpha(12-6k_{3s}-b)} \tag{5.70}$$

$$U_2^{N3R}=\frac{(D_0-\alpha c_1)(2-k_{3s})}{\beta(12-6k_{3s}-b)} \tag{5.71}$$

$$D_p^{N3R}=\frac{(D_0-\alpha c_1)(4-2k_{3s})}{12-6k_{3s}-b} \tag{5.72}$$

$$D_s^{N3R}=\frac{D_0-\alpha c_1}{12-6k_{3s}-b} \tag{5.73}$$

$$\pi_m^{N3R}=\frac{(D_0-\alpha c_1)^2(4-2k_{3s})^2}{\alpha(12-6k_{3s}-b)^2} \tag{5.74}$$

$$\pi_r^{N3R}=\frac{(D_0-\alpha c_1)^2(2-k_{3s})(8-4k_{3s}-b)}{\alpha(12-6k_{3s}-b)^2} \tag{5.75}$$

$$\pi_{3s}^{N3R}=\frac{(D_0-\alpha c_1)^2(2-k_{3s})}{2\beta(12-6k_{3s}-b)^2} \tag{5.76}$$

$$\pi_{sc}^{N3R}=\frac{(D_0-\alpha c_1)^2(4-2k_{3s})^2}{\alpha(12-6k_{3s}-b)^2} \tag{5.77}$$

其中，π_{sc}^{N3R} 表示制造商与零售商权力均等且零售商外包服务时产品服务化供应链总收益的最优值，上标 $N3R$ 表示当制造商或零售商将服务外包给第三方服务公司，制造商与零售商权力均等且零售商外包服务时各决策变量的最优值。

三、均衡结果分析

为确保零售商有利可图，由 $U_1^{N3M}>0$，$U_1^{N3R}>0$ 可得：$0<k_{3s}<2-\frac{b}{2}$。

命题 5-15：在权力均等，制造商外包服务和零售商外包服务两种服务模式下，产品需求、服务需求、服务价格、服务水平、制造商的收益、零售商的收益、第三方服务公司的收益及产品服务化供应链的总收益均是服务需求敏感指数的增函数。

证明：由 $\frac{\partial D_p^{N3M}}{\partial k_{3s}}=\frac{2(D_0-\alpha c_1)b}{(12-6k_{3s}-b)^2}$，$\frac{\partial D_s^{N3M}}{\partial k_{3s}}=\frac{6(D_0-\alpha c_1)}{(12-6k_{3s}-b)^2}$，$\frac{\partial p_2^{N3M}}{\partial k_{3s}}=\frac{(D_0-\alpha c_1)(6+b)}{\beta(12-6k_{3s}-b)^2}$，$\frac{\partial s_{3s}^{N3M}}{\partial k_{3s}}=\frac{(D_0-\alpha c_1)(6-b)}{\gamma(12-6k_{3s}-b)^2}$，$\frac{\partial \pi_m^{N3M}}{\partial k_{3s}}=\frac{(D_0-\alpha c_1)^2(2-k_{3s}-b)b}{2\alpha(12-6k_{3s}-b)^3}$，$\frac{\partial \pi_r^{N3M}}{\partial k_{3s}}=\frac{(D_0-\alpha c_1)^2 2b(2-k_{3s})}{\alpha(12-6k_{3s}-b)^3}$，$\frac{\partial \pi_{sc}^{N3M}}{\partial k_{3s}}=\frac{(D_0-\alpha c_1)^2 b(10-5k_{3s}-b)}{2\alpha(12-6k_{3s}-b)^3}$，$\frac{\partial D_p^{N3R}}{\partial k_{3s}}=\frac{(D_0-\alpha c_1)b}{(12-6k_{3s}-b)^2}$，$\frac{\partial D_s^{N3R}}{\partial k_{3s}}=\frac{3(D_0-\alpha c_1)}{(12-6k_{3s}-b)^2}$，$\frac{\partial p_2^{N3R}}{\partial k_{3s}}=\frac{3(D_0-\alpha c_1)}{\beta(12-6k_{3s}-b)^2}$，$\frac{\partial s_{3s}^{N3R}}{\partial k_{3s}}=\frac{(D_0-\alpha c_1)(6-b)}{\gamma(12-6k_{3s}-b)^2}$，$\frac{\partial \pi_m^{N3R}}{\partial k_{3s}}=\frac{(D_0-\alpha c_1)^2(2-k_{3s}-b)b}{2\alpha(12-6k_{3s}-b)^3}$，$\frac{\partial \pi_r^{N3R}}{\partial k_{3s}}=\frac{(D_0-\alpha c_1)^2 2b(2-k_{3s})}{\alpha(12-6k_{3s}-b)^3}$，$\frac{\partial \pi_{sc}^{N3R}}{\partial k_{3s}}=\frac{(D_0-\alpha c_1)^2 b(10-5k_{3s}-b)}{2\alpha(12-6k_{3s}-b)^3}$ 可得：当 $0<k_{3s}<2-\frac{b}{2}$ 时，上述一阶导数均大于 0，说明各决策变量关于 k_{3s} 是增函数。

命题 5-16：$\pi_r^{N3M}\geqslant\pi_m^{N3M}$，$\pi_m^{N3R}\geqslant\pi_r^{N3R}$。

证明：由$\frac{(D_0-\alpha c_1)^2(4-2k_{3s})^2}{\alpha(12-6k_{3s}-b)^2} \geqslant \frac{(D_0-\alpha c_1)^2(2-k_{3s})(8-4k_{3s}-b)}{\alpha(12-6k_{3s}-b)^2}$化简可得：$b(2-k_{3s}) \geqslant 0$可证。

命题5-16说明，当制造商与零售商权力均等时，制造商外包服务时，零售商的收益大于制造商的收益；零售商外包服务时，制造商的收益大于零售商的收益。

命题5-17：当$\frac{(2-k_{3s})(8-4k_{3s}-b)}{(12-6k_{3s}-b)^2} \geqslant \frac{(2-k_m)^2}{(6-3k_m-b)^2}$时，$\pi_m^{N3M} \geqslant \pi_m^{NM}$，$\pi_r^{N3M} \geqslant \pi_r^{NM}$。当$\frac{(2-k_{3s})(8-4k_{3s}-b)}{(12-6k_{3s}-b)^2} \geqslant \frac{(2-k_r)^2}{(6-3k_r-b)^2}$时，$\pi_m^{N3R} \geqslant \pi_m^{NR}$，$\pi_r^{N3R} \geqslant \pi_r^{NR}$。

证明：由命题5-16和命题3-14可知，$\pi_r^{N3M} \geqslant \pi_m^{N3M}$，$\pi_r^{NM} \geqslant \pi_m^{NM}$，因此要证明$\pi_m^{N3M} \geqslant \pi_m^{NM}$，$\pi_r^{N3M} \geqslant \pi_r^{NM}$成立，只需证明$\pi_m^{N3M} \geqslant \pi_r^{NM}$成立，即$\frac{(D_0-\alpha c_1)^2(2-k_{3s})(8-4k_{3s}-b)}{\alpha(12-6k_{3s}-b)^2} \geqslant \frac{(D_0-\alpha c_1)^2(2-k_m)^2}{\alpha(6-3k_m-b)^2}$，化简可得：$\frac{(2-k_{3s})(8-4k_{3s}-b)}{(12-6k_{3s}-b)^2} \geqslant \frac{(2-k_m)^2}{(6-3k_m-b)^2}$。由命题5-16和命题3-14可知，$\pi_m^{N3R} \geqslant \pi_r^{N3R}$，$\pi_m^{NR} \geqslant \pi_r^{NR}$，因此要证明$\pi_m^{N3R} \geqslant \pi_m^{NR}$，$\pi_r^{N3R} \geqslant \pi_r^{NR}$成立，只需证明$\pi_r^{N3R} \geqslant \pi_m^{NR}$成立，即$\frac{(D_0-\alpha c_1)^2(2-k_{3s})(8-4k_{3s}-b)}{\alpha(12-6k_{3s}-b)^2} \geqslant \frac{(D_0-\alpha c_1)^2(2-k_r)^2}{\alpha(6-3k_r-b)^2}$，化简可得：$\frac{(2-k_{3s})(8-4k_{3s}-b)}{(12-6k_{3s}-b)^2} \geqslant \frac{(2-k_r)^2}{(6-3k_r-b)^2}$。

命题5-17说明，制造商和零售商需要根据服务需求敏感指数的大小来决定服务是自己提供还是外包。当$\frac{(2-k_{3s})(8-4k_{3s}-b)}{(12-6k_{3s}-b)^2} \geqslant \frac{(2-k_m)^2}{(6-3k_m-b)^2}$时，制造商会选择将服务外包给第三方服务公司。当$\frac{(2-k_{3s})(8-4k_{3s}-b)}{(12-6k_{3s}-b)^2} \geqslant \frac{(2-k_r)^2}{(6-3k_r-b)^2}$时，零售商会选择将服务外包给第三方服务公司。

命题 5-18：当 $k_m = k_r = k_{3s} = k$ 时，$\pi_m^{NM} \geqslant \pi_m^{N3M}$，$\pi_r^{NM} \geqslant \pi_r^{N3M}$，$\pi_{sc}^{NM} \geqslant \pi_{sc}^{N3M}$；$\pi_m^{NR} \geqslant \pi_m^{N3R}$，$\pi_r^{NR} \geqslant \pi_r^{N3R}$，$\pi_{sc}^{NR} \geqslant \pi_{sc}^{N3R}$。

证明：由 $\frac{(D_0-\alpha c_1)^2(2-k)(4-2k-b)}{2\alpha(6-3k-b)^2} \geqslant \frac{(D_0-\alpha c_1)^2(2-k)(8-4k-b)}{\alpha(12-6k-b)^2}$ 化简可得：$b\left[6(2-k)^2-6b(2-k)+b^2\right] \geqslant 0$。由 $\frac{(D_0-\alpha c_1)^2(2-k)^2}{\alpha(6-3k-b)^2} \geqslant \frac{(D_0-\alpha c_1)^2(4-2k)^2}{\alpha(12-6k-b)^2}$ 化简可得：$3b(8-4k-b) \geqslant 0$。由 $\frac{(D_0-\alpha c_1)^2(2-k)(8-4k-b)}{2\alpha(6-3k-b)^2} \geqslant \frac{(D_0-\alpha c_1)^2(4-2k)^2}{\alpha(12-6k-b)^2}$ 化简可得：$36(2-k)^2\left[4-2k-b+b^2(16-8k-b)\right] \geqslant 0$，命题得证。

命题 5-18 说明，当制造商、零售商与第三方服务公司的服务需求敏感指数相同时，对于制造商和零售商来说，最优的服务提供模式均是由自己提供而不选择外包服务。

命题 5-19：当制造商与零售商权力均等时，制造商或零售商外包服务这两种服务提供模式下的产品需求、服务需求、产品价格、服务价格、服务水平以及产品服务化供应链的总收益相等。

命题 5-20：$\pi_m^{N3R} > \pi_m^{N3M}$，$\pi_r^{N3R} < \pi_r^{N3M}$。

证明：由 $\frac{(D_0-\alpha c_1)^2(2-k_{3s})^2}{\alpha(6-3k_{3s}-b)^2} > \frac{(D_0-\alpha c_1)^2(2-k_{3s})(4-2k_{3s}-b)}{2\alpha(6-3k_{3s}-b)^2}$

化简可得：$\frac{b}{2} > 0$ 成立，命题得证。

命题 5-20 说明，当制造商和零售商权力均等，制造商外包服务时，零售商的收益最大；零售商外包服务时，制造商的收益最大。因此，制造商更希望零售商提供服务，零售商更希望制造商提供服务，此时不存在最优的服务提供模式。

第四节　三种权力结构下的均衡结果分析

命题 5-21：从不同权力结构来看，当制造商外包服务时，制造商的收

益满足 $\pi_m^{M3M} > \pi_m^{N3M} > \pi_m^{R3M}$。当零售商外包服务时，制造商的收益满足 $\pi_m^{M3R} > \pi_m^{N3R} > \pi_m^{R3R}$。

证明：由 $\frac{(D_0-\alpha c_1)^2(2-k_{3s})}{2\alpha(8-4k_{3s}-b)} > \frac{(D_0-\alpha c_1)^2(4-2k_{3s})^2}{\alpha(12-6k_{3s}-b)^2} > \frac{4(D_0-\alpha c_1)^2(2-k_{3s})^2}{\alpha(16-8k_{3s}-b)^2}$ 可证。

命题 5-21 说明，无论制造商外包服务还是零售商外包服务，当制造商为核心企业时制造商的收益最大。

命题 5-22：从不同权力结构来看，当制造商外包服务时，零售商的收益满足 $\pi_r^{R3M} > \pi_r^{N3M} > \pi_r^{M3M}$；当零售商外包服务时，制造商的收益满足 $\pi_r^{R3R} > \pi_r^{N3R} > \pi_r^{M3R}$。

证明：由 $\frac{(D_0-\alpha c_1)^2(2-k_{3s})}{2\alpha(8-4k_{3s}-b)} > \frac{(D_0-\alpha c_1)^2(4-2k_{3s})^2}{\alpha(12-6k_{3s}-b)^2} > \frac{4(D_0-\alpha c_1)^2(2-k_{3s})^2}{\alpha(16-8k_{3s}-b)^2}$ 可证。

命题 5-22 说明，无论制造商外包服务还是零售商外包服务，当零售商为核心企业时零售商的收益最大。

命题 5-23：从不同权力结构来看，当制造商外包服务时，第三方服务公司的收益满足 $\pi_{3s}^{N3M} > \pi_{3s}^{M3M} > \pi_{3s}^{R3M}$；当零售商外包服务时，第三方服务公司的收益满足 $\pi_{3s}^{N3R} > \pi_{3s}^{R3R} > \pi_{3s}^{M3R}$。

证明：由 $\frac{(D_0-\alpha c_1)^2(2-k_{3s})}{2\beta(12-6k_{3s}-b)^2} > \frac{(D_0-\alpha c_1)^2(2-k_{3s})}{8\beta(8-4k_{3s}-b)^2} > \frac{(D_0-\alpha c_1)^2(2-k_{3s})}{2\beta(16-8k_{3s}-b)^2}$ 可证。

命题 5-23 说明，无论制造商外包服务还是零售商外包服务，制造商与零售商权力均等时第三方服务公司的收益最大。

命题 5-24：从不同权力结构来看，当制造商外包服务时，供应链的总收益满足 $\pi_{sc}^{R3M} > \pi_{sc}^{M3M} > \pi_{sc}^{N3M}$；当零售商外包服务时，供应链的总收益满足 $\pi_{sc}^{M3R} > \pi_{sc}^{R3R} > \pi_{sc}^{N3R}$。

证明：由 $\frac{(D_0-\alpha c_1)^2(2-k_{3s})(48-24k_{3s}-5b)}{8\alpha(8-4k_{3s}-b)^2}>$ $\frac{(D_0-\alpha c_1)^2(2-k_{3s})(48-24k_{3s}-b)}{2\alpha(16-8k_{3s}-b)^2}>\frac{(D_0-\alpha c_1)^2(4-2k_{3s})^2}{\alpha(12-6k_{3s}-b)^2}$ 可证。

命题 5-24 说明，三种权力结构下，制造商外包服务给第三方服务公司，零售商为核心企业时产品服务化供应链的总收益最大，为最优的权力结构。零售商外包服务给第三方服务公司，制造商为核心企业时产品服务化供应链的总收益最大，为最优的权力结构。

命题 5-25：当制造商和零售商的策略集分别为（核心企业，非核心企业，权力均等）和（外包服务，不外包服务）时，NASH 均衡解有两个，分别为（制造商为核心企业，零售商外包服务）和（制造商外包服务，零售商为核心企业）。

证明：假设制造商的策略集为（核心企业，非核心企业，权力均等），零售商的策略集为（外包服务，不外包服务），则可得出（制造商，零售商，第三方服务公司）收益的六种均衡收益结果，如表 5-1 所示。

表 5-1　静态博弈组合策略结果（一）

制造商	零售商外包服务	零售商不外包服务
核心企业	$\left(\frac{(D_0-\alpha c_1)^2(2-k_{3s})}{2\alpha(8-4k_{3s}-b)},\ \frac{(D_0-\alpha c_1)^2(2-k_{3s})}{4\alpha(8-4k_{3s}-b)},\ \frac{(D_0-\alpha c_1)^2(2-k_{3s})}{8\beta(8-4k_{3s}-b)^2}\right)$	$\left(\frac{(D_0-\alpha c_1)^2(2-k_{3s})}{\alpha(16-8k_{3s}-b)},\ \frac{4(D_0-\alpha c_1)^2(2-k_{3s})^2}{\alpha(16-8k_{3s}-b)^2},\ \frac{(D_0-\alpha c_1)^2(2-k_{3s})}{2\beta(16-8k_{3s}-b)^2}\right)$
非核心企业	$\left(\frac{4(D_0-\alpha c_1)^2(2-k_{3s})^2}{\alpha(16-8k_{3s}-b)^2},\ \frac{(D_0-\alpha c_1)^2(2-k_{3s})}{\alpha(16-8k_{3s}-b)},\ \frac{(D_0-\alpha c_1)^2(2-k_{3s})}{2\beta(16-8k_{3s}-b)^2}\right)$	$\left(\frac{(D_0-\alpha c_1)^2(2-k_{3s})}{4\alpha(8-4k_{3s}-b)},\ \frac{(D_0-\alpha c_1)^2(2-k_{3s})}{2\alpha(8-4k_{3s}-b)},\ \frac{(D_0-\alpha c_1)^2(2-k_{3s})}{8\beta(8-4k_{3s}-b)^2}\right)$

续表

制造商	零售商外包服务	零售商不外包服务
权力均等	$\left(\frac{(D_0-\alpha c_1)^2(4-2k_{3s})^2}{\alpha(12-6k_{3s}-b)^2}, \frac{(D_0-\alpha c_1)^2(2-k_{3s})(8-4k_{3s}-b)}{\alpha(12-6k_{3s}-b)^2}, \frac{(D_0-\alpha c_1)^2(2-k_{3s})}{2\beta(12-6k_{3s}-b)^2}\right)$	$\left(\frac{(D_0-\alpha c_1)^2(2-k_{3s})(8-4k_{3s}-b)}{\alpha(12-6k_{3s}-b)^2}, \frac{(D_0-\alpha c_1)^2(4-2k_{3s})^2}{\alpha(12-6k_{3s}-b)^2}, \frac{(D_0-\alpha c_1)^2(2-k_{3s})}{2\beta(12-6k_{3s}-b)^2}\right)$

当制造商为核心企业时，对于零售商来说，由于 $\frac{(D_0-\alpha c_1)^2(2-k_{3s})}{4\alpha(8-4k_{3s}-b)} > \frac{4(D_0-\alpha c_1)^2(2-k_{3s})^2}{\alpha(16-8k_{3s}-b)^2}$，所以零售商的最优决策是选择外包服务。

当制造商为非核心企业（即零售商为核心企业）时，对于零售商来说，由于 $\frac{(D_0-\alpha c_1)^2(2-k_{3s})}{\alpha(16-8k_{3s}-b)} < \frac{(D_0-\alpha c_1)^2(2-k_{3s})}{2\alpha(8-4k_{3s}-b)}$，所以零售商的最优决策是选择不外包服务。

当制造商与零售商权力均等时，对于零售商来说，由于 $\frac{(D_0-\alpha c_1)^2(2-k_{3s})(8-4k_{3s}-b)}{\alpha(12-6k_{3s}-b)^2} < \frac{(D_0-\alpha c_1)^2(4-2k_{3s})^2}{\alpha(12-6k_{3s}-b)^2}$，所以零售商的最优决策是选择不外包服务。

当零售商外包服务时，对于制造商来说，由于 $\frac{(D_0-\alpha c_1)^2(2-k_{3s})}{2\alpha(8-4k_{3s}-b)} > \frac{(D_0-\alpha c_1)^2(4-2k_{3s})^2}{\alpha(12-6k_{3s}-b)^2} > \frac{4(D_0-\alpha c_1)^2(2-k_{3s})^2}{\alpha(16-8k_{3s}-b)^2}$，所以制造商的最优决策是成为核心企业。

当零售商选择不外包服务（即制造商外包服务）时，对于制造商来说，由于 $\frac{(D_0-\alpha c_1)^2(2-k_{3s})}{\alpha(16-8k_{3s}-b)} > \frac{(D_0-\alpha c_1)^2(2-k_{3s})(8-4k_{3s}-b)}{\alpha(12-6k_{3s}-b)^2} > \frac{(D_0-\alpha c_1)^2(2-k_{3s})}{4\alpha(8-4k_{3s}-b)}$，所以制造商的最优决策是成为核心企业。

从第三方服务公司来看，由于 $\frac{(D_0-\alpha c_1)^2(2-k_{3s})}{8\beta(8-4k_{3s}-b)^2}>\frac{(D_0-\alpha c_1)^2(2-k_{3s})}{2\beta(16-8k_{3s}-b)^2}$，所以，当制造商为核心企业时，第三方服务公司更希望零售商提供外包服务。

因此，根据静态博弈的划线法可得：有一个 NASH 均衡解，即（制造商为核心企业，零售商外包服务）。

假设制造商的策略集为（外包服务，不外包服务），零售商的策略集为（核心企业，非核心企业，权力均等），则可得出（制造商，零售商，第三方服务公司）的六种均衡收益结果，如表 5-2 所示。

表 5-2　静态博弈组合策略结果（二）

零售商	制造商外包服务	制造商不外包服务
核心企业	$\left(\frac{(D_0-\alpha c_1)^2(2-k_{3s})}{4\alpha(8-4k_{3s}-b)},\frac{(D_0-\alpha c_1)^2(2-k_{3s})}{2\alpha(8-4k_{3s}-b)},\frac{(D_0-\alpha c_1)^2(2-k_{3s})}{8\beta(8-4k_{3s}-b)^2}\right)$	$\left(\frac{4(D_0-\alpha c_1)^2(2-k_{3s})^2}{\alpha(16-8k_{3s}-b)^2},\frac{(D_0-\alpha c_1)^2(2-k_{3s})}{\alpha(16-8k_{3s}-b)},\frac{(D_0-\alpha c_1)^2(2-k_{3s})}{2\beta(16-8k_{3s}-b)^2}\right)$
非核心企业	$\left(\frac{(D_0-\alpha c_1)^2(2-k_{3s})}{\alpha(16-8k_{3s}-b)},\frac{4(D_0-\alpha c_1)^2(2-k_{3s})^2}{\alpha(16-8k_{3s}-b)^2},\frac{(D_0-\alpha c_1)^2(2-k_{3s})}{2\beta(16-8k_{3s}-b)^2}\right)$	$\left(\frac{(D_0-\alpha c_1)^2(2-k_{3s})}{2\alpha(8-4k_{3s}-b)},\frac{(D_0-\alpha c_1)^2(2-k_{3s})}{4\alpha(8-4k_{3s}-b)},\frac{(D_0-\alpha c_1)^2(2-k_{3s})}{8\beta(8-4k_{3s}-b)^2}\right)$
权力均等	$\left(\frac{(D_0-\alpha c_1)^2(2-k_{3s})(8-4k_{3s}-b)}{\alpha(12-6k_{3s}-b)^2},\frac{(D_0-\alpha c_1)^2(4-2k_{3s})^2}{\alpha(12-6k_{3s}-b)^2},\frac{(D_0-\alpha c_1)^2(2-k_{3s})}{2\beta(12-6k_{3s}-b)^2}\right)$	$\left(\frac{(D_0-\alpha c_1)^2(4-2k_{3s})^2}{\alpha(12-6k_{3s}-b)^2},\frac{(D_0-\alpha c_1)^2(2-k_{3s})(8-4k_{3s}-b)}{\alpha(12-6k_{3s}-b)^2},\frac{(D_0-\alpha c_1)^2(2-k_{3s})}{2\beta(12-6k_{3s}-b)^2}\right)$

当制造商选择外包服务时，对于零售商来说，由于 $\frac{(D_0-\alpha c_1)^2(2-k_{3s})}{2\alpha(8-4k_{3s}-b)}>$

$\frac{(D_0-\alpha c_1)^2(4-2k_{3s})^2}{\alpha(12-6k_{3s}-b)^2}>\frac{4(D_0-\alpha c_1)^2(2-k_{3s})^2}{\alpha(16-8k_{3s}-b)^2}$，所以制造商的最优决策是成为核心企业。

当制造商选择不外包服务时，对于零售商来说，由于 $\frac{(D_0-\alpha c_1)^2(2-k_{3s})}{\alpha(16-8k_{3s}-b)}>\frac{(D_0-\alpha c_1)^2(2-k_{3s})(8-4k_{3s}-b)}{\alpha(12-6k_{3s}-b)^2}>\frac{(D_0-\alpha c_1)^2(2-k_{3s})}{4\alpha(8-4k_{3s}-b)}$，所以零售商的最优决策是成为核心企业。

当零售商为核心企业时，对于制造商来说，由于 $\frac{(D_0-\alpha c_1)^2(2-k_{3s})}{4\alpha(8-4k_{3s}-b)}>\frac{4(D_0-\alpha c_1)^2(2-k_{3s})^2}{\alpha(16-8k_{3s}-b)^2}$，所以制造商的最优决策是选择外包服务。

当零售商为非核心企业（即制造商为核心企业）时，对于制造商来说，由于 $\frac{(D_0-\alpha c_1)^2(2-k_{3s})}{\alpha(16-8k_{3s}-b)}<\frac{(D_0-\alpha c_1)^2(2-k_{3s})}{2\alpha(8-4k_{3s}-b)}$，所以制造商的最优决策是选择不外包服务。

当零售商与制造商权力均等时，对于制造商来说，由于 $\frac{(D_0-\alpha c_1)^2(2-k_{3s})(8-4k_{3s}-b)}{\alpha(12-6k_{3s}-b)^2}<\frac{(D_0-\alpha c_1)^2(4-2k_{3s})^2}{\alpha(12-6k_{3s}-b)^2}$，所以制造商的最优决策是选择不外包服务。

从第三方服务公司来看，由于 $\frac{(D_0-\alpha c_1)^2(2-k_{3s})}{8\beta(8-4k_{3s}-b)^2}>\frac{(D_0-\alpha c_1)^2(2-k_{3s})}{2\beta(16-8k_{3s}-b)^2}$，所以当零售商为核心企业时，第三方服务公司更希望制造商提供外包服务。

因此，根据静态博弈的划线法可得：有一个 NASH 均衡解，即（制造商外包服务，零售商为核心企业）。

第五节　数值仿真分析

为了进一步验证以上命题，取 $D_0=1000$，$\alpha=0.3$，$\beta=0.5$，$c_1=20$，$k=0.8$，$b=0.6$，利用 SAS 软件得到仿真结果。

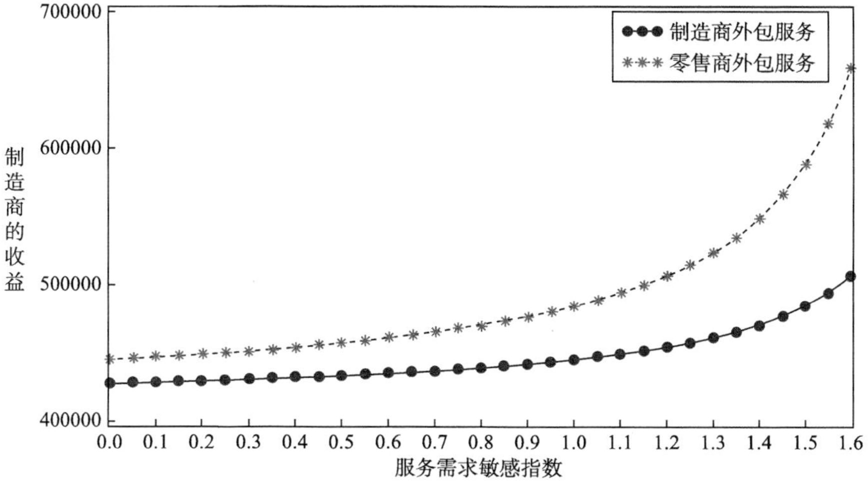

图 5-7　制造商为核心企业时两种服务外包模式下制造商的收益

由图 5-7 可以看出，当制造商为核心企业，零售商外包服务给第三方服务公司时制造商的收益大于制造商外包服务给第三方服务公司时的收益。

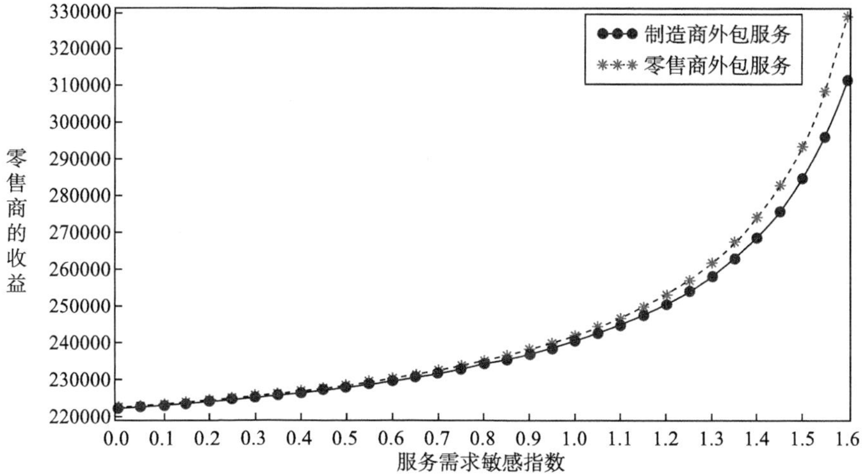

图 5-8　制造商为核心企业时两种服务外包模式下零售商的收益

由图 5-8 可以看出，当制造商为核心企业时，零售商外包服务给第三方服务公司时零售商的收益大于制造商外包服务给第三方服务公司时的收益。

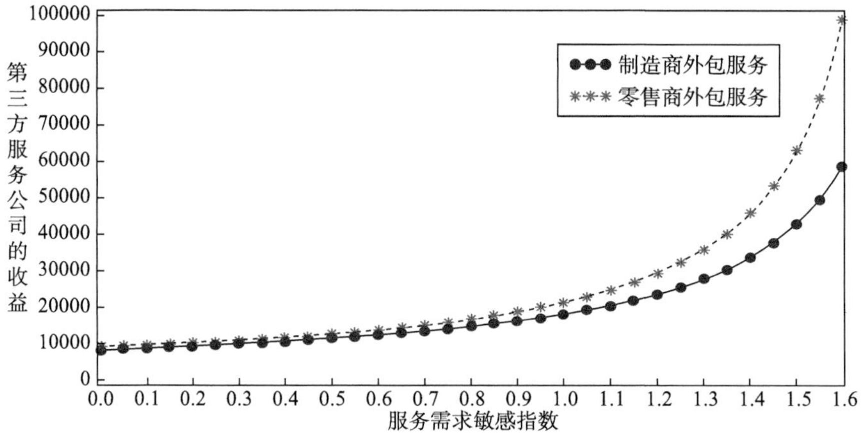

图 5-9 制造商为核心企业时两种服务外包模式下第三方服务公司的收益

由图 5-9 可以看出，当制造商为核心企业时，零售商外包服务给第三方服务公司时第三方服务公司的收益大于制造商外包服务给第三方服务公司时的收益。

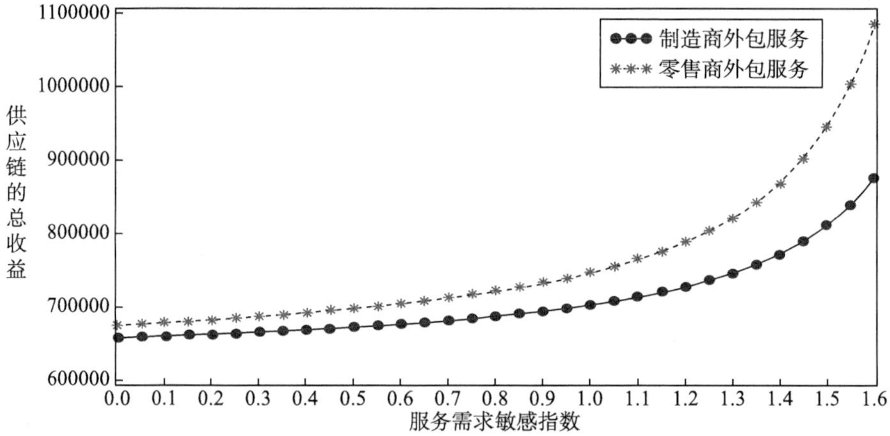

图 5-10 制造商为核心企业时两种服务外包模式下供应链的总收益

由图 5-10 可以看出，当制造商为核心企业时，零售商外包服务给第三方服务公司时产品服务化供应链的总收益大于制造商外包服务给第三方服务公司时的总收益。

因此，由图 5-7 至图 5-10 可以看出，制造商为核心企业时，零售商外包服务给第三方服务公司是最优的服务提供模式。

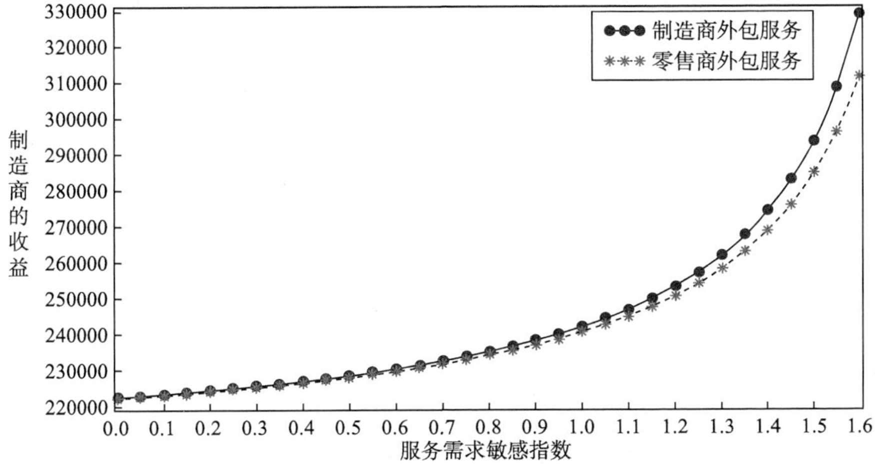

图 5-11　零售商为核心企业时两种服务外包模式下制造商的收益

由图 5-11 可以看出，当零售商为核心企业时，制造商外包服务给第三方服务公司时制造商的收益大于零售商外包服务给第三方服务公司时的收益。

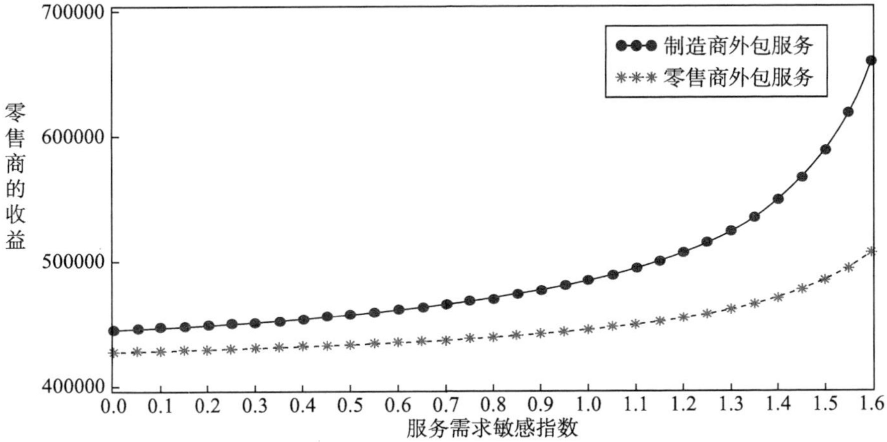

图 5-12　零售商为核心企业时两种服务外包模式下零售商的收益

由图 5-12 可以看出，当零售商为核心企业时，制造商外包服务给第三方服务公司时零售商的收益大于零售商外包服务给第三方服务公司时的收益。

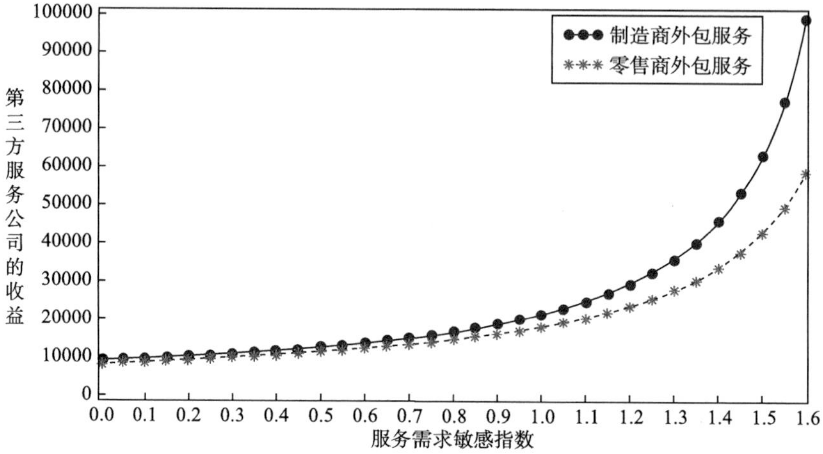

图 5-13　零售商为核心企业时两种服务外包模式下第三方服务公司的收益

由图 5-13 可以看出，当零售商为核心企业时，制造商外包服务给第三方服务公司时第三方服务公司的收益大于零售商外包服务给第三方服务公司时的收益。

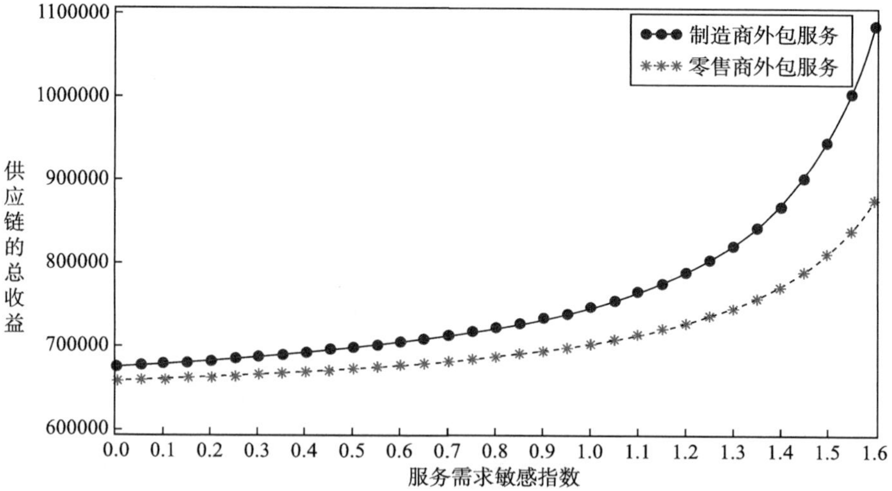

图 5-14　零售商为核心企业时两种服务外包模式下供应链的总收益

由图 5-14 可以看出，当零售商为核心企业时，制造商外包服务给第三方服务公司时产品服务化供应链的总收益大于零售商外包服务给第三方服务公司时的总收益。

因此，由图 5-11 至图 5-14 可以看出，零售商为核心企业时，制造商外包服务给第三方服务公司是最优的服务提供模式。

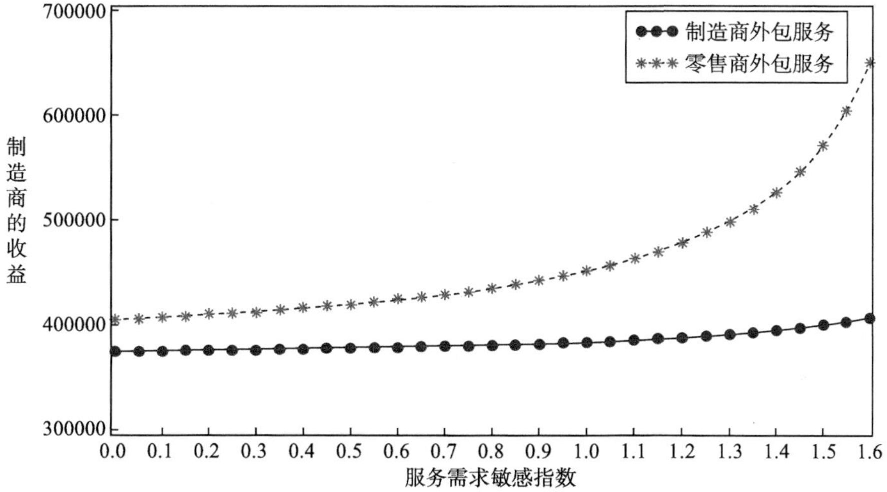

图 5-15　制造商与零售商权力均等时两种服务外包模式下制造商的收益

由图 5-15 可以看出，当制造商与零售商权力均等时，零售商外包服务给第三方服务公司时制造商的收益大于制造商外包服务给第三方服务公司时的收益。

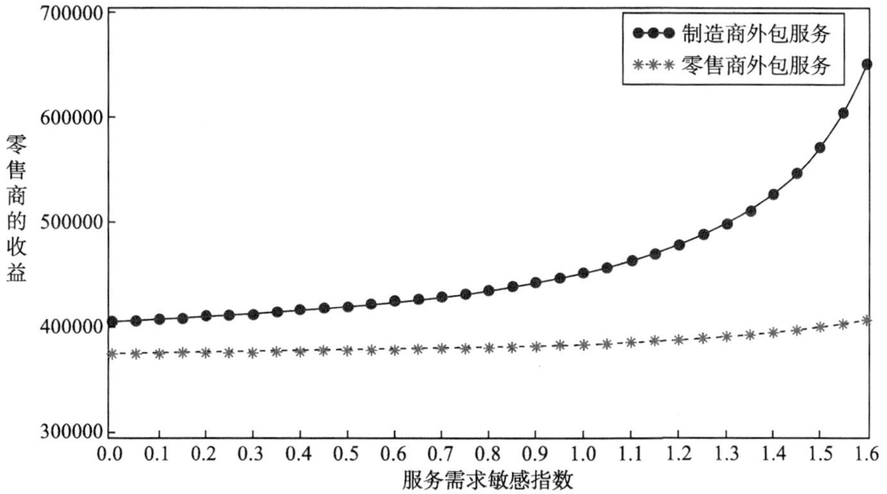

图 5-16　制造商与零售商权力均等时两种服务外包模式下零售商的收益

由图 5-16 可以看出，当制造商与零售商权力均等时，制造商外包服务给第三方服务公司时零售商的收益大于零售商外包服务给第三方服务公司时的收益。

由于两种服务外包模式下第三方服务公司的收益和供应链的总收益相等，由图 5-15、图 5-16 可得，当制造商与零售商权力均等时，不存在最优的服务提供模式。

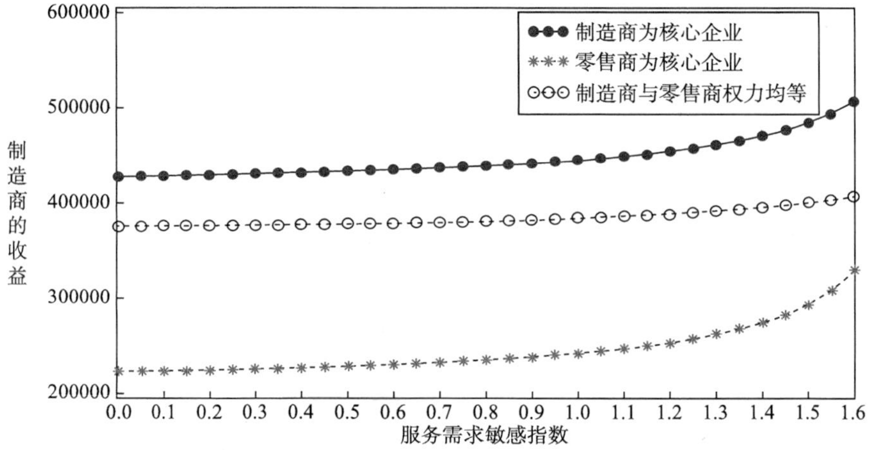

图 5-17　不同权力结构下制造商外包服务时制造商的收益

由图 5-17 可以看出，当制造商外包服务给第三方服务公司时，从三种权力结构来看，制造商为核心企业时制造商的收益最大。

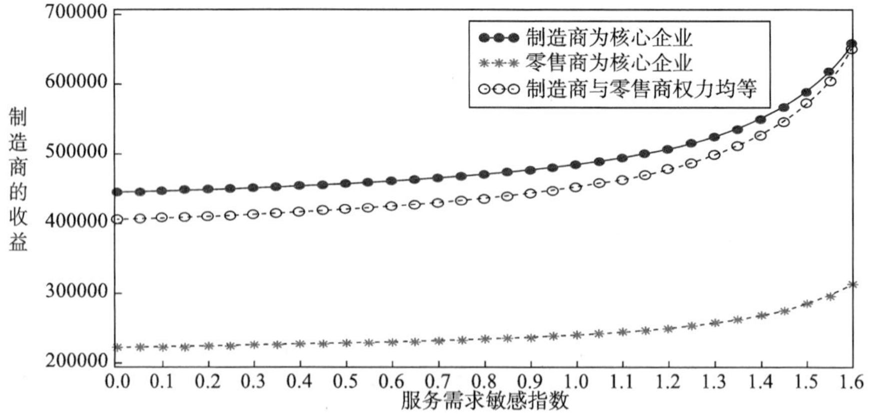

图 5-18　不同权力结构下零售商外包服务时制造商的收益

由图 5-18 可以看出，当零售商外包服务给第三方服务公司时，从三种权力结构来看，制造商为核心企业时制造商的收益最大。

因此，从图 5-17 和图 5-18 可看出，无论制造商还是零售商外包服务，制造商为核心企业时制造商的收益都是最大的。

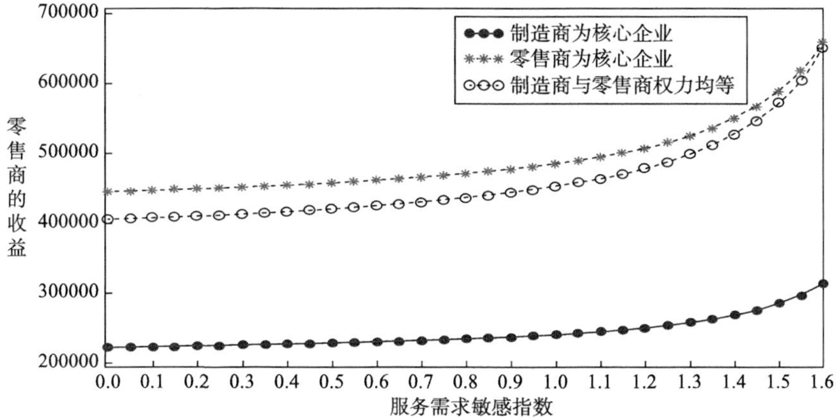

图 5-19　不同权力结构下制造商外包服务时零售商的收益

由图 5-19 可以看出，当制造商外包服务给第三方服务公司时，从三种权力结构来看，零售商为核心企业时零售商的收益最大。

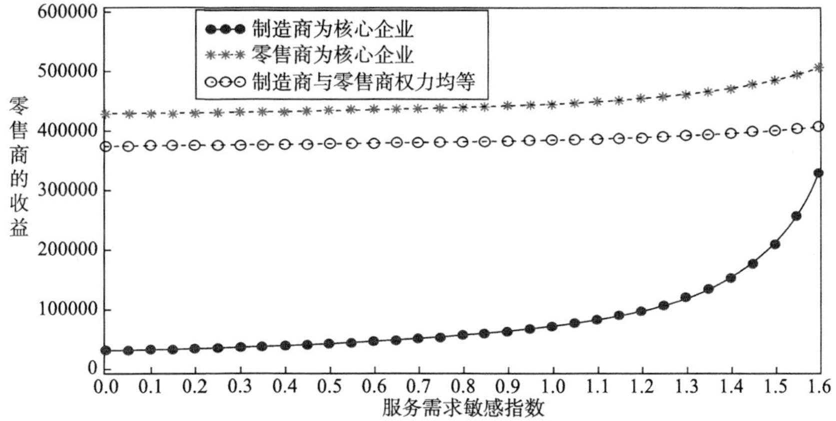

图 5-20　不同权力结构下零售商外包服务时零售商的收益

由图 5-20 可以看出，当零售商外包服务给第三方服务公司时，从三种权力结构来看，零售商为核心企业时零售商的收益最大。

因此，从图 5-19 和图 5-20 可看出，无论制造商还是零售商外包服务，零售商为核心企业时零售商的收益都是最大的。

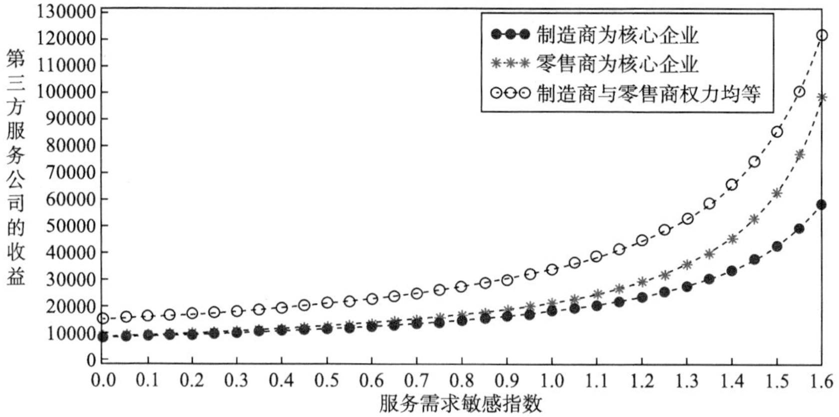

图 5-21　不同权力结构下制造商外包服务时第三方服务公司的收益

由图 5-21 可以看出，当制造商外包服务给第三方服务公司时，从三种权力结构来看，制造商与零售商权力均等时第三方服务公司的收益最大，零售商为核心企业时次之，制造商为核心企业时最小。

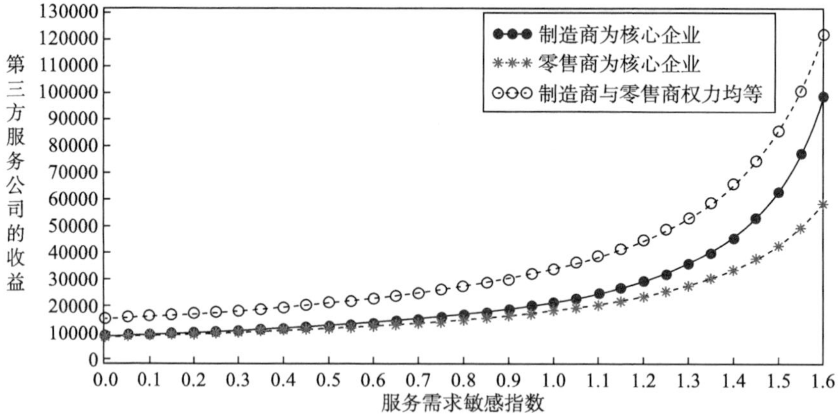

图 5-22　不同权力结构下零售商外包服务时第三方服务公司的收益

由图 5-22 可以看出，当零售商外包服务给第三方服务公司时，从三种权力结构来看，制造商与零售商权力均等时第三方服务公司的收益最大，制造商为核心企业时次之，零售商为核心企业时最小。

因此，由图 5-21 和图 5-22可看出，无论是制造商外包服务还是零售商外包服务，制造商与零售商权力均等时第三方服务公司的收益都是最大的。

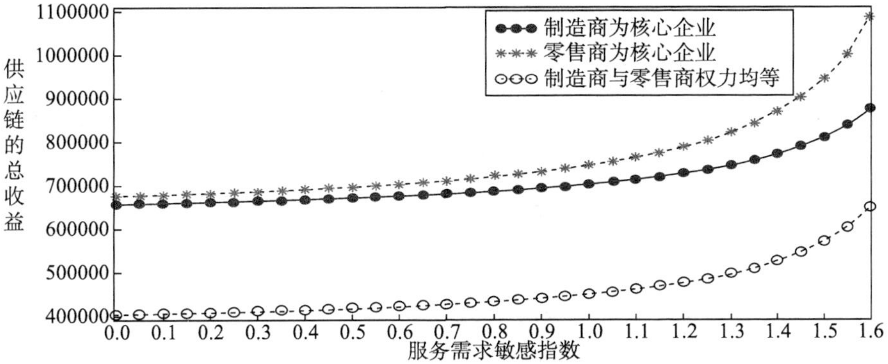

图 5-23　不同权力结构下制造商外包服务时供应链的总收益

由图 5-23 可以看出，当制造商外包服务给第三方服务公司时，从三种权力结构来看，零售商为核心企业时产品服务化供应链的总收益最大，制造商为核心企业时次之，制造商与零售商权力均等时最小。

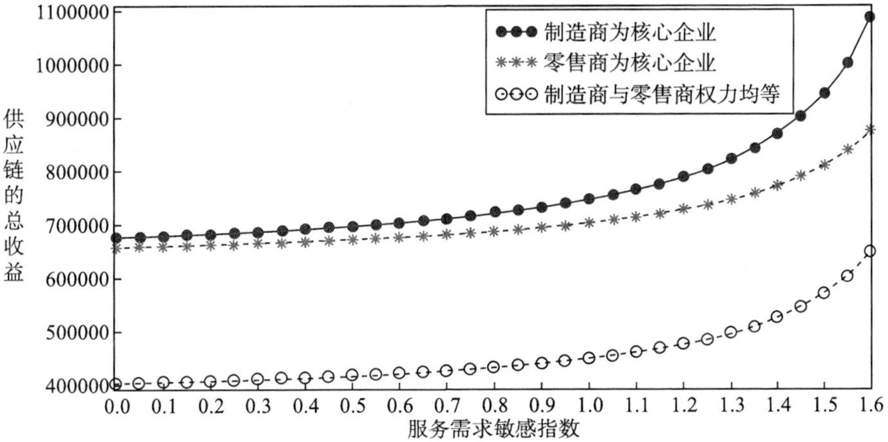

图 5-24　不同权力结构下零售商外包服务时供应链的总收益

由图 5-24 可以看出，当零售商外包服务给第三方服务公司时，从三种权力结构来看，制造商为核心企业时产品服务化供应链的总收益最大，零售商为核心企业时次之，制造商与零售商权力均等时最小。

第六节　本章小结

本章研究了由制造商、零售商和第三方服务公司组成的三级产品服务化供应链中，当制造商或零售商外包服务给第三方服务公司时，在制造商为核心企业、零售商为核心企业以及制造商与零售商权力均等三种权力结构下的均衡决策，得到了如下结论：

（1）当制造商与零售商的服务需求敏感指数不同时，制造商和零售商需要衡量服务需求敏感指数的大小来决定服务是自己提供还是外包。当制造商与零售商的服务需求敏感指数相等时，制造商和零售商均会选择自己提供服务。

（2）当制造商为核心企业时，在零售商外包服务模式下，制造商的收益、零售商的收益、第三方服务公司的收益和供应链的总收益均高于制造商外包服务时的收益，所以，最优的服务提供模式为零售商外包服务给第三方服务公司。

（3）当零售商为核心企业时，在制造商外包服务模式下，制造商的收益、零售商的收益、第三方服务公司的收益和供应链的总收益均高于零售商外包服务时的收益，所以，最优的服务提供模式为制造商外包服务给第三方服务公司。

（4）当制造商与零售商权力均等时，在制造商外包服务情形下，零售商的收益高于零售商外包服务时的收益；在零售商外包服务情形下，制造商的收益高于制造商外包服务时的收益。在两种服务外包模式下，产品服务化供应链的总收益相等。因此，不存在最优的服务提供模式。

（5）在不同权力结构下，对于制造商来说，不论是制造商外包服务还是零售商外包服务，当制造商为核心企业时，制造商的收益最大；对于零售商来说，不论是制造商外包服务还是零售商外包服务，当零售商为核心企业时，零售商的收益最大。

（6）（制造商为核心企业，零售商外包服务）和（制造商外包服务，零售商为核心企业）为两个 NASH 均衡解。

（7）从产品服务化供应链的总收益来看，当制造商外包服务给第三方服务公司时，零售商为核心企业时产品服务化供应链的总收益最大，为最优的权力结构；当零售商外包服务给第三方服务公司时，制造商为核心企业时供应链的总收益最大，为最优的权力结构。

第六章　制造商或零售商与第三方服务公司的共同服务模式研究

网络直销渠道和传统零售渠道这两种销售渠道带给顾客不同的购物服务体验，能更好地满足不同偏好的顾客需要。当制造商或零售商与第三方服务公司共同提供服务时，也会存在着顾客对服务渠道的偏好，此时，顾客会根据自身效用来选择购买哪种服务。

在与顾客偏好相关的研究文献中，Xiao 等（2008）分析了需求不确定时考虑顾客风险偏好且存在价格和服务竞争的供应链协调问题。孙燕红等（2011）从顾客服务偏好角度分析了两种销售渠道中的服务竞争问题。刘明彦等（2012）从顾客风险偏好角度分析了供应链的协调问题。姜宏等（2012）从顾客现状偏好角度分析了顾客无理由退货策略。何圆（2013）研究了考虑顾客渠道偏好的双渠道供应链中制造商将电子渠道交由零售商提供的服务合作模式下，零售商提供相同服务水平和不同服务水平时的最优决策，并进行了对比。以上文献虽考虑到了顾客偏好，但主要研究了将服务外包给零售商的服务提供模式，没有考虑共同提供服务的情况。

本章考虑到顾客的服务偏好，认为顾客既是自身需求的提供者又是服务的体验者，作为博弈的参与者，顾客会根据自身效用来选择购买哪种服务。当制造商或零售商为核心企业时，对制造商或零售商将服务外包给第三方服务公司和制造商或零售商与第三方服务公司共同提供服务的服务提供模式下的最优决策进行比较，对制造商或零售商参与提供服务的条件及最优的服务模式进行分析。

第一节　第三方服务公司单独提供服务

当第三方服务公司单独提供服务时，假设潜在的服务需求为 Q ，服务的批发价格为 w ，服务的销售价格为 p ，并且是固定的。由于服务成本是服务水平的凸函数，则第三方服务公司的服务成本为 $\frac{\beta_{3s}}{2}S_{3s}^2$ ，其中，β_{3s} 表示第三方服务公司的服务成本系数，服务成本系数越高，表明第三方服务公司要达到某一服务水平的服务成本越大；S_{3s} 表示第三方服务公司的服务水平。顾客购买服务获得的效用与服务水平成正比，与销售价格成反比，因而顾客效用为：

$$U_{3s} = u - \frac{\theta_{3s}}{S_{3s}} - p \tag{6.1}$$

其中，θ_{3s} 表示顾客对第三方服务公司服务水平的敏感系数，且服从 [0，1] 的均匀分布。服务敏感系数越低，说明顾客对第三方服务公司的服务偏好程度越大，反之亦然。

决策过程：第一阶段，制造商或零售商根据自身收益最大化选择最优的服务批发价格。第二阶段，第三方服务公司根据服务批发价格选择最优的服务水平。第三阶段，顾客根据自身效用选择是否购买服务。

由于制造商或零售商为核心企业，根据逆向归纳法，首先，由顾客决定是否购买其服务，当 $u - \frac{\theta_{3s}}{S_{3s}} - p \geqslant 0$ 时，顾客会选择购买服务，即 $\theta_{3s} \leqslant S_{3s}(u-p)$ ，则实际服务需求 D_{3s}^* 为：

$$D_{3s}^* = S_{3s}(u-p)Q \tag{6.2}$$

顾客的总效用为：

$$U^* = \int_0^{S_{3s}(u-p)} \left(u - \frac{\theta_{3s}}{S_{3s}} - p\right) \mathrm{d}\,\theta_{3s} \tag{6.3}$$

第三方服务公司的收益为：

$$\pi_{3s}=S_{3s}(u-p)Qw-\frac{\beta_{3s}}{2}S_{3s}^{2} \tag{6.4}$$

制造商或零售商的收益为：

$$\pi_{m}=S_{3s}(u-p)Q(p-w) \tag{6.5}$$

接着，第三方服务公司根据收益最大化选择其服务水平 S_{3s} ，由 $\frac{\partial\pi_{3s}}{\partial s_{3s}}=0$ 可得：$S_{3s}^{*}=\frac{(u-p)Qw}{\beta_{3s}}$。由于潜在的服务需求为 Q ，则 $S_{3s}(u-p)Q\leqslant Q$ ，即 $S_{3s}\leqslant\frac{1}{u-p}$ ，因而 $S_{3s}^{*}=\min\left\{\frac{(u-p)Qw}{\beta_{3s}},\ \frac{1}{u-p}\right\}$ 。

最后，制造商或零售商根据第三方服务公司的服务水平决定服务批发价格 w ，当 $\frac{(u-p)Qw}{\beta_{3s}}<\frac{1}{u-p}$ 时，将 $S_{3s}^{*}=\frac{(u-p)Qw}{\beta_{3s}}$ 代入 π_m ，并根据 $\frac{\partial\pi_{m}}{\partial w}=0$ 得：

$$w^{*}=\frac{p}{2} \tag{6.6}$$

将 w^* 代入 S_{3s}^* 可得：

$$S_{3s}^{*}=\frac{(u-p)pQ}{2\beta_{3s}} \tag{6.7}$$

由 $\frac{(u-p)pQ}{2\beta_{3s}}<\frac{1}{u-p}$ 可得：$\beta_{3s}>\frac{(u-p)^{2}pQ}{2}$ ，则第三方服务公司和制造商或零售商的最优收益分别为：

$$\pi_{3s}^{*}=\frac{(u-p)^{2}p^{2}Q^{2}}{8\beta_{3s}} \tag{6.8}$$

$$\pi_{m}^{*}=\frac{(u-p)^{2}p^{2}Q^{2}}{4\beta_{3s}} \tag{6.9}$$

顾客的总效用为：

$$U^{*}=\int_{0}^{S_{3s}(u-p)}\left(u-\frac{\theta_{3s}}{S_{3s}}-p\right)\mathrm{d}\,\theta_{3s}=\frac{(u-p)^{3}pQ}{4\beta_{3s}} \tag{6.10}$$

服务需求为：

$$D_{3s}^{*}=S_{3s}(u-p)Q=\frac{(u-p)^{2}pQ^{2}}{2\beta_{3s}} \tag{6.11}$$

当 $\beta_{3s}\leqslant\frac{(u-p)^{2}pQ}{2}$ 时，$\frac{(u-p)^{2}Qw}{\beta_{3s}}\geqslant\frac{1}{u-p}$，此时最优决策变量分别为 $S_{3s}^{*}=\frac{1}{u-p}$，$w^{*}=\frac{\beta_{3s}}{(u-p)^{2}Q}$，$\pi_{3s}^{*}=\frac{\beta_{3s}}{2(u-p)^{2}}$，$\pi_{m}^{*}=pQ-\frac{\beta_{3s}}{2(u-p)^{2}}$，$U^{*}=\frac{u-p}{2}$。

第二节　制造商或零售商与第三方服务公司共同提供服务

当制造商或零售商与第三方服务公司共同提供服务时，假设两者的服务水平有差异，制造商或零售商的服务成本为 $\frac{\beta_{m}}{2}S_{m}^{2}$，其中，$\beta_{m}$ 表示制造商或零售商的服务成本系数，S_{m} 表示制造商或零售商的服务水平。

决策过程：第一阶段，制造商或零售商根据自身收益最大化选择最优的服务水平和服务批发价格。第二阶段，第三方服务公司根据服务批发价格以及制造商或零售商的服务水平来决定自身的服务水平。第三阶段，顾客根据自身的效用来选择购买哪种服务。

根据逆向归纳法，首先，顾客根据效用最大化来选择购买哪种服务。当顾客选择第三方服务公司的服务时，顾客的效用为 $U_{3s}=u-\frac{\theta_{3s}}{S_{3s}}-p$；当顾客选择购买制造商或零售商的服务时，顾客的效用为 $U_{m}=u-\frac{\theta_{m}}{S_{m}}-p$。当 $U_{m}\geqslant U_{3s}$ 时，顾客会选择制造商或零售商的服务，否则，顾客会选择第三方服务公司的服务，即 $\theta_{m}=\frac{S_{m}}{S_{3s}}\theta_{3s}$ 为临界点。

如图 6-1 所示，顾客选择 A、B、C 区域的第三方服务公司的服务时效用大于零，顾客选择 B、C、D 区域的制造商或零售商的服务时效用也大于零。此时，顾客选择 B 和 C 的区域，无论是第三方服务公司的服务还是制造商或零售商的服务效用均大于零，需比较选择哪种服务的效用最大。可以看出，顾客选择 B 区域的第三方服务公司的服务和 C 区域的制造商或零售商的服务时效用最大。因此，顾客选择第三方服务公司的服务需求比例为 A、B 区域组成的梯形面积，选择制造商或零售商的服务需求比例为 C、D 区域组成的梯形面积。则第三方服务公司和制造商或零售商的实际服务需求分别为：

$$D_{3s}^* = S_{3s}(u-p)\left[1-\frac{1}{2}S_m(u-p)\right]Q \tag{6.12}$$

$$D_m^* = S_m(u-p)\left[1-\frac{1}{2}S_{3s}(u-p)\right]Q \tag{6.13}$$

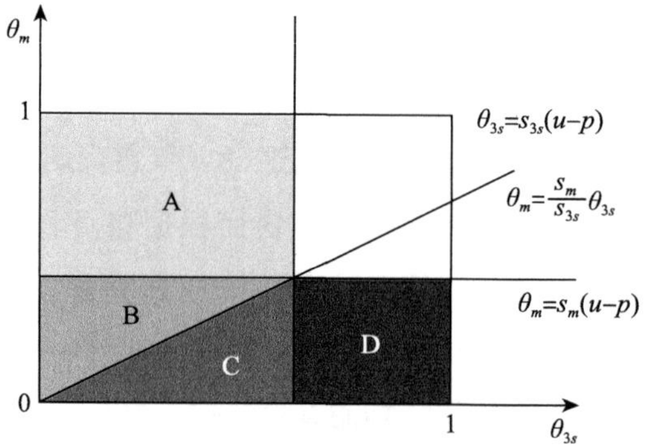

图 6-1　顾客服务选择

则制造商或零售商和第三方服务公司的收益分别为：

$$\pi_m = S_m(u-p)\left[1-\frac{1}{2}S_{3s}(u-p)\right]pQ - \frac{\beta_m}{2}S_m^2 + S_{3s}(u-p)\left[1-\frac{1}{2}S_m(u-p)\right]Q(p-w) \tag{6.14}$$

$$\pi_{3s} = S_{3s}(u-p)\left[1-\frac{1}{2}S_m(u-p)\right]Qw-\frac{\beta_{3s}}{2}S_{3s}^2 \tag{6.15}$$

顾客的总效用为：

$$\int_0^{S_{3s}(u-p)}\int_{\frac{S_m}{S_{3s}}\theta_{3s}}^1\left(u-\frac{\theta_{3s}}{S_{3s}}-p\right)\mathrm{d}\,\theta_m\mathrm{d}\,\theta_{3s}+\int_0^{S_m(u-p)}\int_{\frac{S_{3s}}{S_m}\theta_m}^1\left(u-\frac{\theta_m}{S_m}-p\right)\mathrm{d}\,\theta_{3s}\mathrm{d}\,\theta_m \tag{6.16}$$

接着，第三方服务公司根据制造商或零售商提供的服务批发价格 w 和服务水平 S_m 来选择自身的服务水平 S_{3s}，由 $\frac{\partial\pi_{3s}}{\partial s_{3s}}=0$ 可得，$S_{3s}^*=\frac{(u-p)[2-S_m(u-p)]Qw}{2\beta_{3s}}$。由于 $S_{3s}\leqslant\frac{1}{u-p}$，所以 $S_{3s}^*=\min\left\{\frac{(u-p)[2-S_m(u-p)]Qw}{2\beta_{3s}},\frac{1}{u-p}\right\}$。

最后，制造商或零售商基于收益最大化来选择服务批发价格 w 和自身的服务水平 S_m。当 $\frac{(u-p)[2-S_m(u-p)]Qw}{2\beta_{3s}}\leqslant\frac{1}{u-p}$ 时，将 S_{3s}^* 代入 π_m，由 $\frac{\partial\pi_m}{\partial w}=0$ 可得：$w^*=\frac{p-S_m(u-p)p}{2-S_m(u-p)}$。将 w^* 代入 S_{3s}^* 可得：$S_{3s}^*=\frac{(u-p)[1-S_m(u-p)]pQ}{2\beta_{3s}}$。将 S_{3s}^* 代入 π_m，由 $\frac{\partial\pi_m}{\partial s_m}=0$ 可得：

$$S_m^*=\frac{(u-p)pQ[(u-p)^2pQ-2\beta_{3s}]}{(u-p)^4p^2Q^2-2\beta_{3s}\beta_m} \tag{6.17}$$

联立求解可得：

$$S_{3s}^*=\frac{(u-p)pQ[(u-p)^2pQ-\beta_m]}{(u-p)^4p^2Q^2-2\beta_{3s}\beta_m} \tag{6.18}$$

$$w^*=\frac{2\beta_{3s}p[(u-p)^2pQ-\beta_m]}{(u-p)^4p^2Q^2+2\beta_{3s}(u-p)^2pQ-4\beta_{3s}\beta_m} \tag{6.19}$$

$$\pi_{3s}^*=\frac{\beta_{3s}(u-p)^2p^2Q^2[(u-p)^2pQ-\beta_m]^2}{2[(u-p)^4p^2Q^2-2\beta_{3s}\beta_m]^2} \tag{6.20}$$

$$\pi_m^* = \frac{(u-p)^2 p^2 Q^2[2(u-p)^2 pQ - 2\beta_{3s} - \beta_m]}{2[(u-p)^4 p^2 Q^2 - 2\beta_{3s}\beta_m]} \tag{6.21}$$

$$\pi_{sc}^* = \frac{(u-p)^2 p^2 Q^2[2(u-p)^6 p^3 Q^3 - \beta_m (u-p)^4 p^2 Q^2 - \beta_{3s}(u-p)^4 p^2 Q^2 - 6\beta_{3s}\beta_m (u-p)^2 pQ + 4\beta_{3s}^2 \beta_m + 3\beta_{3s}\beta_m^2]}{2[(u-p)^4 p^2 Q^2 - 2\beta_{3s}\beta_m]^2} \tag{6.22}$$

$$U^* = \frac{(u-p)^3 PQ[4(u-p)^6 p^3 Q^3 - \beta_m (u-p)^4 p^2 Q^2 - 2\beta_{3s}(u-p)^4 p^2 Q^2 - 16\beta_{3s}\beta_m (u-p)^2 pQ + 12\beta_{3s}^2 \beta_m + 6\beta_{3s}\beta_m^2]}{6[(u-p)^4 p^2 Q^2 - 2\beta_{3s}\beta_m]^2} \tag{6.23}$$

当 $\frac{(u-p)[2 - S_m(u-p)]Qw}{2\beta_{3s}} \geqslant \frac{1}{u-p}$ 时，若 $S_m = 0$，即制造商没有参与服务，可得：$\frac{(u-p)Qw}{\beta_{3s}} \geqslant \frac{1}{u-p}$，其最优决策变量分别为 $S_{3s}^* = \frac{1}{u-p}$，$w^* = \frac{\beta_{3s}}{(u-p)^2 Q}$，$\pi_{3s}^* = \frac{\beta_{3s}}{2(u-p)^2}$，$\pi_m^* = pQ - \frac{\beta_{3s}}{2(u-p)^2}$，$U^* = \frac{u-p}{2}$。

第三节　均衡结果分析

命题 6-1：当第三方服务公司单独提供服务时，随着服务成本系数的不断增加，第三方服务公司的服务水平、服务需求、第三方服务公司的收益、制造商或零售商的收益、产品服务化供应链的总收益及顾客的总效用均减少，制造商或零售商的服务批发价格提高。

证明：当服务由第三方服务公司单独提供时，通过对 $\beta_{3s} \leqslant \frac{(u-p)^2 pQ}{2}$ 和 $\beta_{3s} > \frac{(u-p)^2 pQ}{2}$ 的均衡结果比较可得：当 $\beta_{3s} > \frac{(u-p)^2 pQ}{2}$ 时，其服务水平为 $\frac{(u-p)pQ}{2\beta_{3s}} < \frac{1}{u-p}$，顾客总效用为 $\frac{(u-p)^3 pQ}{4\beta_{3s}} < \frac{u-p}{2}$，顾客需求为 $S_{3s}(u-p)Q < Q$，第三方服务公司的收益为

$\frac{(u-p)^2p^2Q^2}{8\beta_{3s}} < \frac{\beta_{3s}}{2(u-p)^2}$，制造商或零售商的收益为 $\frac{(u-p)^2p^2Q^2}{4\beta_{3s}} < pQ - \frac{\beta_{3s}}{2(u-p)^2}$，产品服务化供应链的总收益为 $\frac{3(u-p)^2p^2Q^2}{8\beta_{3s}} < pQ$，批发价格为 $\frac{p}{2} > \frac{\beta_{3s}}{(u-p)^2Q}$，命题由此得证。

命题 6-1 说明，随着服务竞争和顾客个性化需求的增加，第三方服务公司的服务成本不断增加，使得第三方服务公司的服务水平不足以应对顾客服务需求的变化。虽然制造商或零售商通过提高服务批发价格来激励第三方服务公司提高服务水平，但服务总需求、服务水平、顾客效用、第三方服务公司的收益、制造商或零售商的收益和供应链的总收益还是降低了，未达到预期的效果。

命题 6-2：当 $\beta_{3s} \leq \frac{(u-p)^2pQ}{2}$ 时，制造商或零售商会将服务全部外包给第三方服务公司。当 $\beta_{3s} > \frac{(u-p)^2pQ}{2}$，$\beta_m > (u-p)^2pQ$ 时，制造商或零售商会选择与第三方服务公司共同提供服务。

证明：当 $\beta_{3s} \leq \frac{(u-p)^2pQ}{2}$ 时，服务成本系数较低，第三方服务公司提供的服务水平足以满足所有潜在顾客的服务需求。当 $\beta_{3s} > \frac{(u-p)^2pQ}{2}$ 时，由命题 6-1 可知，产品服务化供应链系统处于低效状态，制造商或零售商会选择与第三方服务公司共同提供服务。当 $S_m^* > 0$ 时，制造商或零售商选择与第三方服务公司共同提供服务。由式（6.17）可以看出，当 $\beta_{3s} > \frac{(u-p)^2pQ}{2}$ 时，若要保证 $S_m^* > 0$，则必须满足 $(u-p)^4p^2Q^2 - 2\beta_{3s}\beta_m < 0$。由式（6.18）可以看出，若要保证 $S_{3s}^* > 0$，则必须满足 $(u-p)^2pQ - \beta_m < 0$，即 $\beta_m > (u-p)^2pQ$。

命题 6-3：当 $\beta_{3s} > \frac{(u-p)^2pQ}{2}$ 时，与第三方服务公司单独提供服务

相比，当制造商或零售商选择与第三方服务公司共同提供服务时，随着第三方服务公司服务成本系数的增加，制造商或零售商的服务批发价格降低，第三方服务公司的服务水平也降低，且 S_{3s}^* 随着 β_{3s} 的增加而减小，S_m^* 随着 β_{3s} 的增加而增加、随着 β_m 的增加而减小。当 $2\beta_{3s} \geqslant \beta_m$ 时，$S_m^* \geqslant S_{3s}^*$。

证明：当 $\beta_{3s} > \frac{(u-p)^2pQ}{2}$ 时，将第三方服务公司单独提供服务与制造商或零售商和第三方服务公司共同提供服务的均衡结果进行比较可得出：第三方服务公司的服务水平增加量 $\Delta S_{3s}^* = \frac{(u-p)pQ[(u-p)^2pQ-\beta_m]}{(u-p)^4p^2Q^2-2\beta_{3s}\beta_m} - \frac{(u-p)pQ}{2\beta_{3s}} = \frac{(u-p)^3p^2Q^2[2\beta_{3s}-(u-p)^2pQ]}{2\beta_{3s}[(u-p)^4p^2Q^2-2\beta_{3s}\beta_m]} \leqslant 0$。服务批发价格增加量为 $\Delta w^* = \frac{2\beta_{3s}p[(u-p)^2pQ-\beta_m]}{(u-p)^4p^2Q^2+2\beta_{3s}(u-p)^2pQ-4\beta_{3s}\beta_m} - \frac{p}{2} = \frac{2\beta_{3s}(u-p)^2pQ-(u-p)^4p^2Q^2}{2(u-p)^4p^2Q^2+4\beta_{3s}(u-p)^2pQ-8\beta_{3s}\beta_m} \leqslant 0$，且 $\frac{\partial s_m^*}{\partial \beta_{3s}} = \frac{2(u-p)^3p^2Q^2[\beta_m-(u-p)^2pQ]}{[(u-p)^4p^2Q^2-2\beta_{3s}\beta_m]^2} > 0$。

由命题 6-3 可以看出，制造商或零售商与第三方服务公司共同提供服务时，制造商或零售商降低了服务的批发价格，对第三方服务公司的激励程度降低，同时，还要通过提供高水平的服务来满足要求服务水平较高的顾客，以此来提升收益。从第三方服务公司来看，由于服务批发价格的降低，第三方服务公司的服务水平也降低，从而导致第三方服务公司收益减少。

命题 6-4：当制造商或零售商与第三方服务公司共同提供服务时，当满足 $\beta_m \geqslant \frac{(u-p)^6p^3Q^3}{4\beta_{3s}[(u-p)^2pQ-\beta_{3s}]}$ 时，产品服务化供应链的总服务需求会增加。

证明：当制造商或零售商与第三方服务公司共同提供服务时，其总的服务需求为 $D_{3s}^* + D_m^* =$

$$\frac{(u-p)^2pQ^2[(u-p)^6p^3Q^3-6\beta_{3s}\beta_m(u-p)^2pQ+4\beta_{3s}^2\beta_m+2\beta_{3s}\beta_m^2]}{[(u-p)^4p^2Q^2-2\beta_{3s}\beta_m]^2},$$

则总服务需求的增加量为 $\Delta D_{3s}^* + \Delta D_m^* =$

$$\frac{(u-p)^2pQ^2[(u-p)^6p^3Q^3-6\beta_{3s}\beta_m(u-p)^2pQ+4\beta_{3s}^2\beta_m+2\beta_{3s}\beta_m^2]}{[(u-p)^4p^2Q^2-2\beta_{3s}\beta_m]^2} - \frac{(u-p)^2pQ^2}{2\beta_{3s}} =$$

$$\frac{(u-p)^2pQ^2[2\beta_{3s}(u-p)^6p^3Q^3-12\beta_{3s}^2\beta_m(u-p)^2pQ+8\beta_{3s}^3\beta_m-(u-p)^8p^4Q^4+4\beta_{3s}\beta_m(u-p)^4p^2Q^2]}{2\beta_{3s}[(u-p)^4p^2Q^2-2\beta_{3s}\beta_m]^2} =$$

$$\frac{(u-p)^2pQ^2[2\beta_{3s}-(u-p)^2pQ]\{(u-p)^6p^3Q^3+4\beta_{3s}\beta_m[\beta_{3s}-(u-p)^2pQ]\}}{2\beta_{3s}[(u-p)^4p^2Q^2-2\beta_{3s}\beta_m]^2}。$$

由 $\Delta D_{3s}^*+\Delta D_m^*\geqslant 0$ 可得：$\beta_m\geqslant\frac{(u-p)^6p^3Q^3}{4\beta_{3s}[(u-p)^2pQ-\beta_{3s}]}$。由于 $\beta_m>(u-p)^2pQ$，$\beta_{3s}>\frac{(u-p)^2pQ}{2}$，则当 $\frac{(u-p)^6p^3Q^3}{4\beta_{3s}[(u-p)^2pQ-\beta_{3s}]}\geqslant(u-p)^2pQ$，化简可得：$[2\beta_{3s}-(u-p)^2pQ]^2\geqslant 0$ 成立。

命题 6-5：当制造商或零售商与第三方服务公司共同提供服务，且满足 $\beta_{3s}\geqslant\frac{3(u-p)^2pQ}{4}$，$\beta_m\geqslant\frac{(u-p)^4p^2Q^2[3(u-p)^2pQ-2\beta_{3s}]}{8\beta_{3s}[(u-p)^2pQ-\beta_{3s}]}$ 时，产品服务化供应链的总收益会增加。

证明：产品服务化供应链总收益的增加量为 $\Delta\pi_{sc}^*=\Delta\pi_m^*+\Delta\pi_{3s}^*=$

$$\frac{(u-p)^2p^2Q^2[2\beta_{3s}-(u-p)^2pQ][-2\beta_{3s}(u-p)^4p^2Q^2+3(u-p)^6p^3Q^3-8\beta_{3s}\beta_m(u-p)^2pQ+8\beta_{3s}^2\beta_m]}{8\beta_{3s}[(u-p)^4p^2Q^2-2\beta_{3s}\beta_m]^2}。$$

由 $\Delta\pi_{sc}^*\geqslant 0$ 可得：$\beta_m\geqslant\frac{(u-p)^4p^2Q^2[3(u-p)^2pQ-2\beta_{3s}]}{8\beta_{3s}[(u-p)^2pQ-\beta_{3s}]}$。由于 $\beta_m>(u-p)^2pQ$，$\beta_{3s}>\frac{(u-p)^2pQ}{2}$，则 $\frac{(u-p)^4p^2Q^2[3(u-p)^2pQ-2\beta_{3s}]}{8\beta_{3s}[(u-p)^2pQ-\beta_{3s}]}\geqslant$

$(u-p)^2pQ$，化简可得：$[4\beta_{3s}-3(u-p)^2pQ][2\beta_{3s}-(u-p)^2pQ]\geqslant 0$，则 $\beta_{3s}\geqslant\frac{3(u-p)^2pQ}{4}$。

命题 6-6：在制造商或零售商与第三方服务公司共同提供服务情形下，若满足 $\beta_m\geqslant\frac{(u-p)^4p^2Q^2[3(u-p)^2pQ-2\beta_{3s}]}{2\beta_{3s}[5(u-p)^2pQ-6\beta_{3s}]}$，顾客的总效用会增加。

证明：顾客总效用的增加量为 $\Delta U^*=\frac{(u-p)^3pQ[2\beta_{3s}-(u-p)^2pQ]\{2\beta_{3s}\beta_m[6\beta_{3s}-5(u-p)^2pQ]+(u-p)^4p^2Q^2[3(u-p)^2pQ-2\beta_{3s}]\}}{12\beta_{3s}[(u-p)^4p^2Q^2-2\beta_{3s}\beta_m]^2}$，由 $\Delta U^*\geqslant 0$ 可得：$\beta_m\geqslant\frac{(u-p)^4p^2Q^2[3(u-p)^2pQ-2\beta_{3s}]}{2\beta_{3s}[5(u-p)^2pQ-6\beta_{3s}]}$。由于 $\beta_m>(u-p)^2pQ$，$\beta_{3s}>\frac{(u-p)^2pQ}{2}$，则 $\frac{(u-p)^4p^2Q^2[3(u-p)^2pQ-2\beta_{3s}]}{2\beta_{3s}[5(u-p)^2pQ-6\beta_{3s}]}\geqslant(u-p)^2pQ$，化简可得：$3[2\beta_{3s}-(u-p)^2pQ]^2\geqslant 0$ 成立。

命题 6-7：当制造商或零售商与第三方服务公司共同提供服务时，制造商或零售商的收益增加，第三方服务公司的收益减少。

证明：制造商或零售商的收益增加量为 $\Delta\pi_m^*=\frac{(u-p)^2p^2Q^2[2(u-p)^2pQ-2\beta_{3s}-\beta_m]}{2[(u-p)^4p^2Q^2-2\beta_{3s}\beta_m]}-\frac{(u-p)^2p^2Q^2}{4\beta_{3s}}=\frac{-(u-p)^2p^2Q^2[(u-p)^2pQ-2\beta_{3s}]^2}{4\beta_{3s}[(u-p)^4p^2Q^2-2\beta_{3s}\beta_m]}$，因此，当 $\beta_{3s}>\frac{(u-p)^2pQ}{2}$，$\beta_m>(u-p)^2pQ$ 时，$(u-p)^4p^2Q^2-2\beta_{3s}\beta_m\leqslant 0$，所以 $\Delta\pi_m^*>0$，即制造商或零售商的收益增加。第三方服务公司的收益增加量为 $\Delta\pi_{3s}^*=\frac{\beta_{3s}(u-p)^2p^2Q^2[(u-p)^2pQ-\beta_m]^2}{2[(u-p)^4p^2Q^2-2\beta_{3s}\beta_m]^2}-\frac{(u-p)^2p^2Q^2}{8\beta_{3s}}=\frac{(u-p)^2p^2Q^2\{[2\beta_{3s}(u-p)^2pQ-2\beta_{3s}\beta_m]^2-[(u-p)^4p^2Q^2-2\beta_{3s}\beta_m]^2\}}{8\beta_{3s}[(u-p)^4p^2Q^2-2\beta_{3s}\beta_m]^2}$，当 $\beta_{3s}>\frac{(u-p)^2pQ}{2}$，$\beta_m>(u-p)^2pQ$ 时，$[(u-p)^4p^2Q^2-2\beta_{3s}\beta_m]^2\geqslant$

$[2\beta_{3s}(u-p)^2pQ-2\beta_{3s}\beta_m]^2$，所以 $\Delta\pi_{3s}^* < 0$。

由上述命题可以看出，当第三方服务公司单独提供服务时，随着顾客服务需求的不断提升，第三方服务公司的服务成本不断增加，由于服务能力的限制，第三方服务公司已不能够满足高要求的顾客需求。此时，作为外包方的制造商或零售商选择与第三方服务公司共同提供服务，将会吸引一部分服务要求水平较高的顾客，从而使得服务总需求和供应链的总收益增加，顾客的总效用也得到提高。但此时第三方服务公司的收益降低，因此，制造商或零售商应采取一定的激励或补偿措施来提高第三方服务公司的收益，以实现共赢。

以陕鼓为例，陕鼓在实施服务型制造之后，将设备（如鼓风机）的维修和维护保养服务外包给第三方服务公司。随着顾客服务需求和服务化程度的不断提升（顾客的服务需求最初是能够保障设备的正常运转，因为设备坏了会影响生产。后来，顾客更希望设备能够以最佳的运行状态持续运转来保证获得更大的收益），第三方服务公司由于能力限制，要满足顾客的这种需求，服务成本会增加，收益会降低，顾客效用也不能得到更好的满足。此时，陕鼓就需要选择和第三方服务公司合作，为顾客设计和提供一体化的系统解决方案，比如开发远程监控系统，时刻监测设备的运行状况，提前预知、识别和排除故障，更好地保证设备的安全高效运转，从而避免了机器故障所带来的各种损失，大大降低了用户维护成本，保证顾客获得更大的收益。这样就更大限度地满足了顾客需求，提高了顾客的总效用，吸引了更多的顾客，陕鼓也获得了更高的利润。但由于设备的故障率降低了，第三方服务公司的服务需求也就减少了，收益也降低了。要想实现共赢，就需要对第三方服务公司进行一定的补偿和激励。

第四节　数值仿真分析

下面利用 SAS 软件进行仿真，首先，分析当第三方服务公司的服务成本系数较小 $\left(\beta_{3s}\leqslant\frac{(u-p)^2pQ}{2}\right)$ 和较大 $\left(\beta_{3s}>\frac{(u-p)^2pQ}{2}\right)$ 时，第三方服

务公司的服务成本系数对产品服务化供应链的服务水平、服务需求、服务的批发价格以及供应链收益的影响。其次，分析当第三方服务公司的服务成本系数较大时，制造商或零售商与第三方服务公司共同提供服务，第三方服务公司的服务成本系数对产品服务化供应链的服务水平、服务需求、服务的批发价格以及供应链收益的影响。假设潜在的顾客需求 $Q = 100$，$u = 8$，$p = 6$，则 $\frac{(u-p)^2pQ}{2} = 1200$，$(u-p)^2pQ = 2400$，取制造商或零售商的服务成本系数 β_m 为 2500，可得到如图 6 - 2 至图 6 - 17 的仿真结果。

一、第三方服务公司的服务水平的变化

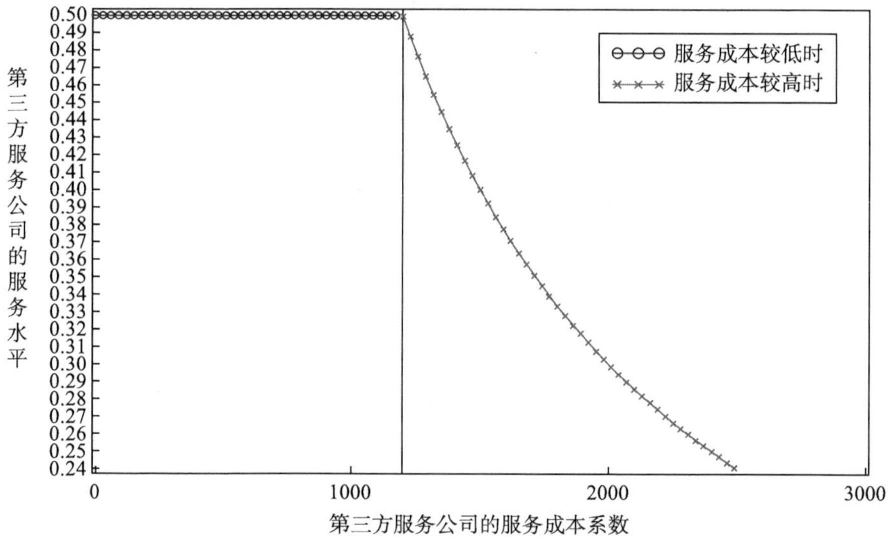

图 6-2　第三方服务公司单独提供服务时两种服务成本下的服务水平

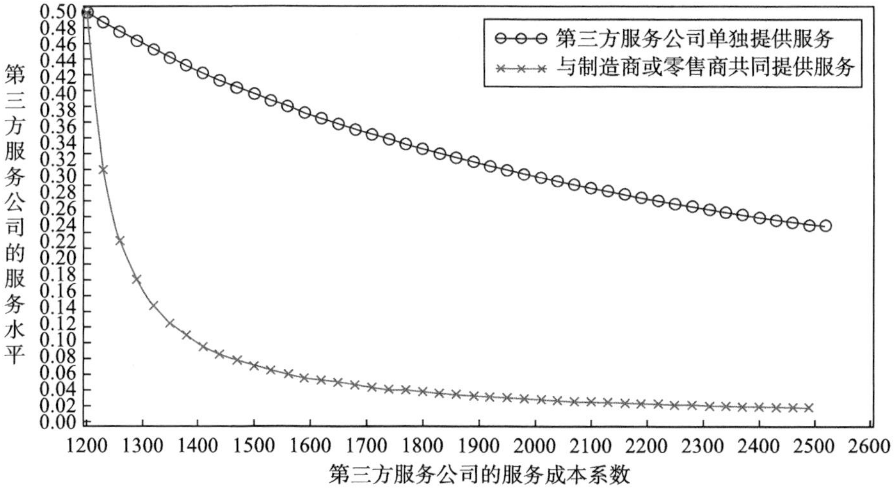

图 6-3　服务成本较高时两种服务模式下第三方服务公司的服务水平

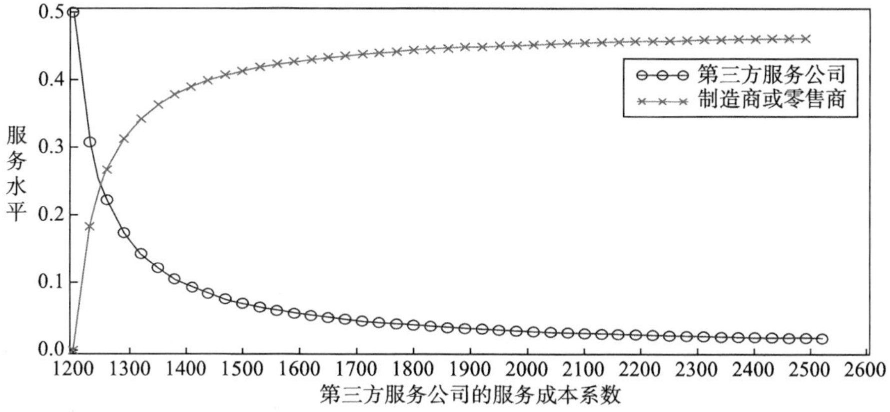

图 6-4　共同提供服务时制造商或零售商与第三方服务公司的服务水平

由图 6 - 2、图 6 - 3、图 6 - 4 可看出，当第三方服务公司单独提供服务且服务成本系数大于 1200 时，第三方服务公司的服务水平会随着服务成本系数的增大而降低。当制造商或零售商与第三方服务公司共同提供服务时，第三方服务公司的服务水平随着服务成本系数的增大而降低的幅度更大，而制造商或零售商的服务水平随着第三方服务公司的服务成本系数的增大而提高。

二、各企业服务需求的变化

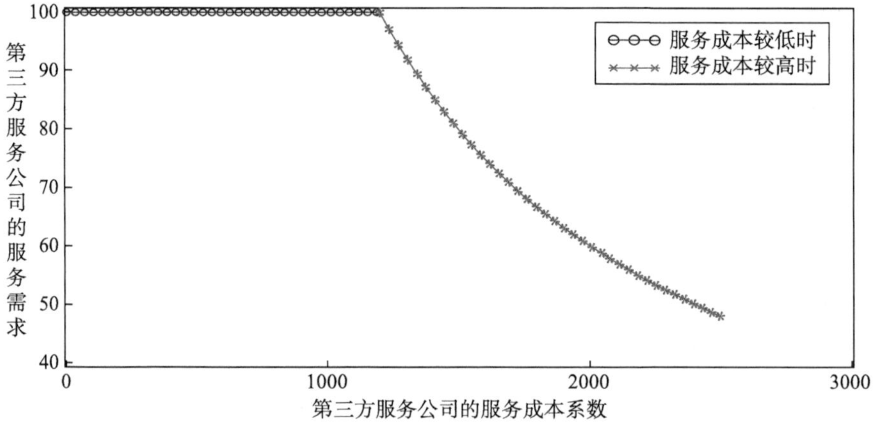

图 6-5　第三方服务公司单独提供服务时两种服务成本下的服务需求

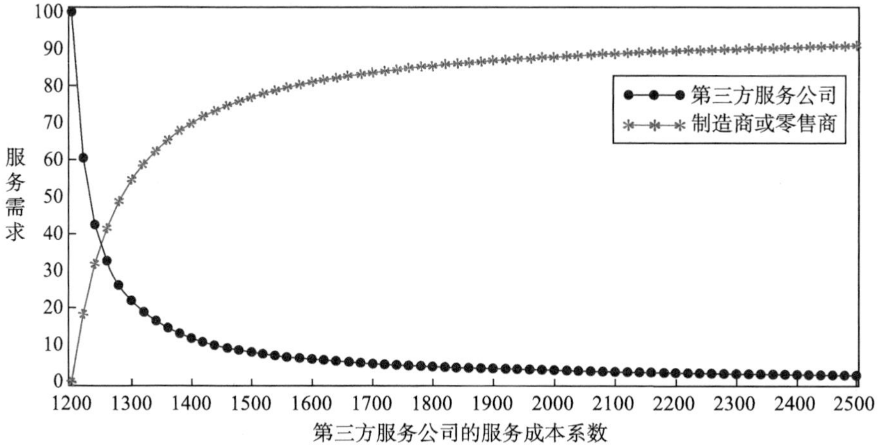

图 6-6　共同提供服务时制造商或零售商与第三方服务公司的服务需求

由图 6 - 5、图 6 - 6 可看出，当第三方服务公司单独提供服务且服务成本系数大于 1200 时，第三方服务公司的服务需求随着服务成本系数的增大而减少。当制造商或零售商与第三方服务公司共同提供服务时，第三方服务公司的服务需求随着服务成本系数的增大而大幅减少，而制造商或零售商的服务需求随着第三方服务公司的服务成本系数的增大而大幅增加。

三、服务总需求的变化

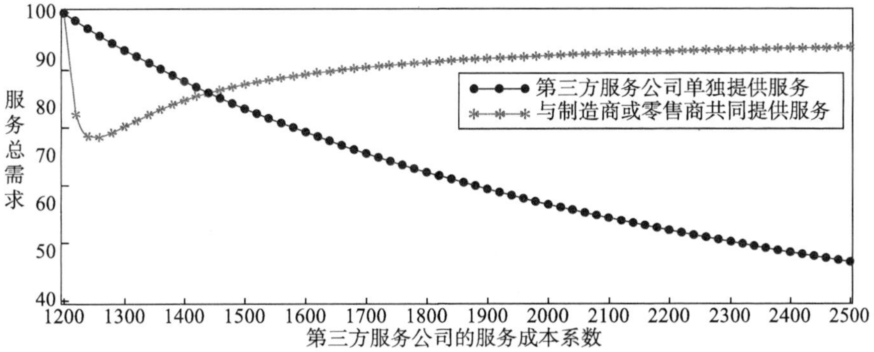

图 6-7　服务成本较高时两种服务提供模式下供应链的服务总需求

由图 6 - 7 可看出，当第三方服务公司单独提供服务且服务成本系数大于 1200 时，供应链的服务总需求随着第三方服务公司的服务成本系数的增大而减少，当制造商或零售商与第三方服务公司共同提供服务且服务成本系数大于某值时，供应链的服务总需求随着第三方服务公司的服务成本系数的增大而增加，并且在一定条件下超过了第三方服务公司单独提供服务时的总服务需求。

四、服务批发价格的变化

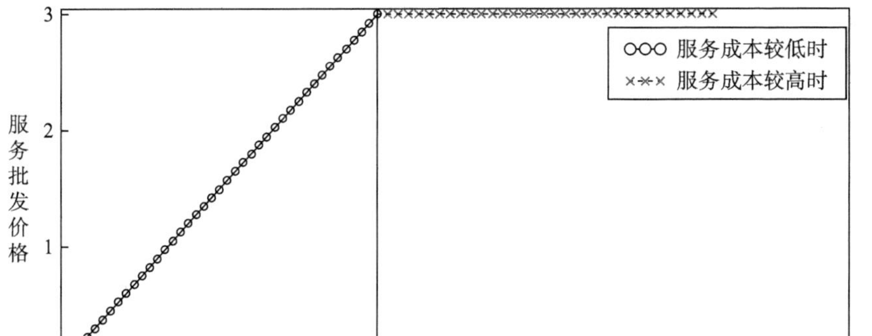

图 6-8　第三方服务公司单独提供服务时两种服务成本下服务的批发价格

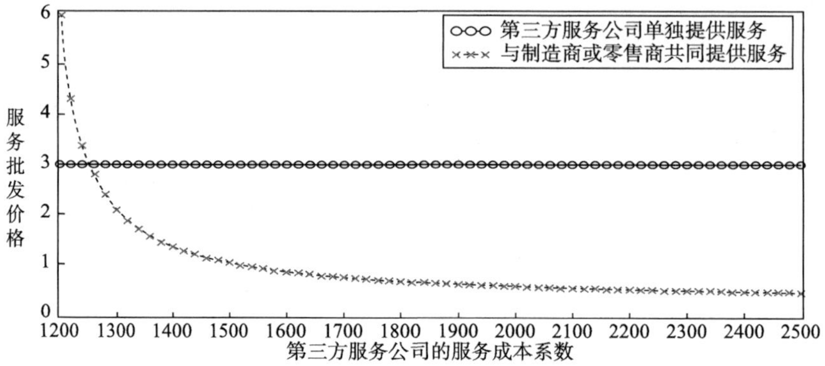

图 6-9　服务成本较高时两种服务模式下服务的批发价格

由图 6 - 8、图 6 - 9 可看出，当第三方服务公司单独提供服务且服务成本系数小于 1200 时，服务批发价格随着服务成本系数的增加而增大，当服务成本系数为 1200 时，服务批发价格达到最大。当制造商或零售商与第三方服务公司共同提供服务时，服务批发价格随着第三方服务公司的服务成本系数的增大而降低。

五、第三方服务公司收益的变化

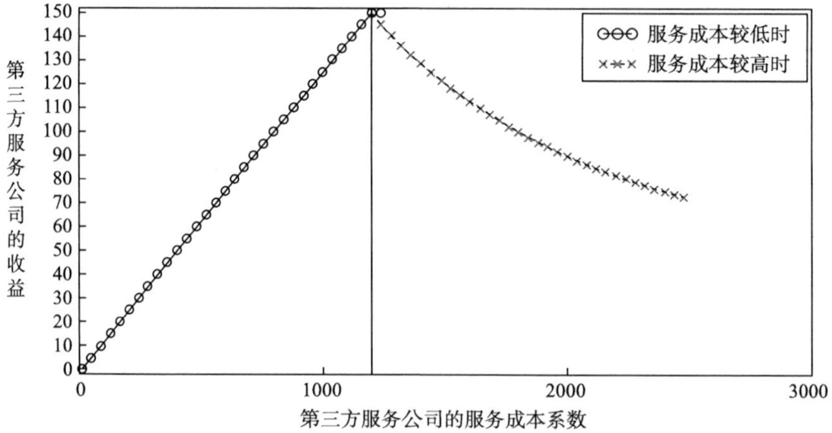

图 6-10　第三方服务公司单独提供服务时两种服务成本下的收益

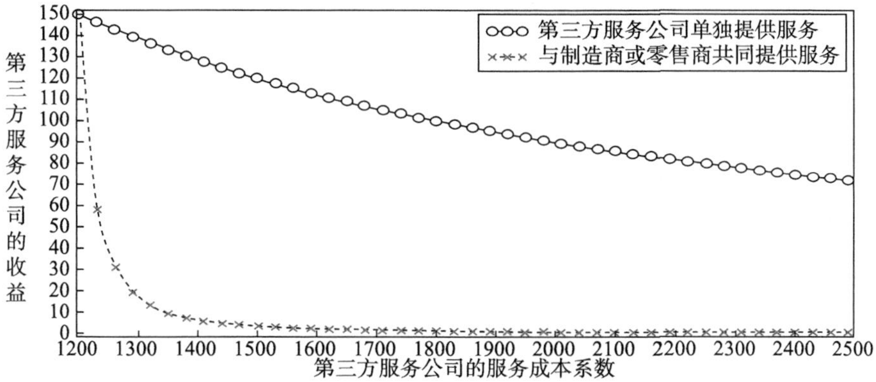

图 6-11　服务成本较高时两种服务模式下第三方服务公司的收益

由图 6 - 10、图 6 - 11 可看出，当第三方服务公司单独提供服务时，第三方服务公司的收益会随着服务成本系数的增大先增加后减少。当服务成本系数达到 1200 时，第三方服务公司的收益达到最大。当制造商或零售商与第三方服务公司共同提供服务时，第三方服务公司的收益会随着服务成本系数的增大而快速减少。

六、制造商或零售商收益的变化

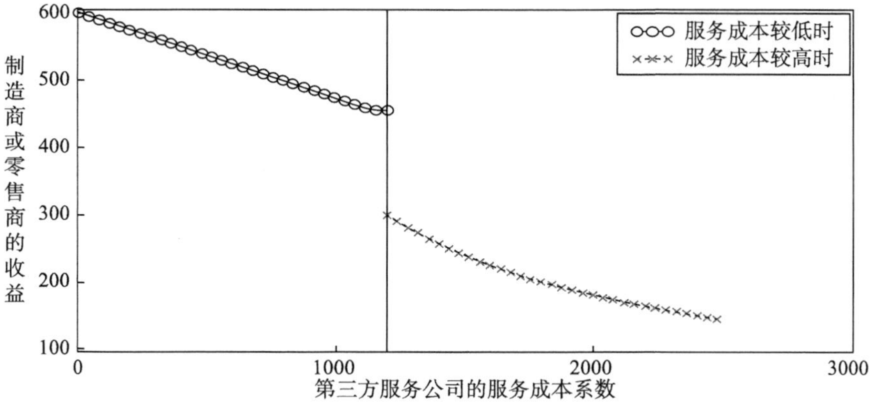

图 6-12　第三方服务公司单独提供服务时两种服务成本下制造商或零售商的收益

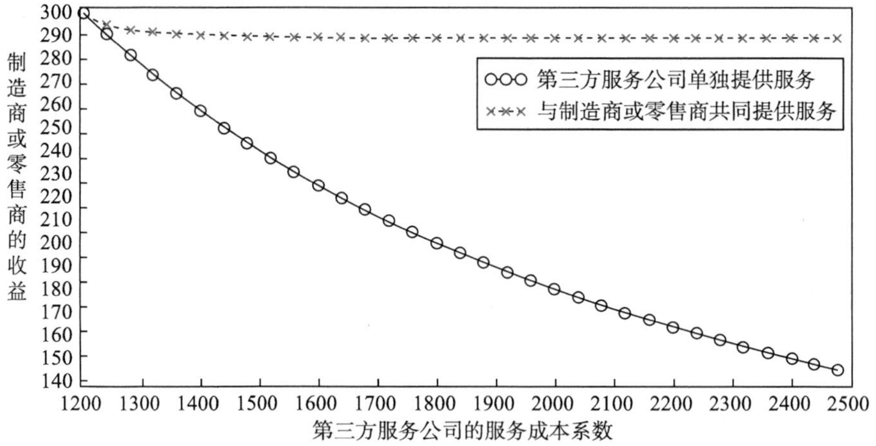

图 6-13　服务成本较高时两种服务提供模式下制造商或零售商的收益

由图 6-12、图 6-13 可看出，当第三方服务公司单独提供服务时，制造商或零售商的收益会随着第三方服务公司的服务成本系数的增大而减少；当制造商或零售商与第三方服务公司共同提供服务时，制造商或零售商的收益大于第三方服务公司单独提供服务时的收益。

七、产品服务化供应链总收益的变化

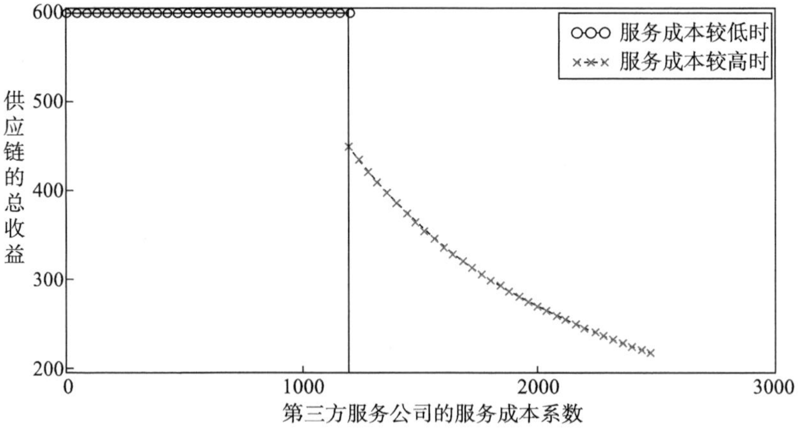

图 6-14　第三方服务公司单独提供服务时两种服务成本下供应链的总收益

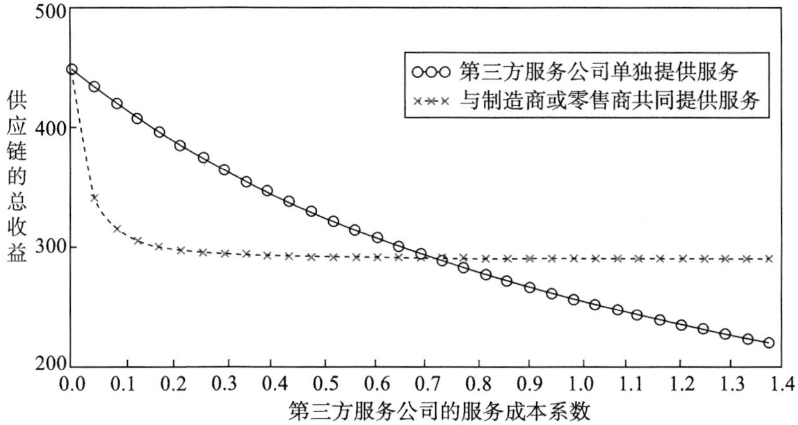

图 6-15　服务成本较高时两种服务提供模式下供应链的总收益

由图 6-14、图 6-15 可看出，当第三方服务公司单独提供服务且服务成本系数大于 1200 时，供应链的总收益随着第三方服务公司服务成本系数的增大而减少；当制造商或零售商与第三方服务公司共同提供服务时，供应链的总收益先减少后增加，并超过第三方服务公司单独提供服务时的总收益。

八、顾客总效用的变化

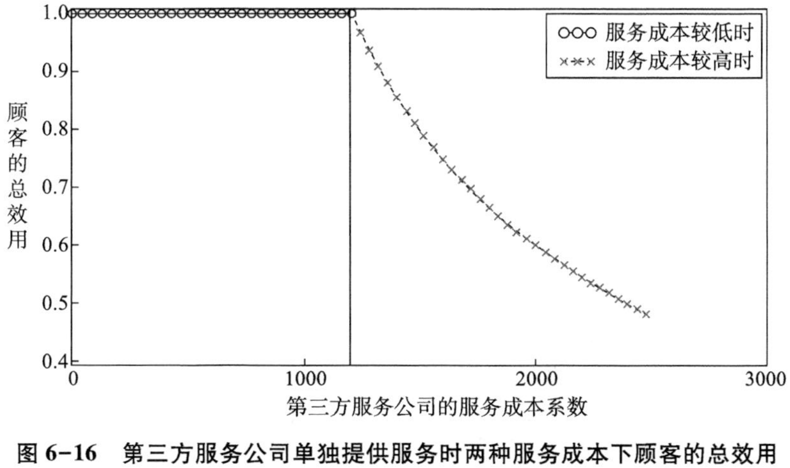

图 6-16　第三方服务公司单独提供服务时两种服务成本下顾客的总效用

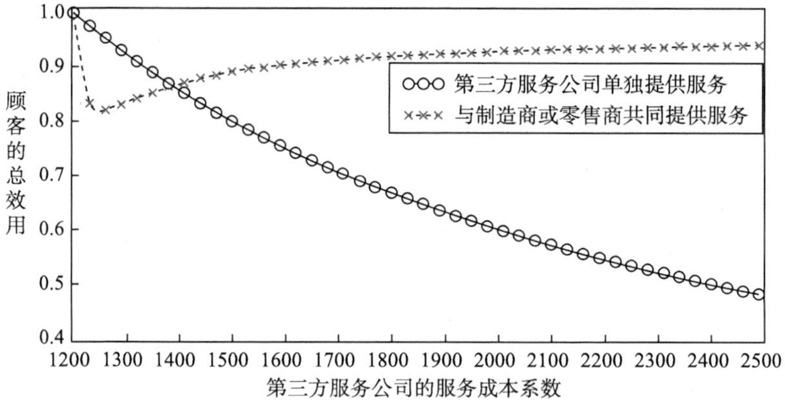

图 6-17 服务成本较高时两种服务提供模式下顾客的总效用

由图 6-16、图 6-17 可看出，当第三方服务公司单独提供服务且服务成本系数大于 1200 时，顾客的总效用会随着第三方服务公司的服务成本系数的增大而降低；当制造商或零售商与第三方服务公司共同提供服务时，顾客总效用随着第三方服务公司的服务成本系数的增大先降低后增加，并超过第三方服务公司单独提供服务时的顾客总效用。

第五节 本章小结

（1）通过对第三方服务公司单独提供服务与制造商或零售商和第三方服务公司共同提供服务两种服务模式下的博弈模型进行分析，发现当第三方服务公司单独提供服务时，随着服务成本系数的增大，第三方服务公司的服务水平、服务需求、顾客的总效用、第三方服务公司的收益、制造商或零售商的收益和供应链的总收益均降低。

（2）当制造商或零售商与第三方服务公司共同提供服务时，增加了服务需求，也使得制造商或零售商的收益、供应链的总收益和顾客的总效用得到了提升。但由于服务成本系数的增大和服务批发价格的降低，第三方服务公司的服务水平和服务需求降低，导致第三方服务公司的收益也降低。此时，制造商或零售商应该通过一定的激励或补偿措施来增加第三方服务公司的收益，实现共赢。

第七章　不同权力结构下链与链竞争的制造商或零售商的服务模式研究

随着市场竞争的不断加剧，传统的企业与企业之间的竞争逐渐被供应链与供应链之间的竞争所取代，链与链竞争现象已成为共识。链与链竞争主要指制造商与零售商构成的供应链之间直接或间接竞争，比如，我国家电行业以长虹和海尔为龙头构成了制造商—零售商链的竞争模式，IT 行业联想和戴尔构成了制造商—零售商链的竞争模式等。

在理论研究方面，链与链竞争也受到了学术界的广泛关注。在有关链与链竞争的研究文献中，McGuire（1983）分析了链与链竞争的供应链纵向结构选择问题，发现分散化结构能使制造商间避开价格竞争。Wu 和 Chen（2003）研究了库存与退货政策条件下链与链竞争的供应链均衡控制结构。Wu 和 Baron（2009）通过建立讨价还价模型，研究了需求不确定时单阶段或多阶段的链与链竞争均衡。艾兴政等（2008）探讨了链与链竞争条件下供应链纵向控制结构以及合同选择等问题。艾兴政等（2010）研究了两个制造商和两个排他性零售商构成的链与链价格竞争模型，识别了纵向联盟的形成机制及制造商与零售商收益分享合同的选择范围。Ai X. Z. 等（2012）研究了链与链竞争下的产品回收政策选择问题。赵海霞等（2013）研究了链与链竞争情况下两部定价合同对供应链绩效的帕累托改进。以上文献均是在链与链存在竞争的情形下研究供应链的竞争均衡策略，但目前还没有文献对链与链存在竞争时服务提供模式的选择策略进行研究。

本章主要研究存在链与链竞争的两级产品服务化供应链中，制造商为核心企业、零售商为核心企业和制造商与零售商权力均等三种权力结构下，制造商提供服务和零售商提供服务两种服务模式中的最优服务提供模式以及每种服务提供模式下的最优权力结构。

假设由制造商和零售商组成的两级链与链竞争的产品服务化供应链中，产品需求为 $D_p = D_0 - \alpha p_i + t p_{3-i}$。其中，$p_{3-i}$ 表示存在竞争的另一产品服务化供应链的产品价格，$i = 1, 2$；t 表示两种产品的替代系数，表明了两条产品服务化供应链间的竞争强度。服务需求为 $D_s = D_0 - \alpha p_i + t p_{3-i} - \beta p_s + \gamma s_j$，其中，$p_s$ 表示服务价格，γ 表示服务水平的敏感系数，s_j 表示服务水平，$j = m, r$，m 表示制造商，r 表示零售商。

第一节　制造商为核心企业时制造商或零售商提供服务

一、制造商提供服务

当制造商将产品批发给零售商，零售商通过零售渠道将产品销售给顾客，制造商通过直销渠道为顾客提供服务时，制造商和零售商的收益分别为：

$$\pi_m = (w_1 - c_1)(D_0 - \alpha p_i + t p_{3-i}) + p_s(D_0 - \alpha p_i + t p_{3-i} - \beta p_s + \gamma s_m) - \frac{1}{2}\eta_m s_m^2 \tag{7.1}$$

$$\pi_r = (p_i - w_1)(D_0 - \alpha p_i + t p_{3-i}) \tag{7.2}$$

因为制造商为核心企业，所以，首先由制造商决定产品的批发价格、服务价格和服务水平，然后零售商决定产品价格。

根据逆向归纳法，由 $\frac{\partial \pi_r}{\partial p_i}=0$ 可得：$p_i^{MM}=\frac{D_0+t p_{3-i}+\alpha w_1}{2\alpha}$。将 p_i^{MM} 代入 π_m，并由 $\frac{\partial \pi_m}{\partial w_1}=0$，$\frac{\partial \pi_m}{\partial p_s}=0$ 和 $\frac{\partial \pi_m}{\partial s_m}=0$ 可得：$w_1^{MM}=\frac{D_0+t p_{3-i}+\alpha c_1-\alpha p_s}{2\alpha}$，$p_s^{MM}=$

$\frac{D_0+tp_{3-i}-\alpha w_1+2\gamma s_m}{4\beta}$，$s_m^{MM}=\frac{p_s\gamma}{\eta_m}$。联立求解可得：$p_s^{MM}=\frac{D_0+tp_{3-i}-\alpha c_1}{\beta(8-4k_m-b)}$，$s_m^{MM}=\frac{D_0+tp_{3-i}-\alpha c_1}{\gamma(8-4k_m-b)}$，$w_1^{MM}=\frac{(D_0+tp_{3-i}+\alpha c_1)(4-2k_m)-b(D_0+tp_{3-i})}{\alpha(8-4k_m-b)}$，$p_i^{MM}=\frac{(3D_0+3tp_{3-i}+\alpha c_1)(2-k_m)-b(D_0+tp_{3-i})}{\alpha(8-4k_m-b)}$。由于两条链之间存在着产品价格的竞争，所以求解以下方程：

$$\begin{cases}p_i^{MM}=\dfrac{(D_0+tp_{3-i})(6-3k_m-b)+\alpha c_1(2-k_m)}{\alpha(8-4k_m-b)}\\ p_{3-i}^{MM}=\dfrac{(D_0+tp_i)(6-3k_m-b)+\alpha c_1(2-k_m)}{\alpha(8-4k_m-b)}\end{cases}\tag{7.3}$$

可得：$p_i^{MM}=p_{3-i}^{MM}=\frac{(3D_0+\alpha c_1)(2-k_m)-bD_0}{\alpha(8-4k_m-b)-t(6-3k_m-b)}$，则：

$$w_1^{MM}=\frac{D_0(4-2k_m-b)+(2-k_m)(2\alpha c_1-tc_1)}{\alpha(8-4k_m-b)-t(6-3k_m-b)}\tag{7.4}$$

$$U_1^{MM}=\frac{(D_0-\alpha c_1+tc_1)(2-k_m)}{\alpha(8-4k_m-b)-t(6-3k_m-b)}\tag{7.5}$$

$$p_s^{MM}=\frac{\alpha(D_0-\alpha c_1+tc_1)}{\beta[\alpha(8-4k_m-b)-t(6-3k_m-b)]}\tag{7.6}$$

$$s_m^{MM}=\frac{\alpha(D_0-\alpha c_1+tc_1)k_m}{\gamma[\alpha(8-4k_m-b)-t(6-3k_m-b)]}\tag{7.7}$$

$$D_P^{MM}=\frac{\alpha(2-k_m)(D_0-\alpha c_1+tc_1)}{\alpha(8-4k_m-b)-t(6-3k_m-b)}\tag{7.8}$$

$$D_s^{MM}=\frac{\alpha(D_0-\alpha c_1+tc_1)}{\alpha(8-4k_m-b)-t(6-3k_m-b)}\tag{7.9}$$

$$\pi_m^{MM}=\frac{\alpha(D_0-\alpha c_1+tc_1)^2(2-k_m)(8-4k_m-b)}{2[\alpha(8-4k_m-b)-t(6-3k_m-b)]^2}\tag{7.10}$$

$$\pi_r^{MM}=\frac{\alpha(D_0-\alpha c_1+tc_1)^2(2-k_m)^2}{[\alpha(8-4k_m-b)-t(6-3k_m-b)]^2}\tag{7.11}$$

$$\pi_{sc}^{MM}=\frac{\alpha\,(D_0-\alpha c_1+t\,c_1)^2(2-k_m)(12-6k_m-b)}{2\left[\alpha(8-4k_m-b)-t(6-3k_m-b)\right]^2} \tag{7.12}$$

二、零售商提供服务

当零售商通过零售渠道为顾客提供产品和服务时，制造商和零售商的收益分别为：

$$\pi_m=(w_1-c_1)(D_0-\alpha p_i+t\,p_{3-i}) \tag{7.13}$$

$$\pi_r=(p_i-w_1)\,(D_0-\alpha p_i+t\,p_{3-i})+p_s(D_0-\alpha p_i+t\,p_{3-i}-\beta p_s+\gamma s_r)-\frac{1}{2}\eta_r\,s_r^2 \tag{7.14}$$

由于制造商为核心企业，首先由制造商决定产品的批发价格，然后零售商决定产品价格、服务价格和服务水平。

根据逆向归纳法，由 $\frac{\partial\pi_r}{\partial p_i}=0$、$\frac{\partial\pi_r}{\partial p_s}=0$ 和 $\frac{\partial\pi_r}{\partial s_r}=0$ 可得：$p_i^{MR}=\frac{D_0+t\,p_{3-i}+\alpha w_1-\alpha p_s}{2\alpha}$，$p_s^{MR}=\frac{D_0-\alpha p_i+t\,p_{3-i}+\gamma s_p}{2\beta}$，$s_r^{MR}=\frac{p_s\gamma}{\eta_r}$。联立求解可得：$p_i^{MR}=\frac{(D_0+t\,p_{3-i})\,(2-k_r-b)+\alpha w_1(2-k_r)}{\alpha\,(4-2k_r-b)}$，$p_s^{MR}=\frac{D_0-\alpha p_i+t\,p_{3-i}}{\beta(2-k_r)}$，$s_r^{MR}=\frac{(D_0-\alpha p_i+t\,p_{3-i})\,k_r}{\gamma(2-k_r)}$。将$p_i^{MR}$代入$\pi_m$，由$\frac{\partial\pi_m}{\partial w_1}=0$可得：$w_1^{MR}=\frac{D_0+\alpha c_1+t\,p_{3-i}}{2\alpha}$。联立求解可得：$p_i^{MR}=\frac{(D_0+t\,p_{3-i})\ (6-3k_r-2b)\ +\alpha c_1(2-k_r)}{2\alpha\ (4-2k_r-b)}$。由于两条链之间存在着产品价格的竞争，所以求解以下方程：

$$\begin{cases}p_i^{MR}=\dfrac{(D_0+t\,p_{3-i})\,(6-3k_r-2b)+\alpha c_1(2-k_r)}{2\alpha(4-2k_r-b)}\\[2ex] p_{3-i}^{MR}=\dfrac{(D_0+t\,p_i)\,(6-3k_r-2b)+\alpha c_1(2-k_r)}{2\alpha(4-2k_r-b)}\end{cases} \tag{7.15}$$

可得：$p_i^{MR}=p_{3-i}^{MR}=\frac{(3D_0+\alpha c_1)(2-k_r)-2bD_0}{2\alpha(4-2k_r-b)-t(6-3k_r-2b)}$，则：

$$w_1^{MR}=\frac{(D_0+\alpha c_1)(4-2k_r-b)-tc_1(2-k_r-b)}{2\alpha(4-2k_r-b)-t(6-3k_r-2b)} \tag{7.16}$$

$$U_1^{MR}=\frac{(D_0-\alpha c_1+tc_1)(2-k_r-b)}{2\alpha(4-2k_r-b)-t(6-3k_r-2b)} \tag{7.17}$$

$$p_s^{MR}=\frac{\alpha(D_0-\alpha c_1+tc_1)}{\beta[2\alpha(4-2k_r-b)-t(6-3k_r-2b)]} \tag{7.18}$$

$$s_r^{MR}=\frac{\alpha(D_0-\alpha c_1+tc_1)k_r}{\gamma[2\alpha(4-2k_r-b)-t(6-3k_r-2b)]} \tag{7.19}$$

$$D_P^{MR}=\frac{\alpha(2-k_r)(D_0-\alpha c_1+tc_1)}{2\alpha(4-2k_r-b)-t(6-3k_r-2b)} \tag{7.20}$$

$$D_s^{MR}=\frac{\alpha(D_0-\alpha c_1+tc_1)}{2\alpha(4-2k_r-b)-t(6-3k_r-2b)} \tag{7.21}$$

$$\pi_m^{MR}=\frac{\alpha(D_0-\alpha c_1+tc_1)^2(2-k_r)(4-2k_r-b)}{[2\alpha(4-2k_r-b)-t(6-3k_r-2b)]^2} \tag{7.22}$$

$$\pi_r^{MR}=\frac{\alpha(D_0-\alpha c_1+tc_1)^2(2-k_r)(4-2k_r-b)}{2[2\alpha(4-2k_r-b)-t(6-3k_r-2b)]^2} \tag{7.23}$$

$$\pi_{sc}^{MR}=\frac{3\alpha(D_0-\alpha c_1+tc_1)^2(2-k_r)(4-2k_r-b)}{2[2\alpha(4-2k_r-b)-t(6-3k_r-2b)]^2} \tag{7.24}$$

三、均衡结果分析

为确保各决策变量大于0，须满足 $0<k_m<2-\frac{b}{2}$，$0<k_r<2-b$。

命题 7-1： $\pi_m^{MM}\geqslant\pi_r^{MM}$，$\pi_m^{MR}\geqslant\pi_r^{MR}$。

证明：由 $\frac{\alpha(D_0-\alpha c_1+tc_1)^2(2-k_m)(8-4k_m-b)}{2[\alpha(8-4k_m-b)-t(6-3k_m-b)]^2}\geqslant\frac{\alpha(D_0-\alpha c_1+tc_1)^2(2-k_m)^2}{[\alpha(8-4k_m-b)-t(6-3k_m-b)]^2}$ 化简可得：$4-2k_m-b\geqslant0$ 成立。由 $\frac{\alpha(D_0-\alpha c_1+tc_1)^2(2-k_r)(4-2k_r-b)}{[2\alpha(4-2k_r-b)-t(6-3k_r-2b)]^2}\geqslant\frac{\alpha(D_0-\alpha c_1+tc_1)^2(2-k_r)(4-2k_r-b)}{2[2\alpha(4-2k_r-b)-t(6-3k_r-2b)]^2}$ 化简

可得：$1>\frac{1}{2}$成立。

命题 7-1 说明在两种服务提供模式下，制造商为核心企业时制造商的收益均大于零售商的收益。

命题 7-2：当$\frac{(2-k_m)^2}{[\alpha(8-4k_m-b)-t(6-3k_m-b)]^2}\geqslant\frac{(2-k_r)(4-2k_r-b)}{[2\alpha(4-2k_r-b)-t(6-3k_r-2b)]^2}$时，$\pi_m^{MM}\geqslant\pi_m^{MR}$，$\pi_r^{MM}\geqslant\pi_r^{MR}$。当$\frac{(2-k_r)(4-2k_r-b)}{[2\alpha(4-2k_r-b)-t(6-3k_r-2b)]^2}\geqslant\frac{(2-k_m)(8-4k_m-b)}{[\alpha(8-4k_m-b)-t(6-3k_m-b)]^2}$时，$\pi_m^{MR}\geqslant\pi_m^{MM}$，$\pi_r^{MR}\geqslant\pi_r^{MM}$。

证明：由命题 7-1 可得，当$\pi_r^{MM}\geqslant\pi_m^{MR}$时，$\pi_m^{MM}\geqslant\pi_m^{MR}$，$\pi_r^{MM}\geqslant\pi_r^{MR}$成立，即$\frac{\alpha(D_0-\alpha c_1+tc_1)^2(2-k_m)^2}{[\alpha(8-4k_m-b)-t(6-3k_m-b)]^2}\geqslant\frac{\alpha(D_0-\alpha c_1+tc_1)^2(2-k_r)(4-2k_r-b)}{[2\alpha(4-2k_r-b)-t(6-3k_r-2b)]^2}$，化简可得：$\frac{(2-k_m)^2}{[\alpha(8-4k_m-b)-t(6-3k_m-b)]^2}\geqslant\frac{(2-k_r)(4-2k_r-b)}{[2\alpha(4-2k_r-b)-t(6-3k_r-2b)]^2}$。当$\pi_r^{MR}\geqslant\pi_m^{MM}$时，$\pi_m^{MR}\geqslant\pi_m^{MM}$，$\pi_r^{MR}\geqslant\pi_r^{MM}$成立，即$\frac{\alpha(D_0-\alpha c_1+tc_1)^2(2-k_r)(4-2k_r-b)}{2[2\alpha(4-2k_r-b)-t(6-3k_r-2b)]^2}\geqslant\frac{\alpha(D_0-\alpha c_1+tc_1)^2(2-k_m)(8-4k_m-b)}{2[\alpha(8-4k_m-b)-t(6-3k_m-b)]^2}$，化简可得：$\frac{(2-k_r)(4-2k_r-b)}{[2\alpha(4-2k_r-b)-t(6-3k_r-2b)]^2}\geqslant\frac{(2-k_m)(8-4k_m-b)}{[\alpha(8-4k_m-b)-t(6-3k_m-b)]^2}$。

命题 7-2 说明，制造商和零售商需要权衡服务需求敏感指数的大小来做出服务提供模式的选择。当$\frac{(2-k_m)^2}{[\alpha(8-4k_m-b)-t(6-3k_m-b)]^2}\geqslant\frac{(2-k_r)(4-2k_r-b)}{[2\alpha(4-2k_r-b)-t(6-3k_r-2b)]^2}$时，制造商和零售商均会选择制造商提供服务；当$\frac{(2-k_r)(4-2k_r-b)}{[2\alpha(4-2k_r-b)-t(6-3k_r-2b)]^2}\geqslant$

$\frac{(2-k_m)(8-4k_m-b)}{[\alpha(8-4k_m-b)-t(6-3k_m-b)]^2}$ 时，制造商与零售商均会选择零售商提供服务。

当 $k_m=k_r=k$ 时，可得到命题 7-3、命题 7-4 和命题 7-5。

命题 7-3： 当 $t\leqslant\alpha$ 时，$p_s^{MR}\geqslant p_s^{MM}$，$s_r^{MR}\geqslant s_m^{MM}$，$D_P^{MR}\geqslant D_P^{MR}$，$D_s^{MR}\geqslant D_s^{MM}$。

证明：从上述结果可以看出，各最优变量的分母部分相同，所以，当分子部分 $2\alpha(4-2k-b)-t(6-3k-2b)\leqslant\alpha(8-4k-b)-t(6-3k-b)$ 时，即 $t\leqslant\alpha$ 时上述不等式成立。

命题 7-3 说明，制造商为核心企业时，当供应链之间竞争强度较小时，与制造商提供服务相比较，零售商提供服务时的服务价格、服务水平、产品需求和服务需求均增加。

命题 7-4： 制造商提供服务时，$\pi_m^{MM}>\pi_r^{MM}$。零售商提供服务时，$\pi_m^{MR}>\pi_r^{MR}$，且当 $t\leqslant\alpha$ 时，$\pi_m^{MR}-\pi_r^{MR}\geqslant\pi_m^{MM}-\pi_r^{MM}$。

证明：由 $\frac{\alpha(D_0-\alpha c_1+tc_1)^2(2-k)(8-4k-b)}{2[\alpha(8-4k-b)-t(6-3k-b)]^2}>\frac{\alpha(D_0-\alpha c_1+tc_1)^2(2-k)^2}{[\alpha(8-4k-b)-t(6-3k-b)]^2}$

化简可得：$4-2k-b>0$ 成立，而 $\frac{\alpha(D_0-\alpha c_1+tc_1)^2(2-k)(4-2k-b)}{[2\alpha(4-2k-b)-t(6-3k-2b)]^2}>$

$\frac{\alpha(D_0-\alpha c_1+tc_1)^2(2-k)(4-2k-b)}{2[2\alpha(4-2k-b)-t(6-3k-2b)]^2}$ 也成立。$\pi_m^{MM}-\pi_r^{MM}=$

$\frac{\alpha(D_0-\alpha c_1+tc_1)^2(2-k)(8-4k-b)}{2[\alpha(8-4k-b)-t(6-3k-b)]^2}-\frac{\alpha(D_0-\alpha c_1+tc_1)^2(2-k)^2}{[\alpha(8-4k-b)-t(6-3k-b)]^2}=$

$\frac{\alpha(D_0-\alpha c_1+tc_1)^2(2-k)(4-2k-b)}{2[\alpha(8-4k-b)-t(6-3k-b)]^2}$。$\pi_m^{MR}-\pi_r^{MR}=$

$\frac{\alpha(D_0-\alpha c_1+tc_1)^2(2-k)(4-2k-b)}{[2\alpha(4-2k-b)-t(6-3k-2b)]^2}-\frac{\alpha(D_0-\alpha c_1+tc_1)^2(2-k)(4-2k-b)}{2[2\alpha(4-2k-b)-t(6-3k-2b)]^2}=$

$\frac{\alpha(D_0-\alpha c_1+tc_1)^2(2-k)(4-2k-b)}{2[2\alpha(4-2k-b)-t(6-3k-2b)]^2}$。

命题 7-4 说明，在两种服务提供模式下，由于制造商为核心企业，制造商的收益始终高于零售商的收益。当产品服务化供应链的竞争强度较小时，与制造商提供服务相比，零售商提供服务时制造商的收益更大。

命题 7－5：当 $t\leqslant t_1$ 时，$\pi_m^{MR}>\pi_m^{MM}$，$\pi_r^{MR}\geqslant\pi_r^{MM}$，$\pi_{sc}^{MR}>\pi_{sc}^{MM}$。其中 $t_1=\frac{\alpha\,[(8-4k-b)\sqrt{4-2k-b}-(8-4k-2b)\sqrt{4-2k}]}{(6-3k-b)\sqrt{4-2k-b}-(6-3k-2b)\sqrt{4-2k}}$。最优的服务提供模式是零售商提供服务。当 $t\geqslant t_2$ 时，$\pi_m^{MM}\geqslant\pi_m^{MR}$，$\pi_r^{MM}>\pi_r^{MR}$，$\pi_{sc}^{MM}>\pi_{sc}^{MR}$。其中，$t_2=\frac{\alpha\,[(8-4k-b)\sqrt{8-4k-2b}-(8-4k-2b)\sqrt{8-4k-b}]}{(6-3k-b)\sqrt{8-4k-2b}-(6-3k-2b)\sqrt{8-4k-b}}$，最优的服务提供模式是制造商提供服务。当 $t_1<t<t_2$ 时，不存在最优服务提供模式。

证明：由 $\pi_m^{MR}\geqslant\pi_m^{MM}$ 可得：$\frac{\alpha\,(D_0-\alpha c_1+t\,c_1)^2(2-k)\,(4-2k-b)}{[2\alpha(4-2k-b)-t(6-3k-2b)]^2}\geqslant\frac{\alpha\,(D_0-\alpha c_1+t\,c_1)^2(2-k)\,(8-4k-b)}{2\,[\alpha(8-4k-b)-t(6-3k-b)]^2}$，化简可得：$2\,(4-2k-b)[\alpha\,(8-4k-b)-t(6-3k-b)]^2\geqslant(8-4k-b)[2\alpha\,(4-2k-b)-t\,(6-3k-2b)]^2$。由 $\pi_r^{MR}\geqslant\pi_r^{MM}$ 可得：$\frac{\alpha\,(D_0-\alpha c_1+t\,c_1)^2(2-k)\,(4-2k-b)}{2\,[2\alpha(4-2k-b)-t(6-3k-2b)]^2}\geqslant\frac{\alpha\,(D_0-\alpha c_1+t\,c_1)^2(2-k)^2}{[\alpha(8-4k-b)-t(6-3k-b)]^2}$，化简可得：$(4-2k-b)[\alpha(8-4k-b)-t(6-3k-b)]^2\geqslant(4-2k)[2\alpha(4-2k-b)-t(6-3k-2b)]^2$。

又由于当 $(4-2k-b)[\alpha\,(8-4k-b)-t\,(6-3k-b)]^2\geqslant(4-2k)\,[2\alpha(4-2k-b)-t(6-3k-2b)]^2$ 时，$2(4-2k-b)[\alpha(8-4k-b)-t(6-3k-b)]^2\geqslant(8-4k-b)\,[2\alpha(4-2k-b)-t(6-3k-2b)]^2$ 也成立，因此，当 $(4-2k-b)[\alpha(8-4k-b)-t\,(6-3k-b)]^2\geqslant(4-2k)\,[2\alpha(4-2k-b)-t(6-3k-2b)]^2$ 时，可得：$t\leqslant t_1=\frac{\alpha\,[(8-4k-b)\sqrt{4-2k-b}-(8-4k-2b)\sqrt{4-2k}]}{(6-3k-b)\sqrt{4-2k-b}-(6-3k-2b)\sqrt{4-2k}}$。

由此可以看出，当 $t\leqslant t_1$ 时，即产品服务化供应链的竞争程度较小时，最优的服务模式是零售商提供服务。

同理，由 $\pi_m^{MR}\leqslant\pi_m^{MM}$ 可得：$\frac{\alpha\,(D_0-\alpha c_1+t\,c_1)^2(2-k)\,(4-2k-b)}{[2\alpha(4-2k-b)-t(6-3k-2b)]^2}\leqslant\frac{\alpha\,(D_0-\alpha c_1+t\,c_1)^2(2-k)\,(8-4k-b)}{2\,[\alpha(8-4k-b)-t(6-3k-b)]^2}$，化简可得：$2\,(4-2k-b)[\alpha$

$(8-4k-b)-t(6-3k-b)]^2 \leqslant (8-4k-b)[2\alpha(4-2k-b)-t(6-3k-2b)]^2$。由 $\pi_r^{MR} \leqslant \pi_r^{MM}$ 可得：$\frac{\alpha(D_0-\alpha c_1+tc_1)^2(2-k)(4-2k-b)}{2[2\alpha(4-2k-b)-t(6-3k-2b)]^2} \leqslant \frac{\alpha(D_0-\alpha c_1+tc_1)^2(2-k)^2}{[\alpha(8-4k-b)-t(6-3k-b)]^2}$，化简可得：$(4-2k-b)[\alpha(8-4k-b)-t(6-3k-b)]^2 \leqslant (4-2k)[2\alpha(4-2k-b)-t(6-3k-2b)]^2$。

又由于当 $2(4-2k-b)[\alpha(8-4k-b)-t(6-3k-b)]^2 \leqslant (8-4k-b)[2\alpha(4-2k-b)-t(6-3k-2b)]^2$ 时，$(4-2k-b)[\alpha(8-4k-b)-t(6-3k-b)]^2 \leqslant (4-2k)[2\alpha(4-2k-b)-t(6-3k-2b)]^2$ 也成立，因此，当 $2(4-2k-b)[\alpha(8-4k-b)-t(6-3k-b)]^2 \leqslant (8-4k-b)[2\alpha(4-2k-b)-t(6-3k-2b)]^2$ 时，可得：$t \geqslant t_2 = \frac{\alpha[(8-4k-b)\sqrt{8-4k-2b}-(8-4k-2b)\sqrt{8-4k-b}]}{(6-3k-b)\sqrt{8-4k-2b}-(6-3k-2b)\sqrt{8-4k-b}}$。

由此可以看出，当 $t \geqslant t_2$ 时，即产品服务化供应链的竞争强度较大时，最优的服务提供模式是制造商提供服务。

由 $\pi_{sc}^{MR} \geqslant \pi_{sc}^{MM}$ 可得：$\frac{3\alpha(D_0-\alpha c_1+tc_1)^2(2-k)(4-2k-b)}{2[2\alpha(4-2k-b)-t(6-3k-2b)]^2} \geqslant \frac{\alpha(D_0-\alpha c_1+tc_1)^2(2-k)(12-6k-b)}{2[\alpha(8-4k-b)-t(6-3k-b)]^2}$，化简可得：$t \leqslant t_3 = \frac{\alpha[(8-4k-b)\sqrt{3(4-2k-b)}-(8-4k-2b)\sqrt{12-6k-b}]}{(6-3k-b)\sqrt{3(4-2k-b)}-(6-3k-2b)\sqrt{12-6k-b}}$。

第二节　零售商为核心企业时制造商或零售商提供服务

一、制造商提供服务

当制造商提供服务时，制造商和零售商的收益分别为：

$$\pi_m = (w_1 - c_1)(D_0 - \alpha p_i + t p_{3-i}) +$$

$$p_s(D_0 - \alpha p_i + t p_{3-i} - \beta p_s + \gamma s_m) - \frac{1}{2}\eta s_m^2 \quad (7.25)$$

$$\pi_r = (p_i - w_1)(D_0 - \alpha p_i + t p_{3-i}) \quad (7.26)$$

由于零售商为核心企业，首先由零售商决定产品价格，然后制造商决定产品的批发价格、服务价格和服务水平。

设$U_1 = p_i - w_1$，根据逆向归纳法，由$\frac{\partial \pi_m}{\partial w_1} = 0$，$\frac{\partial \pi_m}{\partial p_s} = 0$和$\frac{\partial \pi_m}{\partial s_m} = 0$可得：$w_1^{RM} = \frac{D_0 - \alpha p_i + t p_{3-i} + \alpha c_1 - \alpha p_s}{\alpha}$，$p_s^{RM} = \frac{D_0 - \alpha p_i + t p_{3-i} + \gamma s_m}{2\beta}$，$s_m^{RM} = \frac{p_s \gamma}{\eta}$。联立求解得：$p_s^{RM} = \frac{D_0 - \alpha p_i + t p_{3-i}}{\beta(2 - k_m)}$，$w_1^{RM} = \frac{(D_0 - \alpha p_i + t p_{3-i})(2 - k - b) + \alpha c_1 (2 - k_m)}{\alpha(2 - k)}$。将$w_1^{RM}$代入$\pi_r$，由$\frac{\partial \pi_r}{\partial p_i} = 0$可得：$p_i^{RM} = \frac{(D_0 + t p_{3-i})(6 - 3k_m - 2b) + \alpha c_1(2 - k_m)}{2\alpha(4 - 2k - b)}$。

由于两条链之间存在着产品价格的竞争，所以求解以下方程组：

$$\begin{cases} p_i^{RM} = \dfrac{(D_0 + t p_{3-i})(6 - 3k_m - 2b) + \alpha c_1(2 - k_m)}{2\alpha(4 - 2k_m - b)} \\ p_{3-i}^{RM} = \dfrac{(D_0 + t p_i)(6 - 3k_m - 2b) + \alpha c_1(2 - k_m)}{2\alpha(4 - 2k_m - b)} \end{cases} \quad (7.27)$$

可得：$p_i^{RM} = p_{3-i}^{RM} = \frac{(3D_0 + \alpha c_1)(2 - k_m) - 2bD_0}{2\alpha(4 - 2k_m - b) - t(6 - 3k_m - 2b)}$，则：

$$w_1^{RM} = \frac{D_0(2 - k_m - b) + \alpha c_1(6 - 3k_m - b) - t c_1(4 - 2k_m - b)}{2\alpha(4 - 2k_m - b) - t(6 - 3k_m - 2b)}$$

(7.28)

$$U_1^{RM} = p_i^{RM} - w_1^{RM} = \frac{(D_0 - \alpha c_1 + t c_1)(4 - 2k_m - b)}{2\alpha(4 - 2k_m - b) - t(6 - 3k_m - 2b)} \quad (7.29)$$

$$p_s^{RM} = \frac{\alpha(D_0 - \alpha c_1 + t c_1)}{\beta[2\alpha(4 - 2k_m - b) - t(6 - 3k_m - 2b)]} \quad (7.30)$$

$$s_m^{RM} = \frac{\alpha(D_0 - \alpha c_1 + t c_1)k_m}{\gamma[2\alpha(4 - 2k_m - b) - t(6 - 3k_m - 2b)]} \quad (7.31)$$

$$D_P^{RM} = \frac{\alpha(2 - k_m)(D_0 - \alpha c_1 + t c_1)}{2\alpha(4 - 2k_m - b) - t(6 - 3k_m - 2b)} \tag{7.32}$$

$$D_s^{RM} = \frac{\alpha(D_0 - \alpha c_1 + t c_1)}{2\alpha(4 - 2k_m - b) - t(6 - 3k_m - 2b)} \tag{7.33}$$

$$\pi_m^{RM} = \frac{\alpha(D_0 - \alpha c_1 + t c_1)^2(2 - k_m)(4 - 2k_m - b)}{2[2\alpha(4 - 2k_m - b) - t(6 - 3k_m - 2b)]^2} \tag{7.34}$$

$$\pi_r^{RM} = \frac{\alpha(D_0 - \alpha c_1 + t c_1)^2(2 - k_m)(4 - 2k_m - b)}{[2\alpha(4 - 2k_m - b) - t(6 - 3k_m - 2b)]^2} \tag{7.35}$$

$$\pi_{sc}^{RM} = \frac{3\alpha(D_0 - \alpha c_1 + t c_1)^2(2 - k_m)(4 - 2k_m - b)}{2[2\alpha(4 - 2k_m - b) - t(6 - 3k_m - 2b)]^2} \tag{7.36}$$

二、零售商提供服务

当零售商通过零售渠道为顾客提供产品和服务时，制造商和零售商的收益分别为：

$$\pi_m = (w_1 - c_1)(D_0 - \alpha p_i + t p_{3-i}) \tag{7.37}$$

$$\pi_r = (p_i - w_1)(D_0 - \alpha p_i + t p_{3-i}) + p_s(D_0 - \alpha p_i + t p_{3-i} - \beta p_s + \gamma s_r) - \frac{1}{2}\eta s_r^2 \tag{7.38}$$

由于零售商为核心企业，首先由零售商决定产品价格、服务价格和服务水平，然后制造商决定产品的批发价格。

设 $U_1 = p_i - w_1$，根据逆向归纳法，由 $\frac{\partial \pi_m}{\partial w_1} = 0$ 可得：$w_1^{RR} = \frac{D_0 - \alpha p_i + \alpha c_1 + t p_{3-i}}{\alpha}$。将 w_1^{RR} 代入 π_r，并由 $\frac{\partial \pi_r}{\partial p_i} = 0$，$\frac{\partial \pi_r}{\partial p_s} = 0$ 和 $\frac{\partial \pi_r}{\partial s_r} = 0$ 可得：$p_i^{RR} = \frac{3D_0 + 3t p_{3-i} + \alpha c_1 - \alpha p_s}{4\alpha}$，$p_s^{RR} = \frac{D_0 - \alpha p_i + t p_{3-i} + \gamma s_r}{2\beta}$ 和 $s_r^{RR} = \frac{p_s \gamma}{\eta}$。联立求解可得：$p_i^{RR} = \frac{(D_0 + t p_{3-i})(6 - 3k_r - b) + \alpha c_1(2 - k_r)}{\alpha(8 - 4k_r - b)}$。由于两条链之间存在着产品价格的竞争，所以求解以下方程：

$$\begin{cases} p_i^{RR} = \dfrac{(D_0 + t\,p_{3-i})\,(6 - 3k_r - b) + \alpha c_1(2 - k_r)}{\alpha(8 - 4k_r - b)} \\ p_{3-i}^{RR} = \dfrac{(D_0 + t\,p_i)\,(6 - 3k_r - b) + \alpha c_1(2 - k_r)}{\alpha(8 - 4k_r - b)} \end{cases} \tag{7.39}$$

可得：$p_i^{RR} = p_{3-i}^{RR} = \dfrac{(3D_0 + \alpha c_1)(2 - k_r) - bD_0}{\alpha(8 - 4k_r - b) - t(6 - 3k_r - b)}$，则：

$$w_1^{RR} = \frac{(D_0 + 3\alpha c_1 - 2t\,c_1)(2 - k_r) - b(\alpha c_1 - t\,c_1)}{\alpha(8 - 4k_r - b) - t(6 - 3k_r - b)} \tag{7.40}$$

$$U_1^{RR} = \frac{(D_0 - \alpha c_1 + t\,c_1)(4 - 2k_r - b)}{\alpha(8 - 4k_r - b) - t(6 - 3k_r - b)} \tag{7.41}$$

$$p_s^{RR} = \frac{\alpha(D_0 - \alpha c_1 + t\,c_1)}{\beta[\alpha(8 - 4k_r - b) - t(6 - 3k_r - b)]} \tag{7.42}$$

$$s_r^{RR} = \frac{\alpha(D_0 - \alpha c_1 + t\,c_1)k_r}{\gamma[\alpha(8 - 4k_r - b) - t(6 - 3k_r - b)]} \tag{7.43}$$

$$D_P^{RR} = \frac{\alpha(2 - k_r)\,(D_0 - \alpha c_1 + t\,c_1)}{\alpha(8 - 4k_r - b) - t(6 - 3k_r - b)} \tag{7.44}$$

$$D_s^{RR} = \frac{\alpha(D_0 - \alpha c_1 + t\,c_1)}{\alpha(8 - 4k_r - b) - t(6 - 3k_r - b)} \tag{7.45}$$

$$\pi_m^{RR} = \frac{\alpha\,(D_0 - \alpha c_1 + t\,c_1)^2\,(2 - k_r)^2}{[\alpha(8 - 4k_r - b) - t(6 - 3k_r - b)]^2} \tag{7.46}$$

$$\pi_r^{RR} = \frac{\alpha\,(D_0 - \alpha c_1 + t\,c_1)^2(2 - k_r)(8 - 4k_r - b)}{2\,[\alpha(8 - 4k_r - b) - t(6 - 3k_r - b)]^2} \tag{7.47}$$

$$\pi_{sc}^{RR} = \frac{\alpha\,(D_0 - \alpha c_1 + t\,c_1)^2(2 - k_r)(12 - 6k_r - b)}{2\,[\alpha(8 - 4k_r - b) - t(6 - 3k_r - b)]^2} \tag{7.48}$$

三、均衡结果分析

命题 7-6： $\pi_r^{RM} \geqslant \pi_m^{RM}$，$\pi_r^{RR} \geqslant \pi_m^{RR}$。

证明：由$\dfrac{\alpha\,(D_0-\alpha c_1+t\,c_1)^2\,(2-k_m)\,(4-2k_m-b)}{[2\alpha(4-2k_m-b)-t(6-3k_m-2b)]^2} \geqslant$

$\frac{\alpha(D_0-\alpha c_1+tc_1)^2(2-k_m)(4-2k_m-b)}{2[2\alpha(4-2k_m-b)-t(6-3k_m-2b)]^2}$ 可得：$1>\frac{1}{2}$ 成立。由 $\frac{\alpha(D_0-\alpha c_1+tc_1)^2(2-k_r)(8-4k_r-b)}{2[\alpha(8-4k_r-b)-t(6-3k_r-b)]^2}\geqslant\frac{\alpha(D_0-\alpha c_1+tc_1)^2(2-k_r)^2}{[\alpha(8-4k_r-b)-t(6-3k_r-b)]^2}$ 可得：$4-2k_r-b\geqslant 0$成立。

命题 7-6 说明，当零售商为核心企业时，无论制造商提供服务还是零售商提供服务，零售商的收益均大于制造商的收益。

命题 7-7：当$\frac{(2-k_m)(4-2k_m-b)}{[2\alpha(4-2k_m-b)-t(6-3k_m-2b)]^2}\geqslant\frac{(2-k_r)(8-4k_r-b)}{[\alpha(8-4k_r-b)-t(6-3k_r-b)]^2}$时，$\pi_m^{RM}\geqslant\pi_m^{RR}$，$\pi_r^{RM}\geqslant\pi_r^{RR}$。当$\frac{(2-k_r)^2}{[\alpha(8-4k_r-b)-t(6-3k_r-b)]^2}\geqslant\frac{(2-k_m)(4-2k_m-b)}{[2\alpha(4-2k_m-b)-t(6-3k_m-2b)]^2}$时，$\pi_m^{RR}\geqslant\pi_m^{RM}$，$\pi_r^{RR}\geqslant\pi_r^{RM}$。

证明：由命题 7-6 可得，当$\pi_m^{RM}\geqslant\pi_r^{RR}$时，$\pi_m^{RM}\geqslant\pi_m^{RR}$，$\pi_r^{RM}\geqslant\pi_r^{RR}$成立，即 $\frac{\alpha(D_0-\alpha c_1+tc_1)^2(2-k_m)(4-2k_m-b)}{2[2\alpha(4-2k_m-b)-t(6-3k_m-2b)]^2}\geqslant\frac{\alpha(D_0-\alpha c_1+tc_1)^2(2-k_r)(8-4k_r-b)}{2[\alpha(8-4k_r-b)-t(6-3k_r-b)]^2}$，化简可得：$\frac{(2-k_m)(4-2k_m-b)}{[2\alpha(4-2k_m-b)-t(6-3k_m-2b)]^2}\geqslant\frac{(2-k_r)(8-4k_r-b)}{[\alpha(8-4k_r-b)-t(6-3k_r-b)]^2}$。当$\pi_m^{RR}\geqslant\pi_r^{RM}$时，$\pi_m^{RR}\geqslant\pi_m^{RM}$，$\pi_r^{RR}\geqslant\pi_r^{RM}$成立，即$\frac{\alpha(D_0-\alpha c_1+tc_1)^2(2-k_r)^2}{[\alpha(8-4k_r-b)-t(6-3k_r-b)]^2}\geqslant\frac{\alpha(D_0-\alpha c_1+tc_1)^2(2-k_m)(4-2k_m-b)}{[2\alpha(4-2k_m-b)-t(6-3k_m-2b)]^2}$，化简可得：$\frac{(2-k_r)^2}{[\alpha(8-4k_r-b)-t(6-3k_r-b)]^2}\geqslant\frac{(2-k_m)(4-2k_m-b)}{[2\alpha(4-2k_m-b)-t(6-3k_m-2b)]^2}$。

命题 7-7 说明，制造商和零售商需要权衡服务需求敏感指数的大小做出服务提供模式的选择。当 $\frac{(2-k_m)(4-2k_m-b)}{[2\alpha(4-2k_m-b)-t(6-3k_m-2b)]^2}\geqslant$

$\dfrac{(2-k_r)(8-4k_r-b)}{[\alpha(8-4k_r-b)-t(6-3k_r-b)]^2}$时，制造商和零售商均选择制造商提供服务。

当$\dfrac{(2-k_r)^2}{[\alpha(8-4k_r-b)-t(6-3k_r-b)]^2}\geqslant\dfrac{(2-k_m)(4-2k_m-b)}{[2\alpha(4-2k_m-b)-t(6-3k_m-2b)]^2}$时，制造商和零售商均选择零售商提供服务。

当 $k_m=k_r=k$ 时，可得命题 7-8、命题 7-9、命题 7-10。

命题 7-8：当 $t\leqslant\alpha$ 时，$p_s^{RM}\geqslant p_s^{RR}$，$s_m^{RM}\geqslant s_r^{RR}$，$D_P^{RM}\geqslant D_P^{RR}$，$D_s^{RM}\geqslant D_s^{RR}$。

证明：从上述结果可以看出，各最优变量的分母部分相同，所以当分子部分 $2\alpha(4-2k-b)-t(6-3k-2b)\leqslant\alpha(8-4k-b)-t(6-3k-b)$ 时，即 $t\leqslant\alpha$ 时，上述不等式成立。

命题 7-8 说明，零售商为核心企业时，当产品服务化供应链的竞争强度较小时，与零售商提供服务相比较，制造商提供服务时的服务价格、服务水平、产品数量和服务数量均增加。

命题 7-9：制造商提供服务时，$\pi_r^{RM}>\pi_m^{RM}$。零售商提供服务时，$\pi_r^{RR}>\pi_m^{RR}$。且当 $t\leqslant\alpha$ 时，$\pi_r^{RM}-\pi_m^{RM}>\pi_r^{RR}-\pi_m^{RR}$。

证明：显然，$\dfrac{\alpha(D_0-\alpha c_1+tc_1)^2(2-k)(4-2k-b)}{[2\alpha(4-2k-b)-t(6-3k-2b)]^2}>\dfrac{\alpha(D_0-\alpha c_1+tc_1)^2(2-k)(4-2k-b)}{2[2\alpha(4-2k-b)-t(6-3k-2b)]^2}$成立。由$\dfrac{\alpha(D_0-\alpha c_1+tc_1)^2(2-k)(8-4k-b)}{2[\alpha(8-4k-b)-t(6-3k-b)]^2}>\dfrac{\alpha(D_0-\alpha c_1+tc_1)^2(2-k)^2}{[\alpha(8-4k-b)-t(6-3k-b)]^2}$化简可得：$4-2k-b>0$ 成立。$\pi_r^{RM}-\pi_m^{RM}=\dfrac{\alpha(D_0-\alpha c_1+tc_1)^2(2-k)(4-2k-b)}{[2\alpha(4-2k-b)-t(6-3k-2b)]^2}-\dfrac{\alpha(D_0-\alpha c_1+tc_1)^2(2-k)(4-2k-b)}{2[2\alpha(4-2k-b)-t(6-3k-2b)]^2}=\dfrac{\alpha(D_0-\alpha c_1+tc_1)^2(2-k)(4-2k-b)}{2[2\alpha(4-2k-b)-t(6-3k-2b)]^2}$。$\pi_r^{RR}-\pi_m^{RR}=\dfrac{\alpha(D_0-\alpha c_1+tc_1)^2(2-k)(8-4k-b)}{2[\alpha(8-4k-b)-t(6-3k-b)]^2}-\dfrac{\alpha(D_0-\alpha c_1+tc_1)^2(2-k)^2}{[\alpha(8-4k-b)-t(6-3k-b)]^2}=\dfrac{\alpha(D_0-\alpha c_1+tc_1)^2(2-k)(4-2k-b)}{2[\alpha(8-4k-b)-t(6-3k-b)]^2}$。由命题 7-8 可得：当 $t\leqslant\alpha$ 时，分子部分 $2\alpha(4-2k-b)-t(6-3k-2b)\leqslant\alpha(8-4k-b)-$

$t(6-3k-b)$ ，即 $\pi_r^{RM}-\pi_m^{RM}>\pi_r^{RR}-\pi_m^{RR}$ 成立。

命题 7-9 说明，在两种服务提供模式下，由于零售商为核心企业，零售商的收益均大于制造商的收益。与零售商提供服务相比，当制造商提供服务时零售商的收益更大。

命题 7-10：当 $t\leqslant t_1$ 时，$\pi_m^{RM}\geqslant\pi_m^{RR}$，$\pi_r^{RM}>\pi_r^{RR}$，$\pi_{sc}^{RM}>\pi_{sc}^{RR}$。其中，$t_1=\dfrac{\alpha[(8-4k-b)\sqrt{4-2k-b}-(8-4k-2b)\sqrt{4-2k}]}{(6-3k-b)\sqrt{4-2k-b}-(6-3k-2b)\sqrt{4-2k}}$。最优的服务提供模式是制造商提供服务。当 $t\geqslant t_2$ 时，$\pi_m^{RR}>\pi_m^{RM}$，$\pi_r^{RR}\geqslant\pi_r^{RM}$，$\pi_{sc}^{RR}>\pi_{sc}^{RM}$。其中，$t_2=\dfrac{\alpha[(8-4k-b)\sqrt{8-4k-2b}-(8-4k-2b)\sqrt{8-4k-b}]}{(6-3k-b)\sqrt{8-4k-2b}-(6-3k-2b)\sqrt{8-4k-b}}$。最优的服务提供模式是零售商提供服务。当 $t_1<t<t_2$ 时，不存在最优服务提供模式。

证明：由 $\pi_m^{RM}\geqslant\pi_m^{RR}$ 可得：$\dfrac{\alpha(D_0-\alpha c_1+tc_1)^2(2-k)(4-2k-b)}{2[2\alpha(4-2k-b)-t(6-3k-2b)]^2}\geqslant\dfrac{\alpha(D_0-\alpha c_1+tc_1)^2(2-k)^2}{[\alpha(8-4k-b)-t(6-3k-b)]^2}$，化简可得：$(4-2k-b)[\alpha(8-4k-b)-t(6-3k-b)]^2\geqslant(4-2k)[2\alpha(4-2k-b)-t(6-3k-2b)]^2$。由$\pi_r^{RM}\geqslant\pi_r^{RR}$可得：$\dfrac{\alpha(D_0-\alpha c_1+tc_1)^2(2-k)(4-2k-b)}{[2\alpha(4-2k-b)-t(6-3k-2b)]^2}\geqslant\dfrac{\alpha(D_0-\alpha c_1+tc_1)^2(2-k)(8-4k-b)}{2[\alpha(8-4k-b)-t(6-3k-b)]^2}$，化简可得：$2(4-2k-b)[\alpha(8-4k-b)-t(6-3k-b)]^2\geqslant(8-4k-b)[2\alpha(4-2k-b)-t(6-3k-2b)]^2$。

又由于当$(4-2k-b)[\alpha(8-4k-b)-t(6-3k-b)]^2\geqslant(4-2k)\begin{bmatrix}2\alpha(4-2k-b)-\\ t(6-3k-2b)\end{bmatrix}^2$成立时，$2(4-2k-b)[\alpha(8-4k-b)-t(6-3k-b)]^2\geqslant(8-4k-b)\begin{bmatrix}2\alpha(4-2k-b)-\\ t(6-3k-2b)\end{bmatrix}^2$也成立，因此，当 $(4-2k-b)[\alpha(8-4k-b)-t(6-3k-b)]^2\geqslant(4-2k)[2\alpha(4-2k-b)-t(6-3k-2b)]^2$ 时，可得：$t\leqslant t_1=\dfrac{\alpha[(8-4k-b)\sqrt{4-2k-b}-(8-4k-2b)\sqrt{4-2k}]}{(6-3k-b)\sqrt{4-2k-b}-(6-3k-2b)\sqrt{4-2k}}$。

由此可以看出，当$t \leqslant t_1$时，即产品服务化供应链的竞争程度较小时，最优的服务提供模式是制造商提供服务。

同理，由$\pi_m^{RR} \geqslant \pi_m^{RM}$可得：$\frac{\alpha\ (D_0-\alpha c_1+tc_1)^2(2-k)^2}{[\alpha(8-4k-b)-t(6-3k-b)]^2} \geqslant \frac{\alpha\ (D_0-\alpha c_1+t c_1)^2(2-k)(4-2k-b)}{2[2\alpha(4-2k-b)-t(6-3k-2b)]^2}$，化简可得：$(4-2k)[2\alpha(4-2k-b)-t(6-3k-2b)]^2 \geqslant (4-2k-b)[\alpha(8-4k-b)-t(6-3k-b)]^2$。由$\pi_r^{RR} \geqslant \pi_r^{RM}$可得：$\frac{\alpha\ (D_0-\alpha c_1+t c_1)^2(2-k)(8-4k-b)}{2[\alpha(8-4k-b)-t(6-3k-b)]^2} \geqslant \frac{\alpha\ (D_0-\alpha c_1+t c_1)^2(2-k)(4-2k-b)}{[2\alpha(4-2k-b)-t(6-3k-2b)]^2}$，化简可得：$(8-4k-b)[2\alpha(4-2k-b)-t(6-3k-2b)]^2 \geqslant 2(4-2k-b)[\alpha(8-4k-b)-t(6-3k-b)]^2$。

又由于当$(8-4k-b)[2\alpha(4-2k-b)-t(6-3k-2b)]^2 \geqslant 2(4-2k-b)[\alpha(8-4k-b)-t(6-3k-b)]^2$成立时，$(4-2k)[2\alpha(4-2k-b)-t(6-3k-2b)]^2 \geqslant (4-2k-b)[\alpha(8-4k-b)-t(6-3k-b)]^2$也成立，因此，当$(8-4k-b)[2\alpha(4-2k-b)-t(6-3k-2b)]^2 \geqslant 2(4-2k-b)[\alpha(8-4k-b)-t(6-3k-b)]^2$时，可得：$t \geqslant t_2 = \frac{\alpha\ [(8-4k-b)\sqrt{8-4k-2b}-(8-4k-2b)\sqrt{8-4k-b}]}{(6-3k-b)\sqrt{8-4k-2b}-(6-3k-2b)\sqrt{8-4k-b}}$。

由此可以看出，当$t \geqslant t_2$时，即产品服务化供应链的竞争强度较大时，最优的服务提供模式是零售商提供服务。

由$\pi_{sc}^{RM} \geqslant \pi_{sc}^{RR}$可得：$\frac{3\alpha(D_0-\alpha c_1+t c_1)^2(2-k)(4-2k-b)}{2[2\alpha(4-2k-b)-t(6-3k-2b)]^2} \geqslant \frac{\alpha(D_0-\alpha c_1+t c_1)^2(2-k)(12-6k-b)}{2[\alpha(8-4k-b)-t(6-3k-b)]^2}$，化简可得：$t \leqslant t_3 = \frac{\alpha[(8-4k-b)\sqrt{3(4-2k-b)}-(8-4k-2b)\sqrt{12-6k-b}]}{(6-3k-b)\sqrt{3(4-2k-b)}-(6-3k-2b)\sqrt{12-6k-b}}$。

第三节　制造商与零售商权力均等时制造商或零售商提供服务

一、制造商提供服务

当制造商提供服务时，制造商和零售商的收益分别为：

$$\pi_m = (w_1 - c_1)(D_0 - \alpha p_i + t\,p_{3-i}) + p_s(D_0 - \alpha p_i + t\,p_{3-i} - \beta p_s + \gamma s_m) - \frac{1}{2}\eta\, s_m^2 \tag{7.49}$$

$$\pi_r = (p_i - w_1)(D_0 - \alpha p_i + t\,p_{3-i}) \tag{7.50}$$

制造商与零售商同时进行决策，制造商决定产品的批发价格、服务价格和服务水平，零售商决定产品价格。

由$\frac{\partial \pi_m}{\partial w_1}=0$，$\frac{\partial \pi_m}{\partial p_s}=0$ 和$\frac{\partial \pi_m}{\partial s_m}=0$ 可得：$w_1^{NM} = \frac{D_0-\alpha p_i+t\,p_{3-i}+\alpha c_1-\alpha p_s}{\alpha}$，$p_s^{NM} = \frac{D_0 - \alpha p_i + t\,p_{3-i} + \gamma s_m}{2\beta}$，$s_m^{NM} = \frac{p_s\gamma}{\eta}$。联立求解可得：$p_s^{NM} = \frac{D_0 - \alpha p_i + t\,p_{3-i}}{\beta(2 - k_m)}$，$w_1^{NM} = \frac{(D_0 - \alpha p_i + t\,p_{3-i})(2 - k_m - b) + \alpha c_1(2 - k_m)}{\alpha(2 - k_m)}$。由$\frac{\partial \pi_r}{\partial p_i} = 0$ 可得：$p_i^{NM} = \frac{D_0 + t\,p_{3-i} + \alpha w_1}{2\alpha}$。联立求解可得：$p_i^{NM} = \frac{(D_0 + t\,p_{3-i})(4 - 2k_m - b) + \alpha c_1(2 - k_m)}{\alpha(6 - 3k_m - b)}$。由于两条链之间存在着产品价格的竞争，所以求解以下方程：

$$\begin{cases} p_i^{NM} = \dfrac{(D_0 + t\,p_{3-i})(4 - 2k_m - b) + \alpha c_1(2 - k_m)}{\alpha(6 - 3k_m - b)} \\ p_{3-i}^{NM} = \dfrac{(D_0 + t\,p_i)(4 - 2k_m - b) + \alpha c_1(2 - k_m)}{\alpha(6 - 3k_m - b)} \end{cases} \tag{7.51}$$

可得：$p_i^{NM} = p_{3-i}^{NM} = \frac{(2D_0 + \alpha c_1)(2 - k_m) - bD_0}{\alpha(6 - 3k_m - b) - t(4 - 2k_m - b)}$，则：

$$w_1^{NM} = \frac{D_0(2 - k_m - b) + \alpha c_1(4 - 2k_m) - t\,c_1(2 - k_m)}{\alpha(6 - 3k_m - b) - t(4 - 2k_m - b)} \tag{7.52}$$

$$U_1^{NM} = p_i^{NM} - w_1^{NM} = \frac{(D_0 - \alpha c_1 + t\,c_1)(2 - k_m)}{\alpha(6 - 3k_m - b) - t(4 - 2k_m - b)} \tag{7.53}$$

$$p_s^{NM} = \frac{\alpha(D_0 - \alpha c_1 + t\,c_1)}{\beta[\alpha(6 - 3k - b) - t(4 - 2k_m - b)]} \tag{7.54}$$

$$s_m^{NM} = \frac{\alpha(D_0 - \alpha c_1 + t\,c_1)k_m}{\gamma[\alpha(6 - 3k_m - b) - t(4 - 2k_m - b)]} \tag{7.55}$$

$$D_P^{NM} = \frac{\alpha(2 - k_m)(D_0 - \alpha c_1 + t\,c_1)}{\alpha(6 - 3k_m - b) - t(4 - 2k_m - b)} \tag{7.56}$$

$$D_s^{NM} = \frac{\alpha(D_0 - \alpha c_1 + t\,c_1)}{\alpha(6 - 3k_m - b) - t(4 - 2k_m - b)} \tag{7.57}$$

$$\pi_m^{NM} = \frac{\alpha(D_0 - \alpha c_1 + t\,c_1)^2(2 - k_m)(4 - 2k_m - b)}{2[\alpha(6 - 3k_m - b) - t(4 - 2k_m - b)]^2} \tag{7.58}$$

$$\pi_r^{NM} = \frac{\alpha(D_0 - \alpha c_1 + t\,c_1)^2(2 - k_m)^2}{[\alpha(6 - 3k_m - b) - t(4 - 2k_m - b)]^2} \tag{7.59}$$

$$\pi_{sc}^{NM} = \frac{\alpha(D_0 - \alpha c_1 + t\,c_1)^2(2 - k_m)(8 - 4k_m - b)}{2[\alpha(6 - 3k_m - b) - t(4 - 2k_m - b)]^2} \tag{7.60}$$

二、零售商提供服务

当零售商通过零售渠道为顾客提供产品和服务时，制造商和零售商的收益分别为：

$$\pi_m = (w_1 - c_1)(D_0 - \alpha p_i + t\,p_{3-i}) \tag{7.61}$$

$$\pi_r = (p_i - w_1)(D_0 - \alpha p_i + t\,p_{3-i}) + p_s(D_0 - \alpha p_i + t\,p_{3-i} - \beta p_s + \gamma s_r) - \frac{1}{2}\eta\,s_r^2 \tag{7.62}$$

制造商与零售商同时进行决策，制造商决定产品的批发价格，零售商决定产品价格、服务价格和服务水平。

由 $\frac{\partial \pi_m}{\partial w_1} = 0$ 可得：$w_1^{NR} = \frac{D_0 - \alpha p_i + \alpha c_1 + t\,p_{3-i}}{\alpha}$。由 $\frac{\partial \pi_r}{\partial p_i} = 0$、$\frac{\partial \pi_r}{\partial p_s} = 0$

和 $\frac{\partial \pi_r}{\partial s_r} = 0$ 可得：$p_i^{NR} = \frac{D_0 + t p_{3-i} + \alpha w_1 - \alpha p_s}{2\alpha}$，$p_s^{NR} = \frac{D_0 - \alpha p_i + t p_{3-i} + \gamma s_r}{2\beta}$，

$s_r^{NR} = \frac{p_s \gamma}{\eta}$。联立求解可得：$p_i^{NR} = \frac{(D_0 + t p_{3-i})(4 - 2k_r - b) + \alpha c_1(2 - k_r)}{\alpha(6 - 3k_r - b)}$。

由于两条链之间存在着产品价格的竞争，求解以下方程：

$$\begin{cases} p_i^{NR} = \frac{(D_0 + t p_{3-i})(4 - 2k_r - b) + \alpha c_1(2 - k_r)}{\alpha(6 - 3k_r - b)} \\ p_{3-i}^{NR} = \frac{(D_0 + t p_i)(4 - 2k_r - b) + \alpha c_1(2 - k_r)}{\alpha(6 - 3k_r - b)} \end{cases} \tag{7.63}$$

可得：$p_i^{NR} = p_{3-i}^{NR} = \frac{(2D_0 + \alpha c_1)(2 - k_r) - bD_0}{\alpha(6 - 3k_r - b) - t(4 - 2k_r - b)}$，则：

$$w_1^{NR} = \frac{D_0(2 - k_r) + \alpha c_1(4 - 2k_r - b) - t c_1(2 - k_r - b)}{\alpha(6 - 3k_r - b) - t(4 - 2k_r - b)} \tag{7.64}$$

$$U_1^{NR} = p_i^{NR} - w_1^{NR} = \frac{(D_0 - \alpha c_1 + t c_1)(2 - k_r - b)}{\alpha(6 - 3k_r - b) - t(4 - 2k_r - b)} \tag{7.65}$$

$$p_s^{NR} = \frac{\alpha(D_0 - \alpha c_1 + t c_1)}{\beta[\alpha(6 - 3k_r - b) - t(4 - 2k_r - b)]} \tag{7.66}$$

$$s_m^{NR} = \frac{\alpha(D_0 - \alpha c_1 + t c_1)k}{\gamma[\alpha(6 - 3k_r - b) - t(4 - 2k_r - b)]} \tag{7.67}$$

$$D_P^{NR} = \frac{\alpha(2 - k_r)(D_0 - \alpha c_1 + t c_1)}{\alpha(6 - 3k - b) - t(4 - 2k - b)} \tag{7.68}$$

$$D_s^{NR} = \frac{\alpha(D_0 - \alpha c_1 + t c_1)}{\alpha(6 - 3k_r - b) - t(4 - 2k_r - b)} \tag{7.69}$$

$$\pi_m^{NR} = \frac{\alpha(D_0 - \alpha c_1 + t c_1)^2 (2 - k_r)^2}{[\alpha(6 - 3k_r - b) - t(4 - 2k_r - b)]^2} \tag{7.70}$$

$$\pi_r^{NR} = \frac{\alpha(D_0 - \alpha c_1 + t c_1)^2(2 - k_r)(4 - 2k_r - b)}{2[\alpha(6 - 3k_r - b) - t(4 - 2k_r - b)]^2} \tag{7.71}$$

$$\pi_{sc}^{NR} = \frac{\alpha(D_0 - \alpha c_1 + t c_1)^2(2 - k_r)(8 - 4k_r - b)}{2[\alpha(6 - 3k_r - b) - t(4 - 2k_r - b)]^2} \tag{7.72}$$

三、均衡结果分析

命题 7-11：$\pi_r^{NM} \geqslant \pi_m^{NM}$，$\pi_m^{NR} \geqslant \pi_r^{NR}$。

证明：由 $\dfrac{\alpha(D_0-\alpha c_1+tc_1)^2(2-k_m)^2}{[\alpha(6-3k_m-b)-t(4-2k_m-b)]^2} \geqslant \dfrac{\alpha(D_0-\alpha c_1+tc_1)^2(2-k_m)(4-2k_m-b)}{2[\alpha(6-3k_m-b)-t(4-2k_m-b)]^2}$，化简可得：$4-2k_m \geqslant 4-2k_m-b$ 成立。由 $\dfrac{\alpha(D_0-\alpha c_1+tc_1)^2(2-k_r)^2}{[\alpha(6-3k_r-b)-t(4-2k_r-b)]^2} \geqslant \dfrac{\alpha(D_0-\alpha c_1+tc_1)^2(2-k_r)(4-2k_r-b)}{2[\alpha(6-3k_r-b)-t(4-2k_r-b)]^2}$ 化简可得：$4-2k_r \geqslant 4-2k_r-b$ 成立。

命题 7-11 说明，当制造商与零售商权力均等，制造商提供服务时，零售商的收益大于制造商的收益；零售商提供服务时，制造商的收益大于零售商的收益。

命题 7-12：当 $\dfrac{(2-k_m)(4-2k_m-b)}{2(6-3k_m-b)^2} \geqslant \dfrac{(2-k_r)^2}{(6-3k_r-b)^2}$ 时，$\pi_m^{NM} \geqslant \pi_m^{NR}$，$\pi_r^{NM} \geqslant \pi_r^{NR}$。当 $\dfrac{(2-k_r)(4-2k_r-b)}{2(6-3k_r-b)^2} \geqslant \dfrac{(2-k_m)^2}{(6-3k_m-b)^2}$ 时，$\pi_r^{NR} \geqslant \pi_r^{NM}$，$\pi_m^{NR} \geqslant \pi_m^{NM}$。

证明：由命题 7-11 可知，当 $\pi_m^{NM} \geqslant \pi_m^{NR}$ 时，$\pi_r^{NM} \geqslant \pi_r^{NR}$ 也成立，因此由 $\pi_m^{NM} \geqslant \pi_m^{NR}$ 可得：$\dfrac{(2-k_m)(4-2k_m-b)}{2[\alpha(6-3k_m-b)-t(4-2k_m-b)]^2} \geqslant \dfrac{(2-k_r)^2}{[\alpha(6-3k_r-b)-t(4-2k_r-b)]^2}$。当 $\pi_r^{NR} \geqslant \pi_r^{NM}$ 时，$\pi_m^{NR} \geqslant \pi_m^{NM}$ 也成立，因此，由 $\pi_r^{NR} \geqslant \pi_r^{NM}$ 可得：$\dfrac{(2-k_r)(4-2k_r-b)}{2[\alpha(6-3k_r-b)-t(4-2k_r-b)]^2} \geqslant \dfrac{(2-k_m)^2}{[\alpha(6-3k_m-b)-t(4-2k_m-b)]^2}$。

命题 7-12 说明，制造商和零售商需要权衡服务需求敏感指数的大小来做出服务提供模式的选择，当 $\frac{(2-k_m)(4-2k_m-b)}{2[\alpha(6-3k_m-b)-t(4-2k_m-b)]^2} \geqslant \frac{(2-k_r)^2}{[\alpha(6-3k_r-b)-t(4-2k_r-b)]^2}$ 时，制造商和零售商均会选择制造商提供服务。当 $\frac{(2-k_r)(4-2k_r-b)}{2[\alpha(6-3k_r-b)-t(4-2k_r-b)]^2} \geqslant \frac{(2-k_m)^2}{[\alpha(6-3k_m-b)-t(4-2k_m-b)]^2}$ 时，制造商和零售商均会选择零售商提供服务。

当 $k_m = k_r = k$，且 $0 < k < 2-b$ 时，可得到命题 7-13、命题 7-14、命题 7-15。

命题 7-13：两种服务提供模式下的服务价格、服务水平、产品数量、服务数量相等。

命题 7-14：$\pi_r^{NM} > \pi_m^{NM}$，$\pi_m^{NR} > \pi_r^{NR}$。$\pi_r^{NM} - \pi_m^{NM} = \pi_m^{NR} - \pi_r^{NR}$。

证明：由 $\frac{\alpha(D_0-\alpha c_1+tc_1)^2(2-k)^2}{[\alpha(6-3k-b)-t(4-2k-b)]^2} > \frac{\alpha(D_0-\alpha c_1+tc_1)^2(2-k)(4-2k-b)}{2[\alpha(6-3k-b)-t(4-2k-b)]^2}$ 化简可得：$4-2k > 4-2k-b$ 成立，命题可证。

命题 7-14 说明，当制造商与零售商权力均等，制造商提供服务时，零售商的收益大于制造商的收益；零售商提供服务时，制造商的收益大于零售商的收益。两种服务提供模式下制造商与零售商收益之差相等。

命题 7-15：$\pi_m^{NR} > \pi_m^{NM}$，$\pi_r^{NM} > \pi_r^{NR}$，$\pi_{sc}^{NM} = \pi_{sc}^{NR}$。

证明：由 $\frac{\alpha(D_0-\alpha c_1+tc_1)^2(2-k)^2}{[\alpha(6-3k-b)-t(4-2k-b)]^2} > \frac{\alpha(D_0-\alpha c_1+tc_1)^2(2-k)(4-2k-b)}{2[\alpha(6-3k-b)-t(4-2k-b)]^2}$ 化简可得：$4-2k > 4-2k-b$ 成立，命题可证。

命题 7-15 说明，从制造商的收益来看，制造商希望零售商提供服务；从零售商的收益来看，零售商希望制造商提供服务；从产品服务化供应链的总收益来看，两种服务提供模式的总收益相等。因此，从三者的收益来看，不存在最优的服务提供模式。

第四节　三种权力结构下的均衡结果分析

命题 7-16：当制造商提供服务时，对于制造商来说，当 $0 < k < 2-b$ 且 $t \leqslant \alpha$ 时，$\pi_m^{MM} > \pi_m^{NM} \geqslant \pi_m^{RM}$。

证明：由 $\pi_m^{NM} \geqslant \pi_m^{RM}$ 可得：$\frac{\alpha(D_0 - \alpha c_1 + tc_1)^2(2-k)(4-2k-b)}{2[\alpha(6-3k-b)-t(4-2k-b)]^2} \geqslant \frac{\alpha(D_0 - \alpha c_1 + tc_1)^2(2-k)(4-2k-b)}{2[2\alpha(4-2k-b)-t(6-3k-2b)]^2}$，化简可得：$\alpha(6-3k-b) - t(4-2k-b) \leqslant 2\alpha(4-2k-b) - t(6-3k-2b)$，即当 $0 < k < 2-b$ 且 $t \leqslant \alpha$ 时，$\pi_m^{NM} \geqslant \pi_m^{RM}$ 成立。

这说明制造商在双方权力均等时获得的收益大于零售商为核心企业时获得的收益。

由 $\pi_m^{MM} \geqslant \pi_m^{NM}$ 可得：$\frac{\alpha(D_0 - \alpha c_1 + tc_1)^2(2-k)(8-4k-b)}{2[\alpha(8-4k-b)-t(6-3k-b)]^2} \geqslant \frac{\alpha(D_0 - \alpha c_1 + tc_1)^2(2-k)(4-2k-b)}{2[\alpha(6-3k-b)-t(4-2k-b)]^2}$，化简可得：$\alpha^2(8-4k-b) \geqslant t^2(4-2k-b)$，即 $t \leqslant \alpha\sqrt{\frac{8-4k-b}{4-2k-b}}$。由于 $\alpha\sqrt{\frac{8-4k-b}{4-2k-b}} > \alpha$，说明当 $0 < k < 2-b$ 且 $t \leqslant \alpha$ 时，$\pi_m^{MM} > \pi_m^{NM}$ 成立。

命题 7-16 说明，制造商提供服务时，制造商为核心企业时制造商的收益最大，其次是制造商与零售商权力均等时，零售商为核心企业时最小。

命题 7-17：当零售商提供服务时，对于制造商来说，当 $0 < k < 2-b$

且 $t \leqslant \alpha$ 时，$\pi_m^{MR} \geqslant \pi_m^{NR} \geqslant \pi_m^{RR}$ 。

证明：由 $\pi_m^{NR} \geqslant \pi_m^{RR}$ 可得：$\frac{\alpha(D_0 - \alpha c_1 + t c_1)^2 (2-k)^2}{[\alpha(6-3k-b) - t(4-2k-b)]^2} \geqslant \frac{\alpha(D_0 - \alpha c_1 + t c_1)^2 (2-k)^2}{[\alpha(8-4k-b) - t(6-3k-b)]^2}$，化简可得：$\alpha(8-4k-b) - t(6-3k-b) > \alpha(6-3k-b) - t(4-2k-b)$，由此可得出，当 $t \leqslant \alpha$ 时，$\pi_m^{NR} > \pi_m^{RR}$ 成立。

这说明制造商在双方权力均等时获得的收益大于零售商为核心企业时获得的收益。

由 $\pi_m^{MR} \geqslant \pi_m^{NR}$ 可得：$\frac{\alpha(D_0 - \alpha c_1 + t c_1)^2 (2-k)(4-2k-b)}{[2\alpha(4-2k-b) - t(6-3k-2b)]^2} \geqslant \frac{\alpha(D_0 - \alpha c_1 + t c_1)^2 (2-k)^2}{[\alpha(6-3k-b) - t(4-2k-b)]^2}$，化简可得：$\alpha^2(2-k-b)(4-2k-b) + 2\alpha b(4-2k-b)t - [(2-k)^2 + (2-k)b - b^2]t^2 \geqslant 0$。令 $f(\alpha) = \alpha^2(2-k-b)(4-2k-b) + 2\alpha b(4-2k-b)t - [(2-k)^2 + (2-k)b - b^2]t^2$，则 $\frac{\partial f(\alpha)}{\partial \alpha} = 2\alpha(2-k-b)(4-2k-b) + 2bt(4-2k-b)$ 。当 $2-k-b > 0$ 时，$\frac{\partial f(\alpha)}{\partial \alpha} > 0$，所以 $f(\alpha)$ 在 $\alpha \geqslant 0$ 时为增函数。由于 $f(t) = t^2(2-k)^2 \geqslant 0$，所以，当 $t \leqslant \alpha$ 且 $0 < k < 2-b$ 时，$\pi_m^{MR} > \pi_m^{NR}$ 成立。

因此，从制造商视角来看，当满足 $t \leqslant \alpha$，零售商提供服务时，制造商为核心企业得到的收益最大。

由 $\pi_m^{RR} \geqslant \pi_m^{MR}$ 可得：$\frac{\alpha(D_0 - \alpha c_1 + t c_1)^2 (2-k)^2}{[\alpha(8-4k-b) - t(6-3k-b)]^2} = \frac{\alpha(D_0 - \alpha c_1 + t c_1)^2 (2-k)(4-2k-b)}{[2\alpha(4-2k-b) - t(6-3k-2b)]^2}$，化简可得：$t = t_4 \geqslant \frac{\alpha[(8-4k-b)\sqrt{4-2k-b} - (8-4k-2b)\sqrt{2-k}]}{(6-3k-b)\sqrt{4-2k-b} - (6-3k-2b)\sqrt{2-k}}$。由 $t_4 =$

$\dfrac{\alpha[(8-4k-b)\sqrt{4-2k-b}-(8-4k-2b)\sqrt{2-k}]}{(6-3k-b)\sqrt{4-2k-b}-(6-3k-2b)\sqrt{2-k}}>\alpha$ 化简可得：当 $0<k<2-b$ 时，$\sqrt{4-2k-b}>\sqrt{2-k}$ 成立，说明 $t_4>\alpha$。

命题 7-17 说明，当零售商提供服务时，制造商为核心企业时制造商获得的收益最大，零售商为核心企业时制造商获得的收益最小。

由以上均衡结果可以看出，$\pi_r^{MM}=\pi_m^{RR}$，$\pi_r^{RM}=\pi_m^{MR}$，$\pi_r^{NM}=\pi_m^{NR}$，$\pi_r^{MR}=\pi_m^{RM}$，$\pi_r^{RR}=\pi_m^{MM}$，$\pi_r^{NR}=\pi_m^{NM}$。因此，可得到命题 7-18、命题 7-19。

命题 7-18：当制造商提供服务时，对于零售商来说，当 $0<k<2-b$ 且 $t\leqslant\alpha$ 时，$\pi_r^{RM}\geqslant\pi_r^{NM}\geqslant\pi_r^{MM}$。

证明过程同命题 7-17。命题 7-18 说明，当制造商提供服务时，零售商为核心企业时零售商的收益最大，制造商为核心企业时零售商的收益最小。

命题 7-19：当零售商提供服务时，对于零售商来说，当 $0<k<2-b$ 且 $t\leqslant\alpha$ 时，$\pi_r^{RR}>\pi_r^{NR}\geqslant\pi_r^{MR}$。

证明过程同命题 7-16。命题 7-19 说明，当零售商提供服务时，零售商为核心企业时零售商的收益最大，制造商为核心企业时零售商的收益最小。

命题 7-20：当制造商提供服务时，当 $0<k<2-b$ 且 $t\leqslant t_6$ 时，产品服务化供应链的总收益满足 $\pi_{sc}^{NM}\geqslant\pi_{sc}^{RM}\geqslant\pi_{sc}^{MM}$。

证明：由 $\pi_{sc}^{RM}\geqslant\pi_{sc}^{MM}$ 可得：$\dfrac{3\alpha(D_0-\alpha c_1+tc_1)^2(2-k)(4-2k-b)}{2[2\alpha(4-2k-b)-t(6-3k-2b)]^2}\geqslant\dfrac{\alpha(D_0-\alpha c_1+tc_1)^2(2-k)(8-4k-b)}{2[\alpha(8-4k-b)-t(6-3k-b)]^2}$，化简可得：$t\leqslant t_5=\dfrac{\alpha[(8-4k-b)\sqrt{3(4-2k-b)}-(8-4k-2b)\sqrt{8-4k-b}]}{(6-3k-b)\sqrt{3(4-2k-b)}-(6-3k-2b)\sqrt{8-4k-b}}$。由 $\pi_{sc}^{NM}\geqslant\pi_{sc}^{RM}$ 可得：$\dfrac{\alpha(D_0-\alpha c_1+tc_1)^2(2-k)(8-4k-b)}{2[\alpha(6-3k-b)-t(4-2k-b)]^2}\geqslant\dfrac{3\alpha(D_0-\alpha c_1+tc_1)^2(2-k)(4-2k-b)}{2[2\alpha(4-2k-b)-t(6-3k-2b)]^2}$，化简可得：$t\leqslant t_6=$

$\dfrac{\alpha[(8-4k-2b)\sqrt{8-4k-b}-(6-3k-b)\sqrt{3(4-2k-b)}]}{(6-3k-2b)\sqrt{8-4k-b}-(4-2k-b)\sqrt{3(4-2k-b)}}$。而由 $t_5>t_6$ 可得：$\dfrac{\alpha[(8-4k-b)\sqrt{3(4-2k-b)}-(8-4k-2b)\sqrt{8-4k-b)}]}{(6-3k-b)\sqrt{3(4-2k-b)}-(6-3k-2b)\sqrt{8-4k-b)}}>$ $\dfrac{\alpha[(8-4k-2b)\sqrt{8-4k-b)}-(6-3k-b)\sqrt{3(4-2k-b)}]}{(6-3k-2b)\sqrt{8-4k-b)}-(4-2k-b)\sqrt{3(4-2k-b)}}$，化简可得：$(2-k)^2[3(4-2k-b)-\sqrt{3(4-2k-b)(8-4k-b)}]>0$，当 $0<k<2-b$ 时，$3(4-2k-b)-(8-4k-b)=2(2-k-b)>0$。因此，当 $0<k<2-b$ 时，$t_5>t_6$ 成立。所以，在制造商提供服务时，当 $t\leqslant\min\{t_5, t_6\}=t_6$ 时，产品服务化供应链的总收益满足 $\pi_{sc}^{NM}\geqslant\pi_{sc}^{RM}\geqslant\pi_{sc}^{MM}$。

命题 7-20 说明，三种权力结构下，制造商与零售商权力均等时产品服务化供应链的总收益最大，为最优的权力结构。当权力不均等时，零售商为核心企业时总收益最大，为最优的权力结构。

命题 7-21：当零售商提供服务，$0<k<2-b$ 且 $t\leqslant t_6$ 时，产品服务化供应链的总收益满足 $\pi_{sc}^{NR}\geqslant\pi_{sc}^{MR}\geqslant\pi_{sc}^{RR}$。

证明：由 $\pi_{sc}^{NR}=\pi_{sc}^{NM}$，$\pi_{sc}^{MR}=\pi_{sc}^{RM}$，$\pi_{sc}^{RR}=\pi_{sc}^{MM}$，根据命题 7-20 可证 $\pi_{sc}^{NR}\geqslant\pi_{sc}^{MR}\geqslant\pi_{sc}^{PR}$ 成立。

命题 7-21 说明，三种权力结构下，制造商与零售商权力均等时产品服务化供应链的总收益最大，为最优的权力结构；当权力不均等时，制造商为核心企业时产品服务化供应链的总收益最大，为最优的权力结构。

命题 7-22：若制造商的策略集为（核心企业，非核心企业，权力均等），零售商的策略集为（不提供服务，提供服务），当 $0<k<2-b$ 且 $0\leqslant t\leqslant t_1$ 时，NASH 均衡解为（制造商为核心企业，零售商提供服务）；当 $0<k<2-b$ 且 $t_2\leqslant t\leqslant\alpha$ 时，NASH 均衡解为（制造商为核心企业，制造商提供服务）。

证明：制造商的策略集为（核心企业，非核心企业，权力均等），零售商的策略集为（不提供服务，提供服务），可以得出不同策略组合下的解（制造商的收益，零售商的收益），如表 7-1 所示。

表 7-1　静态博弈的组合策略结果（一）

制造商	不提供服务的零售商	提供服务的零售商
核心企业	$\left(\frac{\alpha(D_0-\alpha c_1+tc_1)^2(2-k)(8-4k-b)}{2[\alpha(8-4k-b)-t(6-3k-b)]^2}, \frac{\alpha(D_0-\alpha c_1+tc_1)^2(2-k)^2}{[\alpha(8-4k-b)-t(6-3k-b)]^2}\right)$	$\left(\frac{\alpha(D_0-\alpha c_1+tc_1)^2(2-k)(4-2k-b)}{[2\alpha(4-2k-b)-t(6-3k-2b)]^2}, \frac{\alpha(D_0-\alpha c_1+tc_1)^2(2-k)(4-2k-b)}{2[2\alpha(4-2k-b)-t(6-3k-2b)]^2}\right)$
非核心企业	$\left(\frac{\alpha(D_0-\alpha c_1+tc_1)^2(2-k)(4-2k-b)}{2[2\alpha(4-2k-b)-t(6-3k-2b)]^2}, \frac{\alpha(D_0-\alpha c_1+tc_1)^2(2-k)(4-2k-b)}{[2\alpha(4-2k-b)-t(6-3k-2b)]^2}\right)$	$\left(\frac{\alpha(D_0-\alpha c_1+tc_1)^2(2-k)^2}{[\alpha(8-4k-b)-t(6-3k-b)]^2}, \frac{\alpha(D_0-\alpha c_1+tc_1)^2(2-k)(8-4k-b)}{2[\alpha(8-4k-b)-t(6-3k-b)]^2}\right)$
权力均等	$\left(\frac{\alpha(D_0-\alpha c_1+tc_1)^2(2-k)(4-2k-b)}{2[\alpha(6-3k-b)-t(4-2k-b)]^2}, \frac{\alpha(D_0-\alpha c_1+tc_1)^2(2-k)^2}{[\alpha(6-3k-b)-t(4-2k-b)]^2}\right)$	$\left(\frac{\alpha(D_0-\alpha c_1+tc_1)^2(2-k)^2}{[\alpha(6-3k-b)-t(4-2k-b)]^2}, \frac{\alpha(D_0-\alpha c_1+tc_1)^2(2-k)(4-2k-b)}{2[\alpha(6-3k-b)-t(4-2k-b)]^2}\right)$

当零售商选择不提供服务（即制造商提供服务）时，对于制造商来说，由命题 7-16 可得：当 $0<k<2-b$ 且 $t\leqslant\alpha$ 时，制造商的最优选择是成为核心企业。

当零售商选择提供服务时，对于制造商来说，由命题 7-17 可得：当 $0<k<2-b$ 且 $t\leqslant\alpha$ 时，制造商的最优选择是成为核心企业。

当制造商为核心企业时，对于零售商来说，由命题 7-5 可得：当 $t\leqslant t_1$ 时 $\left(t_1=\frac{\alpha[(8-4k-b)\sqrt{4-2k-b}-(8-4k-2b)\sqrt{4-2k}]}{(6-3k-b)\sqrt{4-2k-b}-(6-3k-2b)\sqrt{4-2k}}, \pi_r^{MR}\geqslant\pi_r^{MM}\right)$，零售商的最优选择是提供服务；当 $t\geqslant t_2$ 时 $\left(t_2=\frac{\alpha[(8-4k-b)\sqrt{8-4k-2b}-(8-4k-2b)\sqrt{8-4k-b}]}{(6-3k-b)\sqrt{8-4k-2b}-(6-3k-2b)\sqrt{8-4k-b}}, \pi_r^{MM}>\pi_r^{MR}\right)$，零售商的最优选择是不提供服务。

当制造商为非核心企业时，对于零售商来说，由命题 7-10 可得：当 $t\leqslant t_1$ 时 $\left(t_1=\frac{\alpha[(8-4k-b)\sqrt{4-2k-b}-(8-4k-2b)\sqrt{4-2k}]}{(6-3k-b)\sqrt{4-2k-b}-(6-3k-2b)\sqrt{4-2k}}, \pi_r^{RM}\geqslant\right.$

π_r^{RR})，零售商的最优选择是不提供服务；当 $t \geqslant t_2$ 时 ($t_2 = \frac{\alpha[(8-4k-b)\sqrt{8-4k-2b}-(8-4k-2b)\sqrt{8-4k-b}]}{(6-3k-b)\sqrt{8-4k-2b}-(6-3k-2b)\sqrt{8-4k-b}}$，$\pi_r^{RR} \geqslant \pi_r^{RM}$)，零售商的最优选择是提供服务。

当制造商与零售商权力均等时，对于零售商来说，由命题 7-15 可得：零售商的最优选择是不提供服务。

因此，根据静态博弈的划线法可得，此博弈存在着 NASH 均衡解，即当 $t_2 \leqslant t \leqslant \alpha$ 且 $0 < k < 2-b$ 时，NASH 均衡解为（制造商为核心企业，零售商不提供服务（即制造商提供服务））；当 $0 \leqslant t \leqslant \min\{\alpha, t_1\}$ 且 $0 < k < 2-b$ 时，NASH 均衡解为（制造商为核心企业，零售商提供服务）。

由 $t_1 = \frac{\alpha[(8-4k-b)\sqrt{4-2k-b}-(8-4k-2b)\sqrt{4-2k}]}{(6-3k-b)\sqrt{4-2k-b}-(6-3k-2b)\sqrt{4-2k}} \leqslant \alpha$ 化简可得：$\sqrt{4-2k-b} \leqslant \sqrt{4-2k}$ 成立，说明 $t_1 \leqslant \alpha$。由 $t_2 = \frac{\alpha[(8-4k-b)\sqrt{8-4k-2b}-(8-4k-2b)\sqrt{8-4k-b}]}{(6-3k-b)\sqrt{8-4k-2b}-(6-3k-2b)\sqrt{8-4k-b}} \leqslant \alpha$ 化简可得：$\sqrt{8-4k-2b} \leqslant \sqrt{8-4k-b}$ 成立，说明 $t_2 \leqslant \alpha$。

因此得出，当 $0 < k < 2-b$ 且 $0 \leqslant t \leqslant t_1$ 时，NASH 均衡解为（制造商为核心企业，零售商提供服务）；当 $0 < k < 2-b$ 且 $t_2 \leqslant t \leqslant \alpha$ 时，NASH 均衡解为（制造商为核心企业，零售商不提供服务（即制造商提供服务））。

命题 7-23：若制造商的策略集为（不提供服务，提供服务），零售商的策略集为（核心企业，非核心企业，权力均等），当 $0 < k < 2-b$ 且 $0 \leqslant t \leqslant t_1$ 时，NASH 均衡解为（零售商为核心企业，制造商提供服务）；当 $0 < k < 2-b$ 且 $t_2 \leqslant t \leqslant \alpha$ 时，NASH 均衡解为（零售商为核心企业，零售商提供服务）。

证明：制造商的策略集为（不提供服务，提供服务），零售商的策略集为（核心企业，非核心企业，权力均等），可以得出不同策略组合下的解（制造商的收益，零售商的收益），如表 7-2 所示。

表 7-2 静态博弈的组合策略结果（二）

零售商	不提供服务的制造商	提供服务的制造商
核心企业	$\left(\dfrac{\alpha(D_0-\alpha c_1+tc_1)^2(2-k)^2}{[\alpha(8-4k-b)-t(6-3k-b)]^2}, \dfrac{\alpha(D_0-\alpha c_1+tc_1)^2(2-k)(8-4k-b)}{2[\alpha(8-4k-b)-t(6-3k-b)]^2}\right)$	$\left(\dfrac{\alpha(D_0-\alpha c_1+tc_1)^2(2-k)(4-2k-b)}{2[2\alpha(4-2k-b)-t(6-3k-2b)]^2}, \dfrac{\alpha(D_0-\alpha c_1+tc_1)^2(2-k)(4-2k-b)}{[2\alpha(4-2k-b)-t(6-3k-2b)]^2}\right)$
非核心企业	$\left(\dfrac{\alpha(D_0-\alpha c_1+tc_1)^2(2-k)(4-2k-b)}{[2\alpha(4-2k-b)-t(6-3k-2b)]^2}, \dfrac{\alpha(D_0-\alpha c_1+tc_1)^2(2-k)(4-2k-b)}{2[2\alpha(4-2k-b)-t(6-3k-2b)]^2}\right)$	$\left(\dfrac{\alpha(D_0-\alpha c_1+tc_1)^2(2-k)(8-4k-b)}{2[\alpha(8-4k-b)-t(6-3k-b)]^2}, \dfrac{\alpha(D_0-\alpha c_1+tc_1)^2(2-k)^2}{[\alpha(8-4k-b)-t(6-3k-b)]^2}\right)$
权力均等	$\left(\dfrac{\alpha(D_0-\alpha c_1+tc_1)^2(2-k)^2}{[\alpha(6-3k-b)-t(4-2k-b)]^2}, \dfrac{\alpha(D_0-\alpha c_1+tc_1)^2(2-k)(4-2k-b)}{2[\alpha(6-3k-b)-t(4-2k-b)]^2}\right)$	$\left(\dfrac{\alpha(D_0-\alpha c_1+tc_1)^2(2-k)(4-2k-b)}{2[\alpha(6-3k-b)-t(4-2k-b)]^2}, \dfrac{\alpha(D_0-\alpha c_1+tc_1)^2(2-k)^2}{[\alpha(6-3k-b)-t(4-2k-b)]^2}\right)$

当制造商选择不提供服务（即零售商提供服务）时，对于零售商来说，由命题 7-19 可得：当 $0<k<2-b$ 且 $t\leqslant\alpha$ 时，零售商的最优选择是成为核心企业。

当制造商选择提供服务时，对于零售商来说，由命题 7-18 可得：当 $0<k<2-b$ 且 $t\leqslant\alpha$ 时，零售商的最优选择是成为核心企业。

当零售商为核心企业时，对于制造商来说，由命题 7-10 可得：当 $t\leqslant t_1$ 时 $\left(t_1=\dfrac{\alpha[(8-4k-b)\sqrt{4-2k-b}-(8-4k-2b)\sqrt{4-2k}]}{(6-3k-b)\sqrt{4-2k-b}-(6-3k-2b)\sqrt{4-2k}}\right)$，制造商的最优选择为提供服务；当 $t\geqslant t_2$ 时 $\left(t_2=\dfrac{\alpha[(8-4k-b)\sqrt{8-4k-2b}-(8-4k-2b)\sqrt{8-4k-b}]}{(6-3k-b)\sqrt{8-4k-2b}-(6-3k-2b)\sqrt{8-4k-b}}\right)$，制造商的最优选择是不提供服务。

当零售商是非核心企业时，对于制造商来说，由命题 7-5 可得：当 $t\leqslant t_1$ 时 $\left(t_1=\dfrac{\alpha[(8-4k-b)\sqrt{4-2k-b}-(8-4k-2b)\sqrt{4-2k}]}{(6-3k-b)\sqrt{4-2k-b}-(6-3k-2b)\sqrt{4-2k}}\right)$，制造商

的最优选择是不提供服务；当 $t \geqslant t_2$ 时 $\left(t_2 = \dfrac{\alpha[(8-4k-b)\sqrt{8-4k-2b}-(8-4k-2b)\sqrt{8-4k-b}]}{(6-3k-b)\sqrt{8-4k-2b}-(6-3k-2b)\sqrt{8-4k-b}} \right)$，制造商的最优选择是提供服务。

当零售商与制造商权力均等时，对于制造商来说，由命题 7-15 可得：制造商的最优选择是不提供服务。

因此，根据静态博弈的划线法可得，此博弈存在着 NASH 均衡解，即当 $0 < k < 2-b$ 且 $t_2 \leqslant t \leqslant \alpha$ 时，NASH 均衡解为（零售商为核心企业，制造商不提供服务（即零售商提供服务））；当 $0 < k < 2-b$ 且 $0 \leqslant t \leqslant \min\{\alpha,\ t_1\}$ 时，NASH 均衡解为（零售商为核心企业，制造商提供服务）。

同理，由 $t_1 \leqslant \alpha$，$t_2 \leqslant \alpha$ 得出：当 $0 < k < 2-b$ 且 $t_2 \leqslant t \leqslant \alpha$ 时，NASH 均衡解为（零售商为核心企业，制造商不提供服务（即零售商提供服务））；当 $0 < k < 2-b$ 且 $0 \leqslant t \leqslant t_1$ 时，NASH 均衡解为（零售商为核心企业，制造商提供服务）。

因此由命题 7-22 和命题 7-23 可得：当 $0 < k < 2-b$ 且 $0 \leqslant t \leqslant t_1$ 时，NASH 均衡解有 2 个，分别为（制造商为核心企业，零售商提供服务）和（零售商为核心企业，制造商提供服务）；当 $0 < k < 2-b$ 且 $t_2 \leqslant t \leqslant \alpha$ 时，NASH 均衡解有 2 个，分别为（制造商为核心企业，制造商提供服务）和（零售商为核心企业，零售商提供服务）。

第五节　数值仿真分析

为了进一步验证以上命题，取 $D_0 = 1000$，$\alpha = 0.3$，$c_1 = 20$，$k = 0.8$，$b = 0.6$，利用 SAS 软件得到仿真结果。

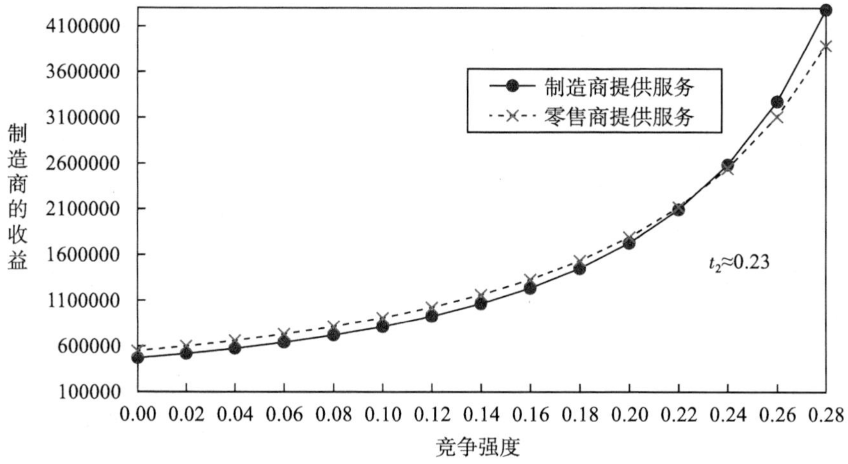

图 7-1　制造商为核心企业时两种服务提供模式下制造商的收益

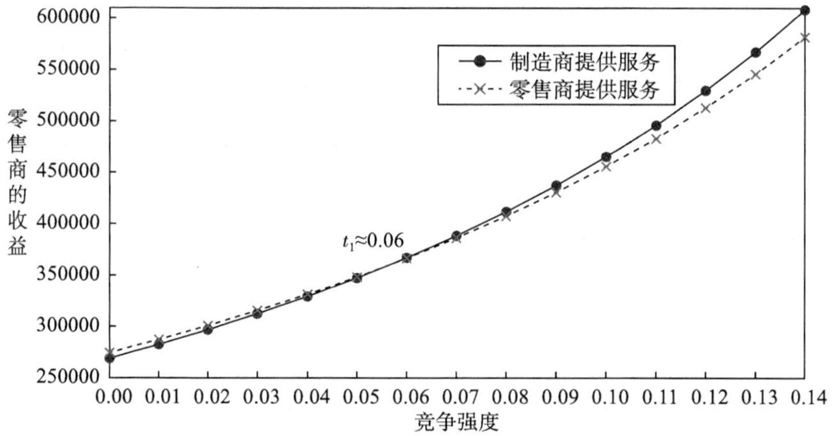

图 7-2　制造商为核心企业时两种服务提供模式下零售商的收益

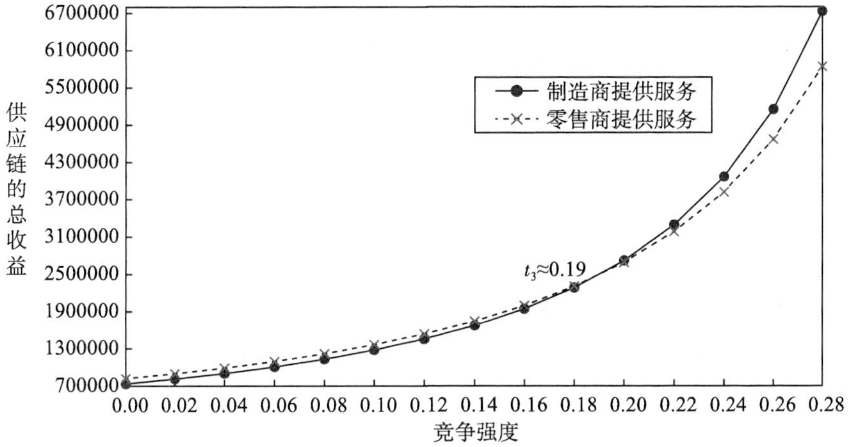

图 7-3　制造商为核心企业时两种服务提供模式下供应链的总收益

从图 7-1 至图 7-3 可以看出，当制造商为核心企业时，从制造商的收益来看，当产品服务化供应链的竞争强度 $t \leqslant t_2(t_2 \approx 0.23)$ 时，制造商偏好于零售商提供服务；当 $t \geqslant t_2$ 时，制造商偏好于自己提供服务。从零售商的收益来看，当 $t \leqslant t_1(t_1 \approx 0.06)$ 时，零售商偏好于自己提供服务；当 $t \geqslant t_1$ 时，零售商偏好于制造商提供服务。从产品服务化供应链的总收益来看，当 $t \leqslant t_3(t_3 \approx 0.19)$ 时，偏好于零售商提供服务；当 $t \geqslant t_3$ 时，偏好于制造商提供服务。因此，从三者的收益来看，当 $t \leqslant t_1(t_1 \approx 0.06)$ 时，即产品服务化供应链的竞争强度较小时，均偏好于选择零售商提供服务。所以，此时最优服务提供模式是零售商提供服务。当 $t \geqslant t_2(t_2 \approx 0.23)$ 时，即产品服务化供应链的竞争强度较大时，均偏好于选择制造商提供服务。所以，此时的最优服务提供模式是制造商提供服务。当 $t_1 < t < t_2$ 时，从三者的收益来看，不存在最优的服务提供模式。

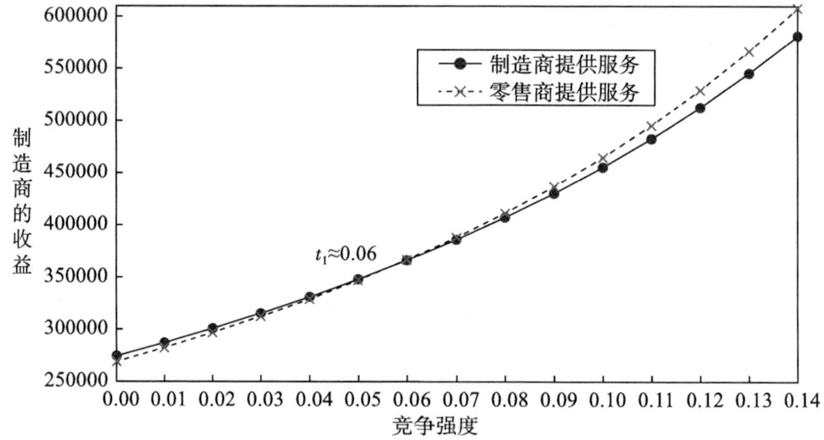

图 7-4　零售商为核心企业时两种服务提供模式下制造商的收益

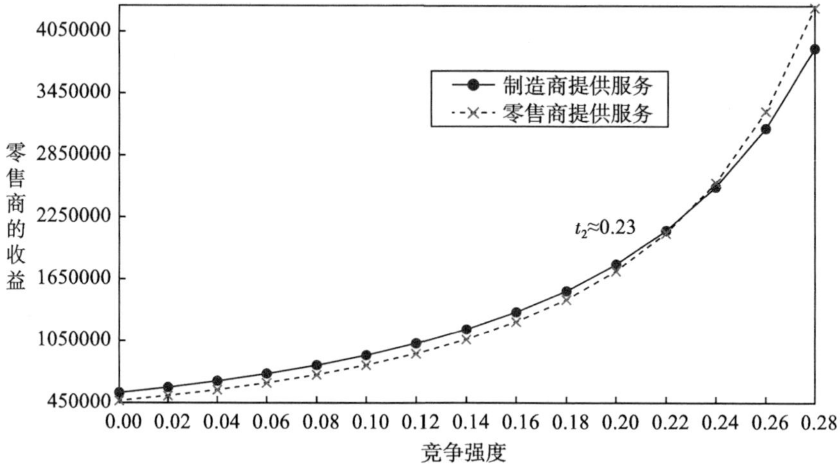

图 7-5　零售商为核心企业时两种服务提供模式下零售商的收益

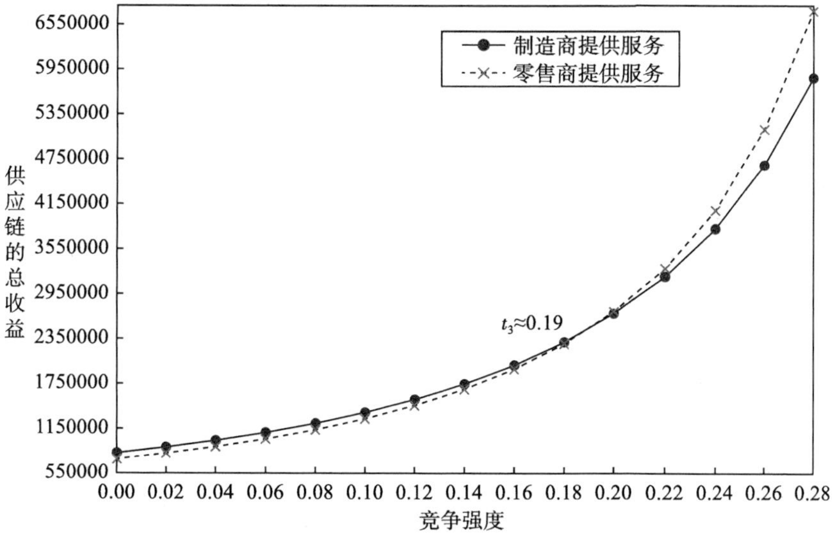

图 7-6　零售商为核心企业时两种服务提供模式下供应链的总收益

由图 7-4 至图 7-6 可以看出，当零售商为核心企业时，从制造商的收益来看，当产品服务化供应链的竞争强度 $t \leqslant t_1(t_1 \approx 0.06)$ 时，制造商偏好于自己提供服务；当 $t \geqslant t_1$ 时，制造商偏好于零售商提供服务。从零售商的收益来看，当 $t \leqslant t_2(t_2 \approx 0.23)$ 时，零售商偏好于制造商提供服务；当 $t \geqslant t_2$ 时，零售商偏好于自己提供服务。从产品服务化供应链的总收益来看，当 $t \leqslant t_3(t_3 \approx 0.19)$ 时，偏好于制造商提供服务；当 $t \geqslant t_3$ 时，偏好于零售商提供服务。因此，从三者的收益来看，当 $t \leqslant t_1(t_1 \approx 0.06)$ 时，即产品服务化供应链的竞争强度较小时，均偏好于选择制造商提供服务。所以，此时的最优服务提供模式是制造商提供服务。当 $t \geqslant t_2(t_2 \approx 0.23)$ 时，即产品服务化供应链的竞争强度较大时，均偏好于选择零售商提供服务。所以，此时的最优服务提供模式是零售商提供服务。当 $t_1 < t < t_2$ 时，从三者的收益来看，不存在最优的服务提供模式。

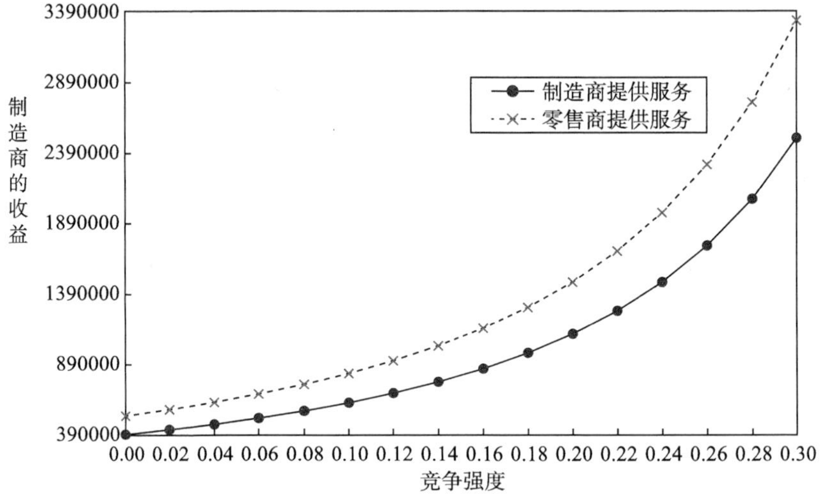

图 7-7　权力均等时两种服务提供模式下制造商的收益

由图 7-7 可以看出，当制造商与零售商权力均等，$t \leqslant \alpha$ 时，零售商提供服务时制造商的收益最大。

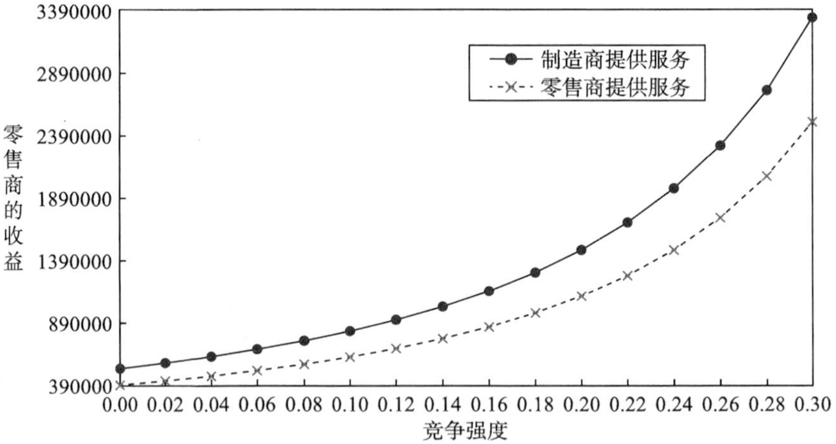

图 7-8　权力均等时两种服务提供模式下零售商的收益

由图 7-8 可以看出，当制造商与零售商权力均等，$t \leqslant \alpha$ 时，制造商提供服务时零售商的收益最大。

由于制造商与零售商权力均等时产品服务化供应链的总收益相同，所以，不存在最优的服务提供模式。

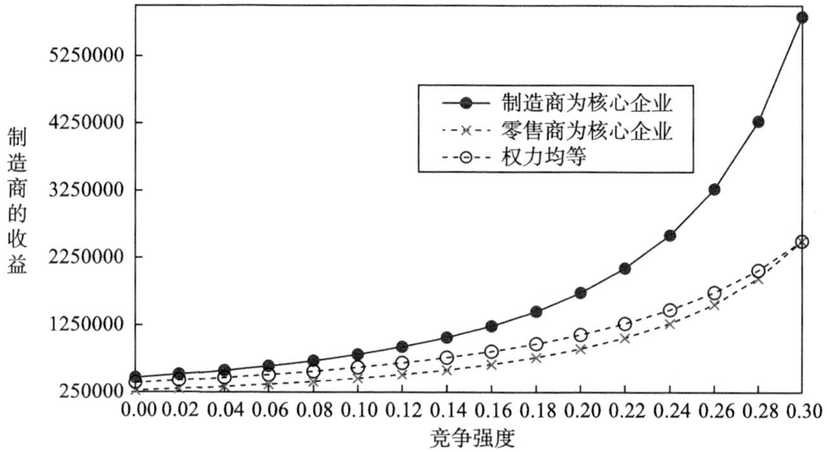

图 7-9　不同权力结构下制造商提供服务时制造商的收益

由图 7-9 可以看出，在三种权力结构下，当制造商提供服务，$t \leqslant \alpha$ 时，制造商为核心企业时制造商的收益最大。

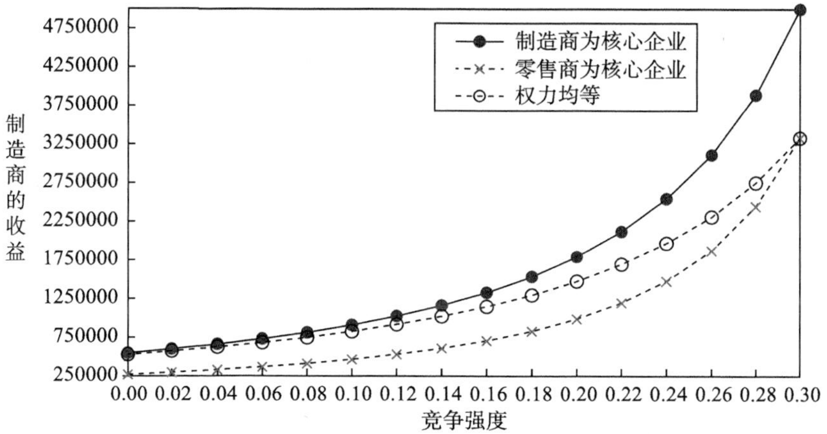

图 7-10　不同权力结构下零售商提供服务时制造商的收益

由图 7-10 可以看出，在三种权力结构下，当零售商提供服务，$t \leqslant \alpha$ 时，制造商为核心企业时制造商的收益最大。

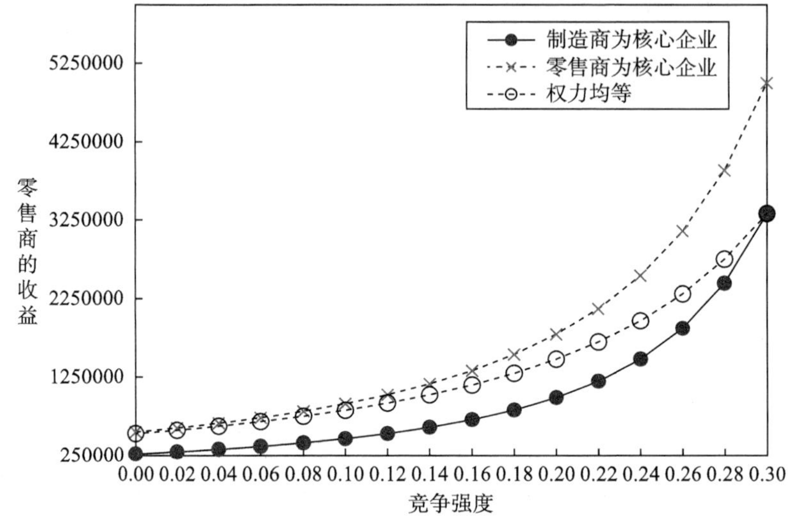

图 7-11　不同权力结构下制造商提供服务时零售商的收益

由图 7-11 可以看出，在三种权力结构下，当制造商提供服务，$t < \alpha$ 时，零售商为核心企业时零售商的收益最大。

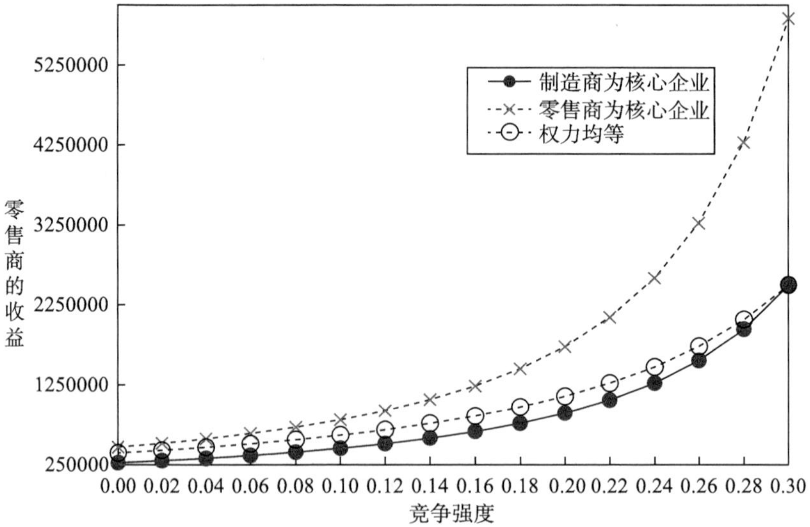

图 7-12　不同权力结构下零售商提供服务时零售商的收益

由图 7-12 可以看出，在三种权力结构下，当零售商提供服务，$t \leqslant \alpha$ 时，零售商为核心企业时零售商的收益最大。

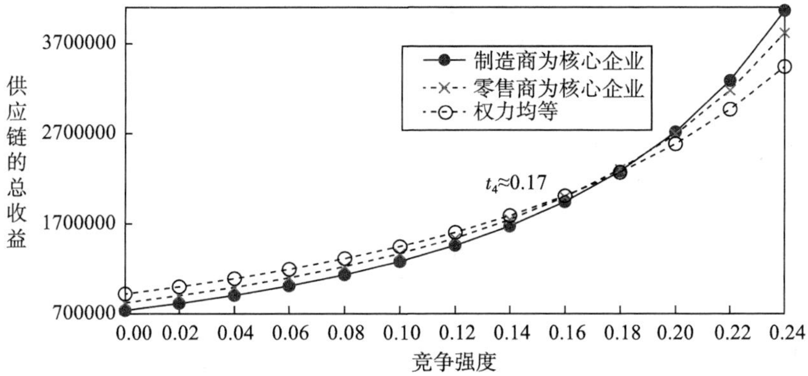

图 7-13　不同权力结构下制造商提供服务时供应链的总收益

由图 7-13 可以看出，当制造商提供服务，$t \leqslant t_4(t_4 \approx 0.17)$ 时，权力均等时供应链的总收益最大，零售商为核心企业时收益次之，制造商为核心企业时收益最小。

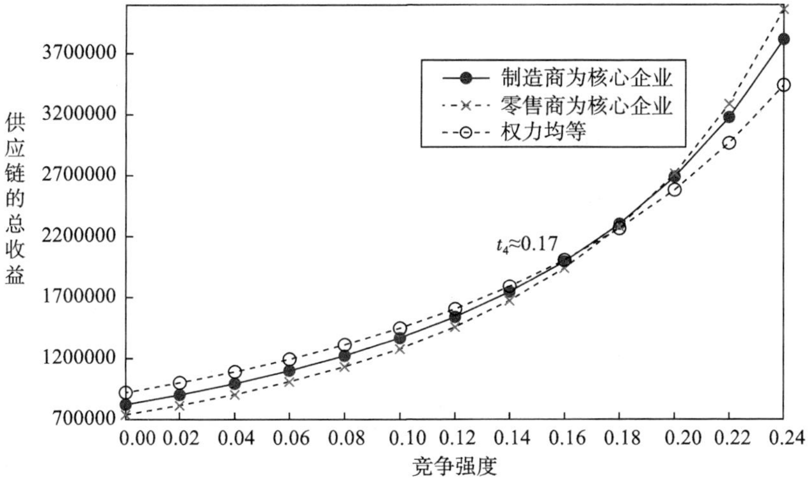

图 7-14　不同权力结构下零售商提供服务时供应链的总收益

由图 7-14 可以看出，当零售商提供服务，$t \leqslant t_4(t_4 \approx 0.17)$ 时，权力均等时产品服务化供应链的总收益最大，制造商为核心企业时收益次之，零售商为核心企业时收益最小。

第六节 本章小结

本章研究了存在链与链竞争情况下的两级产品服务化供应链中，制造商或零售商提供服务时，制造商为核心企业、零售商为核心企业和制造商与零售商权力均等三种权力结构下的均衡决策。得到了以下结论：

（1）三种权力结构下，当制造商与零售商的服务需求敏感指数不同时，制造商与零售商需衡量各自的服务需求敏感指数的大小来决定最优的服务提供模式。

（2）制造商和零售商的服务需求敏感指数相等时，在满足 $0<k<2-b$ 条件下，最优服务模式和最优权力结构与竞争强度 t 有关。当制造商为核心企业时，产品服务化供应链的竞争强度 $t\leqslant t_1$ 时，零售商提供服务时制造商的收益、零售商的收益和产品服务化供应链的总收益均高于制造商提供服务时的收益，因此最优的服务提供模式为零售商提供服务；竞争强度 $t\geqslant t_2$ 时，制造商提供服务时制造商的收益、零售商的收益和供应链的总收益均高于零售商提供服务时的收益，所以此时最优的服务提供模式为制造商提供服务；$t_1<t<t_2$ 时，不存在最优服务提供模式。

（3）制造商和零售商的服务需求敏感指数相等时，当零售商为核心企业，竞争强度 $t\leqslant t_1$ 时，制造商提供服务时制造商的收益、零售商的收益和供应链的总收益均高于零售商提供服务时的收益，所以此时最优的服务提供模式为制造商提供服务；产品服务化供应链的竞争强度 $t\geqslant t_2$ 时，零售商提供服务时制造商的收益、零售商的收益和供应链的总收益均高于制造商提供服务时的收益，所以最优的服务提供模式为零售商提供服务；$t_1<t<t_2$ 时，不存在最优服务提供模式。

（4）制造商和零售商的服务需求敏感指数相等时，当制造商与零售商权力均等时，对于制造商来说，零售商提供服务时制造商的收益高于制造商提供服务时的收益；对于零售商来说，制造商提供服务时零售商的收益高于零售商提供服务时的收益；而制造商提供服务和零售商提供服务时产品服务化供应链的总收益相等。因此在制造商与零售商权力均等时不存在最优的服务提供模式。

（5）从三种权力结构来看，对于制造商来说，当竞争强度 $t \leqslant \alpha$ 时，无论制造商提供服务还是零售商提供服务，当制造商为核心企业时制造商的收益最大；对于零售商来说，当竞争强度 $t \leqslant \alpha$ 时，无论制造商提供服务还是零售商提供服务，零售商为核心企业时零售商的收益最大；对于产品服务化供应链来说，制造商和零售商权力均等时产品服务化供应链的总收益最大。

（6）产品服务化供应链的 NASH 均衡解有 4 个：当 $0 \leqslant t \leqslant t_1$ 时，NASH 均衡解分别为（制造商为核心企业，零售商提供服务）和（零售商为核心企业，制造商提供服务）。当 $t_2 \leqslant t \leqslant \alpha$ 时，NASH 均衡解分别为（制造商为核心企业，制造商提供服务）和（零售商为核心企业，零售商提供服务）。其中 $t_1 < t_2$。

（7）从产品服务化供应链的总收益来看，当竞争强度 $t \leqslant t_4$ 时，无论是制造商提供服务还是零售商提供服务，制造商与零售商权力均等时产品服务化供应链的总收益相等且最大，为最优的权力结构；在权力不均等情况下，制造商提供服务时零售商为核心企业的产品服务化供应链的总收益最大，为最优的权力结构；零售商提供服务时制造商为核心企业的产品服务化供应链的总收益最大，为最优的权力结构。

第八章　基于核心企业位置的制造商或零售商服务模式研究

在有关供应链核心企业位置的相关研究文献中，Edirisinghe 等（2011）研究了两级竞争供应链中的所有权力结构，提出了强占优结构和弱占优结构的概念。强占优结构是指核心企业所处的位置使得供应链的各成员收益和总收益均最大时的结构，但这种结构并不多见；弱占优结构是指核心企业所处的位置使得供应链的总收益最大时的结构，这种结构比较常见，并且具有占优结构的供应链是稳定的。Majumder 等（2006）研究了层级产品供应链中核心企业的最优位置以及核心企业与上下游企业间的合作关系。Yong 等（2011）研究了三级供应链中核心企业与其上下游企业之间的合作与领导关系，并对合作策略进行了选择，提出了领导策略的重要性。易余胤（2010）建立了闭环供应链中核心企业处于不同位置时的博弈模型，发现无核心企业的供应链不是一个均衡结构，零售商为核心企业时的闭环供应链结构是最优的。以上文献都是从定量的角度来研究核心企业的位置及合作策略对供应链绩效的影响，但没有涉及服务。卢松泉（2009）研究了供应链核心企业的生成和识别理论，提出了核心企业的定义及核心企业具有的特征，并建立了核心企业的识别概念模型。Szász（2011）对东欧和西欧地区的制造企业在供应链中的位置及提供服务的深度进行了实证研究，结果发现，欠发达的东欧地区的制造企业一般位于供应链的上游，而发达的西欧地区的制造企业一般位于供应链的下游，并且处于供应链下游的制造企业与处于上游的制造企业相比，更倾向于提供服务并且服务化水平更高。Szász 的研究还发现，处于供应链下游的制造企业更倾向于提供面向顾客的服务。以上文献均从实证和定性角度分析了核心企业的位置，但没有进行定量研究。

从以往的研究文献可以看出，当核心企业处于不同位置时，供应链具有不同的权力结构，对供应链的收益会产生影响。本章以 N 级产品服务化供应链为研究对象，服务分别由最上游的制造商和最下游的零售商来提供，且该产品服务化供应链只有一个核心企业，以产品服务化供应链的总收益最大为目标，求解核心企业的最优位置，并分析核心企业位置对供应链的收益及上下游企业之间合作关系的影响，最后通过比较得到核心企业处于不同位置时的最优服务提供模式。

第一节　模型假设

设有一个产品服务化供应链 (N, i)，其中 (N, i) 表示有 N 个节点企业，核心企业为 i。最上游的企业为制造商，记为节点 1，中间的节点企业为分包商，是转包产品模块的中间企业，记为节点 2，3，…，$n-2$，$n-1$，处于最下游的是零售商，记为节点 n，节点企业之间采取的是批发价格契约。假设该产品服务化供应链只有一个核心企业，设核心企业为节点企业 i，核心企业首先确定提供给相邻上游企业 $i-1$ 和相邻下游企业 $i+1$ 的产品批发价格，然后上游企业 $i-1$ 根据产品批发价格决定其向核心企业 i 提供的产品数量以及向相邻上游企业 $i-2$ 采购产品的批发价格，以此类推，直到最上游的制造商 1。下游企业 $i+1$ 根据产品批发价格决定其向核心企业 i 采购的产品数量以及向相邻下游企业 $i+2$ 销售的产品批发价格，以此类推，直到将最终的产品销售给零售商 n。服务由最上游的制造商或最下游的零售商提供。

设 $w_j^{(N,i)}(j \neq i)$ 表示提供给节点企业 j 的产品批发价格。当 $j > i$ 时，$w_j^{(N,i)}$ 表示上游企业 $j-1$ 提供给企业 j 的产品批发价格，则企业 j 支付给企业 $j-1$ 的费用为 $w_j^{(N,i)} D_{P,j}^{(N,i)}$，其中 $D_{P,j}^{(N,i)}$ 表示企业 j 选择的产品数量。当 $j < i$ 时，$w_j^{(N,i)}$ 表示下游企业 $j+1$ 提供给企业 j 的批发价格，则企业 $j+1$ 向企业 j 支付的费用为 $w_j^{(N,i)} D_{P,j}^{(N,i)}$。假设产品需求函数为 $D_P = D_0 - \alpha p_1$，服务需求函数为 $D_s = D_P - \beta p_2 + \gamma s_l$，其中，$p_1$ 表示产品价格，p_2 表示服务价格，β 表示服务价格的敏感系数，γ 表示服务水平的敏感系数，s_l 表示服务水平，$l=m$，

r, m 表示制造商, r 表示零售商。

为了避免双重边际化，便于分析批发价格契约是由下游企业提供的，本书假设制造商 1 的总成本为 $C_1 = (AD_P + B)D_P$, A 表示顾客数量对单位成本的影响因子, B 表示单位固定成本。这说明制造商 1 的边际生产成本是递增的。产品服务化供应链的其他企业 $j(j = 2, 3, \cdots, n - 1)$ 的总成本为 $C_j = c_jD_P$ ，其中, c_j 表示单位产品成本，且 $j = 2, 3, \cdots, n-1, n$。服务成本为 $\frac{1}{2}\eta_l s_l^2$ ，其中, η_l 表示服务成本系数，则供应链各节点企业的收益函数如下:

一、核心企业的下游企业的收益

当产品服务化供应链的核心企业处于中间节点时，即 $i \neq 1$, $i \neq N$ ，考虑处于核心企业下游的企业，其中不包括最下游的零售商。每个下游企业 j 为追求自身收益最大化，要针对上游企业所确定的产品批发价格 $w_j^{(N, i)}$ 来确定自身的产品数量 $D_{P, j}^{(N, i)}$ 以及提供给其下游企业的产品批发价格 $w_{j+1}^{(N, i)}$ ，其收益函数为:

$$\pi_j^{(N, i)} = w_{j+1}^{(N, i)} \min(D_{P, j}^{(N, i)}, D_{P, j+1}^{(N, i)}(w_{j+1}^{(N, i)})) - w_j^{(N, i)} D_{P, j}^{(N, i)} - C_j \tag{8.1}$$

二、核心企业的上游企业的收益

对于处于核心企业上游的企业 j (制造商 1 除外) 来说，根据下游企业提供的产品批发价格 $w_j^{(N, i)}$ 来决定产品的批发数量 $D_{P, j}^{(N, i)}$ 和提供给其上游企业的产品批发价格 $w_{j-1}^{(N, i)}$ ，以最大化自身的收益，其收益函数为:

$$\pi_j^{(N, i)} = w_j^{(N, i)} \min (D_{P, j}^{(N, i)}, D_{P, j-1}^{(N, i)}(w_{j-1}^{(N, i)})) - w_{j-1}^{(N, i)} D_{P, j-1}^{(N, i)}(w_{j-1}^{(N, i)}) - C_j \tag{8.2}$$

三、核心企业的收益

当核心企业为最上游的制造商 1 时，产品服务化供应链为 $(N, 1)$ 链，核心企业无上游企业；当制造商 1 不提供服务时，制造商 1 以最大化自身收益来决定提供给其下游企业 2 的批发价格 $w_2^{(N,1)}$，其收益函数为：

$$\pi_1^{(N,1)} = w_2^{(N,1)} D_{P,2}^{(N,1)}(w_2^{(N,1)}) - C_1 \tag{8.3}$$

当制造商提供服务时，制造商 1 以最大化自身收益来决定提供给其下游企业 2 的批发价格 $w_2^{(N,1)}$、服务价格p_2 和服务水平s_m，其收益函数为：

$$\pi_1^{(N,1)} = w_2^{(N,1)} D_{P,2}^{(N,1)}(w_2^{(N,1)}) - C_1 + p_2 D_s - \frac{1}{2}\eta_m s_m^2 \tag{8.4}$$

当核心企业为最下游的零售商 n 时，供应链为（N，n）链，核心企业无下游企业；当零售商不提供服务时，零售商 n 以最大化自身收益来决定提供给上游企业 $n-1$ 的产品批发价格 $w_{n-1}^{(N,n)}$，其收益函数为：

$$\pi_n^{(N,n)} = p_1 \min(D_{P,n-1}^{(N,n)}(w_{n-1}^{(N,n)}), D_P) - w_{n-1}^{(N,n)} D_{P,n-1}^{(N,n)}(w_{n-1}^{(N,n)}) - C_n \tag{8.5}$$

当零售商提供服务时，零售商 n 以最大化自身收益来决定提供给其上游企业 $n-1$ 的批发价格 $w_{n-1}^{(N,n)}$、服务价格 p_2 和服务水平 s_r，其收益函数为：

$$\pi_n^{(N,n)} = p_1 \min(D_{P,n-1}^{(N,n)}(w_{n-1}^{(N,n)}), D_P) - w_{n-1}^{(N,n)} D_{P,n-1}^{(N,n)}(w_{n-1}^{(N,n)}) - C_n + p_2 D_s - \frac{1}{2}\eta_r s_r^2 \tag{8.6}$$

当核心企业处于供应链的中间节点 i 时，核心企业 i 决定提供给其上游企业 $i-1$ 和下游企业 $i+1$ 的产品批发价格 $w_{i-1}^{(N,i)}$ 和 $w_{i+1}^{(N,i)}$ 以最大化自身的收益，其收益函数为：

$$\pi_i^{(N,i)} = w_{i+1}^{(N,i)} \min(D_{P,i-1}^{(N,i)}(w_{i-1}^{(N,i)}), D_{P,i+1}^{(N,i)}(w_{i+1}^{(N,i)})) - w_{i-1}^{(N,i)} D_{P,i-1}^{(N,i)}(w_{i-1}^{(N,i)}) - C_i \tag{8.7}$$

第二节　集中决策

在集中决策下，产品服务化供应链的总收益为：

$$\pi_{sc} = p_1 D_P + p_2 D_s - (A D_p^2 + B D_P + \sum_{j=2}^{n} c_j D_P) - \frac{1}{2}\eta_l s_l^2 \tag{8.8}$$

将 $D_P = D_0 - \alpha p_1$，$D_s = D_P - \beta p_2 + \gamma s_l$ 代入式（8-8），可得：

$$\pi_{sc} = p_1(D_0 - \alpha p_1) + p_2(D_0 - \alpha p_1 - \beta p_2 + \gamma s_l) - [A(D_0 - \alpha p_1)^2 + B(D_0 - \alpha p_1) + \sum_{j=2}^{n} c_j(D_0 - \alpha p_1)] - \frac{1}{2}\eta_l s_l^2 \tag{8.9}$$

此时，根据总收益最大化来选择最优的产品和服务的销售价格以及服务水平。由 $\frac{\partial \pi_{sc}}{\partial p_1} = 0$，$\frac{\partial \pi_{sc}}{\partial p_2} = 0$，$\frac{\partial \pi_{sc}}{\partial s_l} = 0$ 可得：$p_1^* = \frac{D_0 + 2\alpha AD_0 + \alpha B + \alpha\sum_{j=2}^{n} c_j - \alpha p_2}{2\alpha^2 A + 2\alpha}$，$p_2^* = \frac{D_0 - \alpha p_1 + \gamma s_l}{2\beta}$，$s_l^* = \frac{p_2\gamma}{\eta_l}$。联立求解，可得：

$$p_1^* = \frac{\left(D_0 + 2\alpha AD_0 + \alpha B + \alpha\sum_{j=2}^{n} c_j\right)(2 - k_l) - bD_0}{\alpha[(2\alpha A + 2)(2 - k_l) - b]} \tag{8.10}$$

$$p_2^* = \frac{D_0 - \alpha B - \alpha\sum_{j=2}^{n} c_j}{\beta[(2 + 2\alpha A)(2 - k_l) - b]} \tag{8.11}$$

$$s^* = \frac{\left(D_0 - \alpha B - \alpha\sum_{j=2}^{n} c_j\right)k_l}{\gamma[(2 + 2\alpha A)(2 - k_l) - b]} \tag{8.12}$$

$$D_P^* = \frac{(D_0 - \alpha B - \alpha\sum_{j=2}^{n} c_j)(2 - k_l)}{(2 + 2\alpha A)(2 - k_l) - b} \tag{8.13}$$

$$D_s^* = \frac{D_0 - \alpha B - \alpha\sum_{j=2}^{n} c_j}{(2 + 2\alpha A)(2 - k_l) - b} \tag{8.14}$$

$$\pi_{sc}^* = \frac{(D_0 - \alpha B - \alpha\sum_{j=2}^{n} c_j)^2(2 - k_l)}{2\alpha[(2 + 2\alpha A)(2 - k_l) - b]} \tag{8.15}$$

第三节　制造商提供服务时核心企业的位置

一、核心企业的最优位置及各企业的收益

对于给定的产品服务化供应链（N，i），这个完全信息博弈的决策起点从供应链核心企业 i 开始，如图 8-1 所示，形成了一个二叉树的结构。核心企业为根节点，其余企业节点为子节点。首先，核心企业 i 根据自身收益最大化决定为其上游节点企业 $i-1$ 和下游节点企业 $i+1$ 提供的产品批发价格 $w_{i-1}^{(N,\ i)}$ 和 $w_{i+1}^{(N,\ i)}$；然后，上游企业 $i-1$ 根据产品批发价格 $w_{i-1}^{(N,\ i)}$ 最大化其收益决定产品数量 $D_{P,\ i-1}^{(N,\ i)}$ 和为其上游企业 $i-2$ 提供的产品批发价格 $w_{i-2}^{(N,\ i)}$。以此类推，左分支到制造商 1，制造商 1 决定产品数量 $D_{P,\ 1}^{(N,\ i)}$、服务的价格 p_2 和服务水平 s_m。同时，下游企业 $i+1$ 根据产品批发价格 $w_{i+1}^{(N,\ i)}$ 最大化其收益来选择产品数量 $D_{P,\ i+1}^{(N,\ i)}$ 和提供给其下游企业 $i+2$ 的产品批发价格 $w_{i+2}^{(N,\ i)}$。以此类推，右分支到零售商 n。最后，零售商决定产品数量 $D_{P,\ n}^{(N,\ i)}$。假设产品服务化供应链中所有企业的产品数量相等，系统中没有剩余。

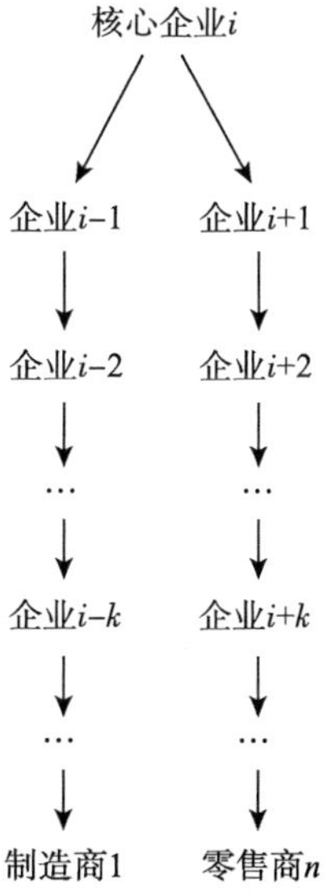

图 8-1　N 级产品服务化供应链的决策次序

根据逆向归纳法，在左分支上，首先从制造商 1 的决策进行求解，然后是节点企业 2，直到核心企业 i；在右分支上，首先从零售商 n 的决策进行求解，然后是企业 $n-1$，直到核心企业 i。

当 $j \leqslant i$ 时，在左分支上，对于制造商 1 来说，它的父节点为企业节点 2，制造商 1 为子节点，则企业节点 2 的收益函数为：

$$\pi_2^{(N,\ i)} = w_2^{(N,\ i)} D_P - w_1^{(N,\ i)} D_P - c_2 D_P \tag{8.16}$$

制造商 1 的收益函数为：

$$\pi_1^{(N,\ i)} = w_1^{(N,\ i)} D_P - (A D_P^2 + B D_P) + p_2(D_P - \beta p_2 + \gamma s_m) - \frac{1}{2}\eta_m s_m^2 \tag{8.17}$$

根据逆向归纳法，制造商 1 最大化自身收益来选择产品数量 D_P、服务价格 p_2 和服务水平 s_m。根据 $\frac{\partial \pi_1^{(N,\ i)}}{\partial D_P} = 0$，可得出关于 D_P 的函数：$w_1^{(N,\ i)} = 2AD_P + B - p_2$。根据 $\frac{\partial \pi_1^{(N,\ i)}}{\partial p_2} = 0$，$\frac{\partial \pi_1^{(N,\ i)}}{\partial s_m} = 0$ 可得：$p_2^* = \frac{D_P + \gamma s}{2\beta}$，$s_m^* = \frac{p_2 \gamma}{\eta_m}$，联立求解可得：$p_2^* = \frac{D_P}{\beta(2-k_m)}$，$s_m^* = \frac{D_P k_m}{\gamma(2-k_m)}$，$D_s^* = \frac{D_P}{2-k_m}$。将 p_2^* 代入 $w_1^{(N,\ i)}$，可得：$w_1^{(N,\ i)} = 2AD_P + B - \frac{D_P}{\beta(2-k_m)}$，代入 $\pi_2^{(N,\ i)}$ 可得：

$$\pi_2^{(N,\ i)} = w_2^{(N,\ i)} D_P - \left[2AD_P + B - \frac{D_P}{\beta(2-k_m)}\right] D_P - c_2 D_P \tag{8.18}$$

类似地，企业节点 3 是企业节点 2 的父节点，企业节点 2 是企业节点 3 的子节点。企业节点 3 的收益函数为：

$$\pi_3^{(N,\ i)} = w_3^{(N,\ i)} D_P - w_2^{(N,\ i)} D_P - c_3 D_P \tag{8.19}$$

根据逆向归纳法，企业节点 2 最大化自身收益选择产品数量 D_P，根据 $\frac{\partial \pi_2^{(N,\ i)}}{\partial D_P} = 0$，可得出关于 D_P 的函数：$w_2^{(N,\ i)} = 2^2 AD_P + B + c_2 - \frac{2D_P}{\beta(2-k_m)}$，将其代入 $\pi_3^{(N,\ i)}$ 可得：

$$\pi_3^{(N,\ i)} = w_3^{(N,\ i)} D_P - (2^2 A D_P + B + c_2 - \frac{2D_P}{\beta(2 - k_m)}) D_P - c_3 D_P \tag{8.20}$$

企业节点 4 是企业节点 3 的父节点，企业节点 4 的收益函数为：

$$\pi_4^{(N,\ i)} = w_4^{(N,\ i)} D_P - w_3^{(N,\ i)} D_P - c_4 D_P \tag{8.21}$$

根据逆向归纳法，企业节点 3 最大化自身收益选择产品数量 D_P，根据 $\frac{\partial \pi_3^{(N,\ i)}}{\partial D_P} = 0$，可得关于 D_P 的函数：$w_3^{(N,\ i)} = 2^3 A D_P + B + c_2 + c_3 - \frac{2^2 D_P}{\beta(2 - k_m)}$，将其代入 $\pi_4^{(N,\ i)}$ 可得：

$$\pi_4^{(N,\ i)} = w_4^{(N,\ i)} D_P - [2^3 A D_P + B + c_2 + c_3 - \frac{2^2 D_P}{\beta(2 - k_m)}] D_P - c_4 D_P \tag{8.22}$$

同理，当 $j \leqslant i$ 时，$\pi_j^{(N,\ i)} = w_j^{(N,\ i)} D_P - [2^{j-1} A D_P + B + \sum_{t=2}^{j-1} c_t - \frac{2^{j-2} D_P}{\beta(2 - k_m)}] D_P - c_j D_P$。

当 $j \geqslant i$ 时，在右分支上，对于零售商 n 来说，它的父节点是企业节点 $n-1$，企业节点 $n-1$ 的收益函数为：

$$\pi_{n-1}^{(N,\ i)} = w_n^{(N,\ i)} D_P - w_{n-1}^{(N,\ i)} D_P - c_{n-1} D_P \tag{8.23}$$

对于零售商 n 来说：

$$\pi_n^{(N,\ i)} = \left(\frac{D_0}{\alpha} - \frac{D_P}{\alpha}\right) D_P - w_n^{(N,\ i)} D_P - c_n D_P \tag{8.24}$$

根据逆向归纳法，零售商 n 最大化其收益选择产品数量 D_P，根据 $\frac{\partial \pi_n^{(N,\ i)}}{\partial D_P} = 0$，得到关于 D_P 的函数：$w_n^{(N,\ i)} = \frac{D_0}{\alpha} - \frac{2D_P}{\alpha} - c_n$，代入 $\pi_{n-1}^{(N,\ i)}$ 可得：

$$\pi_{n-1}^{(N,\ i)} = (\frac{D_0}{\alpha} - \frac{2D_P}{\alpha} - c_n) D_P - w_{n-1}^{(N,\ i)} D_P - c_{n-1} D_P \tag{8.25}$$

企业节点 $n-2$ 为企业节点 $n-1$ 的父节点，其收益函数为：

$$\pi_{n-2}^{(N,\ i)} = w_{n-1}^{(N,\ i)} D_P - w_{n-2}^{(N,\ i)} D_P - c_{n-2} D_P \tag{8.26}$$

根据逆向归纳法，企业节点 $n-1$ 根据收益最大化选择产品数量 D_P，即根据 $\frac{\partial \pi_{n-1}^{(N,\ i)}}{\partial D_P} = 0$，得到关于 D_P 的函数：$w_{n-1}^{(N,\ i)} = \frac{D_0}{\alpha} - \frac{2^2 D_P}{\alpha} - c_{n-1} - c_n$，将其代入 $\pi_{n-2}^{(N,\ i)}$ 可得：

$$\pi_{n-2}^{(N,\ i)} = (\frac{D_0}{\alpha} - \frac{2^2 D_P}{\alpha} - c_{n-1} - c_n) D_P - w_{n-2}^{(N,\ i)} D_P - c_{n-2} D_P \quad (8.27)$$

以此类推，当 $j \geqslant i$ 时，节点企业 j 的收益函数为：

$$\pi_j^{(N,\ i)} = \left(\frac{D_0}{\alpha} - \frac{2^{n-j} D_P}{\alpha} - \sum_{t=j+1}^{n} c_t\right) D_P - w_j^{(N,\ i)} D_P - c_j D_P \quad (8.28)$$

对于核心企业 i，它的收益函数为：

$$\pi_i^{(N,\ i)} = w_{i+1}^{(N,\ i)} D_P - w_{i-1}^{(N,\ i)} D_P - c_i D_P \quad (8.29)$$

当 $j = i + 1$ 时，即 $j > i$，节点企业 $i + 1$ 的收益函数为：

$$\pi_{i+1}^{(N,\ i)} = \left(\frac{D_0}{\alpha} - \frac{2^{n-i-1} D_P}{\alpha} - \sum_{t=i+2}^{n} c_t\right) D_P - w_{i+1}^{(N,\ i)} D_P - c_{i+1} D_P \quad (8.30)$$

根据逆向归纳法，由 $\frac{\partial \pi_{i+1}^{(N,\ i)}}{\partial D_P} = 0$ 可得：

$$w_{i+1}^{(N,\ i)} = \frac{D_0}{\alpha} - \frac{2^{n-i} D_P}{\alpha} - \sum_{j=i+1}^{n} c_j \quad (8.31)$$

当 $j = i - 1$ 时，$j < i$，节点企业 $i - 1$ 的收益函数为：

$$\pi_{i-1}^{(N,\ i)} = w_{i-1}^{(N,\ i)} D_P - [2^{i-2} A D_P + B + \sum_{t=2}^{i-2} c_t - \frac{2^{i-3} D_P}{\beta(2-k_m)}] D_P - c_{i-1} D_P$$

$$(8.32)$$

根据逆向归纳法，由 $\frac{\partial \pi_{i-1}^{(N,\ i)}}{\partial D_P} = 0$ 可得：

$$w_{i-1}^{(N,\ i)} = 2^{i-1} A D_P + B + \sum_{t=2}^{i-1} c_t - \frac{2^{i-2} D_P}{\beta(2-k_m)} \quad (8.33)$$

将 $w_{i+1}^{(N,\ i)}$ 和 $w_{i-1}^{(N,\ i)}$ 代入 $\pi_i^{(N,\ i)}$，可得：

$$\pi_i^{(N,\ i)} = \left(\frac{D_0}{\alpha} - \frac{2^{n-i} D_P}{\alpha} - \sum_{t=i+1}^{n} c_t\right) D_P - [2^{i-1} A D_P + B + \sum_{t=2}^{i-1} c_t -$$

$$\frac{2^{i-2}D_P}{\beta(2-k_m)}]D_P - c_iD_P \tag{8.34}$$

由 $\frac{\partial \pi_i^{(N,\ i)}}{\partial D_P}=0$ 可得：

$$D_P^{M*}=\frac{\frac{D_0}{\alpha}-B-\sum_{t=2}^{n}c_t}{\frac{2^{n-i+1}}{\alpha}+2^iA-\frac{2^{i-1}}{\beta(2-k_m)}}=\frac{(D_0-\alpha B-\alpha\sum_{t=2}^{n}c_t)(2-k_m)}{(2^{n-i+1}+2^i\alpha A)(2-k_m)-2^{i-1}b} \tag{8.35}$$

其中，D_P^{M*} 表示制造商提供服务时产品服务化供应链的最优产品数量。

可以看出，当 $n=1$，$i=1$ 时，$D_P^{M*}=\frac{(D_0-\alpha B-\alpha\sum_{t=2}^{n}c_t)(2-k_m)}{(2+2\alpha A)(2-k_m)-b}$，这与集中决策下的最优产品数量相等。

命题 8-1：当 $\frac{2^{n-i+1}}{\alpha}+2^iA-\frac{2^{i-1}}{\beta(2-k_m)}$ 最小时，产品服务化供应链的产品数量最大，因而核心企业的最优位置为：

$$i^{M*}=\frac{n+2-\log_2[2\alpha A-\frac{\alpha}{\beta(2-k_m)}]}{2}=\frac{n+2-\log_2(2\alpha A-\frac{b}{2-k_m})}{2} \tag{8.36}$$

其中，i^{M*} 表示制造商提供服务时核心企业的最优位置。

由此发现：

①当制造商或零售商不提供服务时，Majumder 等（2006）得出了 N 级产品供应链的最优产品数量和核心企业的最优位置分别为 $\frac{\frac{D_0}{\alpha}-B-\sum_{t=2}^{n}c_t}{\frac{2^{n-i+1}}{\alpha}+2^iA}$ 和 $\frac{n+1-\log_2\alpha A}{2}$。所以，当制造商提供服务时，最优产品数量增加，说

明服务促进了产品的销售，而且核心企业的最优位置向下游移动。

②当产品服务化供应链的产品数量最大时，由于 $Q_s^{M*} = \frac{D_P}{2 - k_m}$ ，说明服务数量也最大，所以此时产品服务化供应链的总收益最大。

③核心企业的最优位置与供应链中企业个数 n 、产品的价格敏感度 α 、制造商 1 的成本系数 A 、产品和服务价格敏感系数比值 b 、服务需求敏感指数 k_m 相关，由于 $0 \leqslant \alpha \leqslant 1, A \geqslant 1$，所以，当企业个数 n 确定时，核心企业的最优位置随着产品的价格敏感系数 α 的增加向上游移动，随着制造商 1 的成本系数 A 的增加向上游移动，随着产品和服务价格敏感度系数比值 b 的增加向下游移动，随着服务需求敏感指数 k_m 的增加向下游移动。

命题 8-2：在产品服务化供应链（N, i）中，对于第 j 个企业成员来说（$j \geqslant i$），它提供给下游企业的批发价格为：

$$w_{j+1}^{(N,\ i)} = \frac{D_0}{\alpha} - \frac{2^{n-j}D_P}{\alpha} - \sum_{t=j+1}^{n} c_t \tag{8.37}$$

证明：企业 $j+1$ 的收益函数为 $\pi_{j+1}^{(N,\ i)} = \left(\frac{D_0}{\alpha} - \frac{2^{n-j-1}D_P}{\alpha} - \sum_{t=j+2}^{n} c_t\right) D_P - w_{j+1}^{(N,\ i)} D_P - c_{j+1} D_P$ ，由 $\frac{\partial(\pi_{j+1}^{(N,\ i)})}{\partial D_P} = 0$ 可得：企业 j 提供给企业 $j+1$ 的批发价格为 $w_{j+1}^{(N,\ i)} = \frac{D_0}{\alpha} - \frac{2^{n-j}D_P}{\alpha} + \frac{2^{n-j-1}D_P}{\beta(2-k_m)} - \sum_{t=j+1}^{n} c_t$ 。

命题 8-3：对于供应链（N, i）的企业成员 $j(j \leqslant i)$ 来说，提供给上游企业的批发价格为：

$$w_{j-1}^{(N,\ i)} = 2^{j-1}AD_P + B + \sum_{t=2}^{j-1} c_t - \frac{2^{j-2}D_P}{\beta(2-k_m)} \tag{8.38}$$

证明：当 $j \leqslant i$ 时，$\pi_{j-1}^{(N,\ i)} = w_{j-1}^{(N,\ i)} D_P - \left[2^{j-2}AD_P + B + \sum_{t=2}^{j-2} c_t - \frac{2^{j-3}D_P}{\beta(2-k_m)}\right] D_P - c_j D_P$ ，根据 $\frac{\partial \pi_{j-1}^{(N,\ i)}}{\partial D_P} = 0$ 可得：$w_{j-1}^{(N,\ i)} = 2^{j-1}AD_P + B + \sum_{t=2}^{j-1} c_t -$

$\frac{2^{j-2}D_P}{\beta(2-k_m)}$。

从命题 8-2 和命题 8-3 可以看出，每个企业提供的产品批发价格与其所处的位置 j 有关，批发价格随着企业位置 j 的下移而增加。同时，与产品供应链相比，核心企业的上游企业提供给其上游企业的产品批发价格降低了，核心企业的下游企业提供给其下游企业的产品批发价格不变。

命题 8-4：产品服务化供应链（N，i）中的每个企业的最优收益分别为：

当 $j<i$ 时，企业处于核心企业上游，收益为：

$$\pi_j^{(N,\ i)}=[2^{j-1}A-\frac{2^{j-2}}{\beta(2-k_m)}]\,D_P^{M*2} \tag{8.39}$$

当 $j=i$ 时，核心企业的收益为：

$$\pi_i^{(N,\ i)}=[2^{i-1}A+\frac{2^{n-i}}{\alpha}-\frac{2^{i-2}}{\beta(2-k_m)}]\,D_P^{M*2} \tag{8.40}$$

当 $j>i$ 时，企业处于核心企业下游，收益为：

$$\pi_j^{(N,\ i)}=\frac{2^{n-j}}{\alpha}D_P^{M*2} \tag{8.41}$$

证明：当 $j<i$ 时，$\pi_j^{(N,\ i)}=w_j^{(N,\ i)}D_P^{M*}-w_{j-1}^{(N,\ i)}D_P^{M*}-c_j D_P^{M*}=[2^jA\,D_P^{M*}+B+\sum_{t=2}^{j}c_t-\frac{2^{j-1}}{\beta(2-k_m)}D_P^{M*}]\,D_P^{M*}-[2^{j-1}A\,D_P^{M*}+B+\sum_{t=2}^{j-1}c_t-\frac{2^{j-2}}{\beta(2-k_m)}D_P^{M*}]\,D_P^{M*}-c_j D_P^{M*}=2^{j-1}A\,D_P^{M*2}-\frac{2^{j-2}}{\beta(2-k_m)}D_P^{M*2}$。

当 $j=i$ 时，$\pi_i^{(N,\ i)}=w_{i+1}^{(N,\ i)}D_P^{M*}-w_{i-1}^{(N,\ i)}D_P^{M*}-c_i D_P^{M*}=[\frac{D_0}{\alpha}-\frac{2^{n-i}}{\alpha}D_P^{M*}-\sum_{t=i+1}^{n}c_t]\,D_P^{M*}-[2^{i-1}A\,D_P^{M*}+B+\sum_{t=2}^{i-1}c_t-\frac{2^{i-2}}{\beta(2-k_m)}D_P^{M*}]\,D_P^{M*}-c_i D_P^{M*}=[\frac{D_0}{\alpha}-B-\sum_{t=2}^{n}c_t-\frac{2^{n-i}}{\alpha}D_P^{M*}-2^{i-1}AD_P^{M*}+\frac{2^{i-2}}{\beta(2-k_m)}D_P^{M*}]\,D_P^{M*}$。由 $D_P^{M*}=$

$\dfrac{\dfrac{D_0}{\alpha}-B-\sum\limits_{t=2}^{n}c_t}{\dfrac{2^{n-i+1}}{\alpha}+2^iA-\dfrac{2^{i-1}}{\beta(2-k_m)}}$可得：$\dfrac{D_0}{\alpha}-B-\sum\limits_{t=2}^{n}c_t=[\dfrac{2^{n-i+1}}{\alpha}+2^iA-\dfrac{2^{i-1}}{\beta(2-k_m)}]D_P^{M*}$。

所以，$\pi_i^{(N,\ i)}=[2^{i-1}A+\dfrac{2^{n-i}}{\alpha}-\dfrac{2^{i-2}}{\beta(2-k_m)}]D_P^{M*2}$。

当$j>i$时，$\pi_j^{(N,\ i)}=w_{j+1}^{(N,\ i)}D_P^{M*}-w_j^{(N,\ i)}D_P^{M*}-c_jD_P^{M*}=[\dfrac{D_0}{\alpha}-\dfrac{2^{n-j}}{\alpha}D_P^{M*}-\sum\limits_{t=j+1}^{n}c_t]D_P^{M*}-[\dfrac{D_0}{\alpha}-\dfrac{2^{n-j+1}}{\alpha}D_P^{M*}-\sum\limits_{t=j}^{n}c_t]D_P^{M*}-c_jD_P^{M*}=[\dfrac{2^{n-j}}{\alpha}-\dfrac{2^{n-j-1}}{\beta(2-k_m)}]D_P^{M*2}=\dfrac{2^{n-j}}{\alpha}D_P^{M*2}$。

由此可知，对于处于核心企业上游的企业来说，随着位置j的下移其收益会增加，随着位置j的上移其收益会减少，说明越靠近核心企业的企业的收益越大，越远离核心企业的企业的收益越小。对于处于核心企业下游的企业来说，随着位置j的上移其收益会增加，随着位置j的下移其收益会减少，也说明越靠近供应链核心企业的企业收益越大，越远离核心企业的企业收益越小。因此可以发现，从决策顺序来看，先决策的企业收益更大，后决策的企业收益更小，说明在多级产品服务化供应链中，也是存在占先优势的。同时，与产品供应链相比，由于最优产品数量的增加，核心企业的收益和核心企业下游企业的收益都增加。

命题 8-5：核心企业的收益大于其他非核心企业的收益，并且核心企业的收益是其上下相邻企业收益之和的 2 倍。

证明：根据命题 8-4 可得，与核心企业相邻的上游企业$i-1$的最优收益为$\pi_{i-1}^{(N,\ i)}=2^{i-2}AD_P^{M*2}-\dfrac{2^{i-3}}{\beta(2-k_m)}D_P^{M*2}$；与核心企业相邻的下游企业$i+1$的最优收益为$\pi_{i+1}^{(N,\ i)}=\dfrac{2^{n-i-1}}{\alpha}D_P^{M*2}$，二者的收益之和为$\pi_{i-1}^{(N,\ i)}+\pi_{i+1}^{(N,\ i)}=[2^{i-2}A+\dfrac{2^{n-i-1}}{\alpha}-\dfrac{2^{i-3}}{\beta(2-k_m)}]D_P^{M*2}$。而核心企业$i$的最优收益为$\pi_i^{(N,\ i)}=$

$$\left[2^{i-1}A+\frac{2^{n-i}}{\alpha}-\frac{2^{i-2}}{\beta(2-k_m)}\right]D_P^{M*2}=2\left[\pi_{i-1}^{(N,\ i)}+\pi_{i+1}^{(N,\ i)}\right]。$$

二、核心企业位置对企业之间合作关系的影响

（一）核心企业的上游企业之间的合作

命题 8-6：当满足 $n>2i'+1+\log_2(1+\sqrt{3})-\log_2(2\alpha A-\frac{b}{2-k_m})$ 时，核心企业的上游企业之间会选择合作。其中，$i'=n-i+1$。

证明：当核心企业的上游企业合作时，即企业成员 j 和 $j+1$ 合作，且 $j+1<i$ 时，产品服务化供应链 $(N,\ i)$ 变为 $(N-1,\ i-1)$，企业 j 和 $j+1$ 合为一体，用 j 来表示。此时，只有 $\pi_j^{(N,\ i)}+\pi_{j+1}^{(N,\ i)}<\pi_j^{(N-1,\ i-1)}$，两个相邻企业才有合作的动力，即 $\left[2^{j-1}A-\frac{2^{j-2}}{\beta(2-k_m)}+2^jA-\frac{2^{j-1}}{\beta(2-k_m)}\right]$

$$\left[\frac{\frac{D_0}{\alpha}-B-\sum_{t=2}^{n}c_t}{\frac{2^{n-i+1}}{\alpha}+2^iA-\frac{2^{i-1}}{\beta(2-k_m)}}\right]^2<\left[2^{j-1}A-\frac{2^{j-2}}{\beta(2-k_m)}\right]\left[\frac{\frac{D_0}{\alpha}-B-\sum_{t=2}^{n-1}c_t}{\frac{2^{n-1-i+1+1}}{\alpha}+2^{i-1}A-\frac{2^{i-1-1}}{\beta(2-k_m)}}\right]^2,$$

其中，$c_j=c_j+c_{j+1}$。化简可得：$3\left[\frac{2^{n-i+1}}{\alpha}+2^{i-1}A-\frac{2^{i-2}}{\beta(2-k_m)}\right]^2<\left[\frac{2^{n-i+1}}{\alpha}+2^iA-\frac{2^{i-1}}{\beta(2-k_m)}\right]^2$，令 $i'=n-i+1$，则上式变为：$3\left[\frac{2^{i'}}{\alpha}+2^{n-i'}A-\frac{2^{n-i'-1}}{\beta(2-k_m)}\right]^2<\left[\frac{2^{i'}}{\alpha}+2^{n-i'+1}A-\frac{2^{n-i'}}{\beta(2-k_m)}\right]^2$，由该不等式可得：$\frac{\sqrt{3}-1}{\alpha}2^{i'}<(2-\sqrt{3})\left[2A-\frac{1}{\beta(2-k_m)}\right]2^{n-i'-1}$，两边分别取以 2 为底的对数可得：$n>2i'+1+\log_2(1+\sqrt{3})-\log_2\left(2\alpha A-\frac{b}{2-k_m}\right)$。

由于 $1+\log_2\alpha A-\log_2\left(2\alpha A-\frac{b}{2-k_m}\right)>0$，与 Majumder 等（2006）研究的产品供应链相比，在产品服务化供应链中，核心企业的上游企业更不

倾向于合作。

命题 8–7：对于处于核心企业上游的企业来说，如果 $i \geqslant i^{M*}$，即当核心企业处于最优位置的下游时，企业才有动力去合作；如果 $i \leqslant i^{M*}$，即核心企业处于最优位置的上游时，企业没有动力去合作。

证明：由 $n > 2i' + 1 + \log_2(1+\sqrt{3}) - \log_2(2\alpha A - \frac{b}{2-k_m})$，且 $i' = n - i + 1$，可得：$i > \dfrac{n + 3 + \log_2(\sqrt{3}+1) - \log_2(2\alpha A - \frac{b}{2-k_m})}{2}$，$i - i^{M*} =$

$$\frac{n + 3 + \log_2(\sqrt{3}+1) - \log_2(2\alpha A - \frac{b}{2-k_m})}{2} - \frac{n + 2 - \log_2(2\alpha A - \frac{b}{2-k_m})}{2} =$$

$$\frac{1 + \log_2(1+\sqrt{3})}{2} > 0。$$

这说明当核心企业处于最优位置的下游时，核心企业的上游企业之间会有动力合作，上游企业之间通过合作进行兼并，使得产品服务化供应链的层级减少，并且使得核心企业的位置上移。当核心企业处于上游时，下游的企业会有动力合作，下游企业通过合作进行兼并，使得供应链的层级减少，并且使核心企业的位置下移。

假设有一个产品服务化供应链（6，6），当 $\alpha A = 1$，$\frac{b}{2-k_m} = 0.586$，$i' = n - i + 1 = 1$ 时，则 $n > 2i' + 1 + \log_2(1+\sqrt{3}) - \log_2(2\alpha A - \frac{b}{2-k_m}) = 2 + 1 + 1.45 - 0.5 = 3.95$。由于 $6 > 3.95$，所以上游企业之间有合作动力，可能有（6，6）→（5，5）→（4，4）→（3，3）。当产品服务化供应链缩短为一个（3，3）链时，就没有了合作动力，因为此时 $n = 3 < 3.95$。

（二）核心企业的下游企业之间的合作

命题 8–8：当满足 $n > 2i - 1 + \log_2(1+\sqrt{3}) + \log_2(2\alpha A - \frac{b}{2-k_m})$ 时，

核心企业的下游企业之间会选择合作。

证明：当核心企业的下游企业合作时，即企业成员 j 和 $j+1$ 合作，且 $j>i$ 时，产品服务化供应链（N，i）变为（$N-1$，i），企业 j 和 $j+1$ 合为一体，用 j 来表示。此时，只有 $\pi_j^{(N,\ i)}+\pi_{j+1}^{(N,\ i)}<\pi_j^{(N-1,\ i-1)}$，两个相邻企业才有合作的动力，即 $\left(\frac{2^{n-j}}{\alpha}+\frac{2^{n-j-1}}{\alpha}\right)\left[\frac{\frac{D_0}{\alpha}-B-\sum_{t=2}^{n}c_t}{\frac{2^{n-i+1}}{\alpha}+2^iA-\frac{2^{i-1}}{\beta(2-k_m)}}\right]^2<\frac{2^{n-1-j}}{\alpha}\left[\frac{\frac{D_0}{\alpha}-B-\sum_{t=2}^{n-1}c_t}{\frac{2^{n-1-i+1}}{\alpha}+2^iA-\frac{2^{i-1}}{\beta(2-k_m)}}\right]^2$，其中，$c_j=c_j+c_{j+1}$。化简可得：$3\left[\frac{2^{n-i}}{\alpha}+2^iA-\frac{2^{i-1}}{\beta(2-k_m)}\right]^2<\left[\frac{2^{n-i+1}}{\alpha}+2^iA-\frac{2^{i-1}}{\beta(2-k_m)}\right]^2$，由该不等式可得：$(\sqrt{3}-1)\left[2A-\frac{1}{\beta(2-k_m)}\right]2^{i-1}<\frac{(2-\sqrt{3})2^{n-i}}{\alpha}$，两边取以 2 为底的对数可得：$n>2i-1+\log_2(1+\sqrt{3})+\log_2\left(2\alpha A-\frac{b}{2-k_m}\right)$。

由于 $\log_2\left(2\alpha A-\frac{b}{2-k_m}\right)-1-\log_2\alpha A<0$，与 Majumder 等（2006）研究的产品供应链相比，在产品服务化供应链中，核心企业的下游企业更倾向于合作。

命题 8-9：对于处于核心企业下游的企业来说，如果 $i\geqslant i^{M*}$，即当核心企业处于最优位置的下游时，企业没有动力去合作；如果 $i\leqslant i^{M*}$，即核心企业处于最优位置的上游时，企业才有动力去合作。

证明：由 $n>2i-1+\log_2(1+\sqrt{3})+\log_2\left(2\alpha A-\frac{b}{2-k_m}\right)$ 可得：$i<\frac{n+1-\log_2(1+\sqrt{3})-\log_2\left(2\alpha A-\frac{b}{2-k_m}\right)}{2}$，$i^{M*}-i=$

$$\frac{n+2-\log_2\left(2\alpha A-\dfrac{b}{2-k_m}\right)}{2}-\frac{n+1-\log_2\left(1+\sqrt{3}\right)-\log_2\left(2\alpha A-\dfrac{b}{2-k_m}\right)}{2}=$$

$$\frac{1+\log_2\left(1+\sqrt{3}\right)}{2}>0。$$

假设有一个产品服务化供应链（6，1），当 $\alpha A=1$，$\dfrac{b}{2-k_m}=0.586$ 时，则 $n>2i-1+\log_2\left(1+\sqrt{3}\right)+\log_2\left(2\alpha A-\dfrac{b}{2-k_m}\right)=2-1+1.45+0.5=2.95$。由于 6 > 1.95，所以，下游企业之间有动力合作，可能有（6，1）→（5，1）→（4，1）→（3，1）→（2，1）。当产品服务化供应链通过合作缩短为一个（2，1）供应链时，就没有了合作动力，因为此时 $n=2<2.95$。

从上述例子可以看出，对于产品服务化供应链（6，1），当 $n=6$，$\alpha A=1$，$\dfrac{b}{2-k_m}=0.586$ 时，其核心企业的最优位置为 2.95，核心企业的最优位置更靠近 3。此时，有一个低效的核心企业位置为 1，那么，产品服务化供应链结构会通过下游企业之间的兼并进行自我调整，最终调整为一个（2，1）供应链。同理，对于产品服务化供应链(6，6)，此时有一个低效的核心企业位置为 6，那么，供应链会通过上游企业之间的兼并进行自我调整，最终调整为一个（3，3）供应链。这说明当产品服务化供应链的核心企业没有处于最优位置时，产品服务化供应链会通过自身调整来消除这种低效状况，缩短供应链的长度。

命题 8-6 至命题 8-9 说明核心企业的位置是上下游企业之间合作的驱动力。当核心企业处于最优位置的下游时，上游的企业会有合作动力，上游企业之间通过合作进行兼并，使得产品服务化供应链的长度缩短。当核心企业处于最优位置的上游时，下游的企业会有合作动力，下游企业通过合作进行兼并，使得产品服务化供应链的长度缩短。

（三）核心企业与相邻上下游企业之间的合作

命题 8-10：核心企业与相邻的上下游企业始终有动力进行合作。

证明：当 $\pi_i^{(N,\ i)}+\pi_{i-1}^{(N,\ i)}<\pi_i^{(N-1,\ i-1)}$ 成立时，核心企业 i 与其相邻上游企业 $i-1$ 有合作动力，由于 $\pi_i^{(N,i)}=\left[2^{i-1}A+\frac{2^{n-i}}{\alpha}-\frac{2^{i-2}}{\beta(2-k_m)}\right]D_P^{M*2}$，$\pi_{i-1}^{(N,i)}=2^{i-2}A\,D_P^{M*2}-\frac{2^{i-3}}{\beta(2-k)}D_P^{M*2}$，则：$\left[2^{i-1}A+\frac{2^{n-i}}{\alpha}-\frac{2^{i-2}}{\beta(2-k_m)}+2^{i-2}A-\frac{2^{i-3}}{\beta(2-k_m)}\right]\left[\frac{\frac{D_0}{\alpha}-B-\sum_{t=2}^{n}c_t}{\frac{2^{n-i+1}}{\alpha}+2^iA-\frac{2^{i-1}}{\beta(2-k_m)}}\right]^2<\left[2^{i-1-1}A+\frac{2^{n-1-i+1}}{\alpha}-\frac{2^{i-1-2}}{\beta(2-k_m)}\right]\left[\frac{\frac{D_0}{\alpha}-B-\sum_{t=2}^{n-1}c_t}{\frac{2^{n-1-i+1+1}}{\alpha}+2^{i-1}A-\frac{2^{i-1-1}}{\beta(2-k_m)}}\right]^2$，其中，$c_i=c_i+c_{i-1}$。整理可得：$\left[3\times2^{i-2}A+\frac{2^{n-i}}{\alpha}-\frac{3\times2^{i-3}}{\beta(2-k_m)}\right]\left[\frac{2^{n-i+1}}{\alpha}+2^{i-1}A-\frac{2^{i-2}}{\beta(2-k_m)}\right]^2<\left[2^{i-2}A+\frac{2^{n-i}}{\alpha}-\frac{2^{i-3}}{\beta(2-k_m)}\right]\left[\frac{2^{n-i+1}}{\alpha}+2^iA-\frac{2^{i-1}}{\beta(2-k_m)}\right]^2$，化简可得：$\left[2^{i-2}A-\frac{2^{i-3}}{\beta(2-k_m)}\right]^2>0$ 成立。

当 $\pi_i^{(N,i)}+\pi_{i+1}^{(N,i)}<\pi_i^{(N-1,i-1)}$ 时，核心企业 i 与其相邻下游企业 $i+1$ 有合作的动力，由于 $\pi_i^{(N,i)}=\left[2^{i-1}A+\frac{2^{n-i}}{\alpha}-\frac{2^{i-2}}{\beta(2-k)}\right]D_P^{M*2}$，$\pi_{i+1}^{(N,i)}=\frac{2^{n-i-1}}{\alpha}D_P^{M*2}$，则：$\left[2^{i-1}A+\frac{2^{n-i}}{\alpha}-\frac{2^{i-2}}{\beta(2-k_m)}+\frac{2^{n-i-1}}{\alpha}\right]\left[\frac{\frac{D_0}{\alpha}-B-\sum_{t=2}^{n}c_t}{\frac{2^{n-i+1}}{\alpha}+2^iA-\frac{2^{i-1}}{\beta(2-k_m)}}\right]^2<\left[2^{i-1}A+\frac{2^{n-1-i}}{\alpha}-\frac{2^{i-2}}{\beta(2-k_m)}\right]\left[\frac{\frac{D_0}{\alpha}-B-\sum_{t=2}^{n-1}c_t}{\frac{2^{n-1-i+1}}{\alpha}+2^iA-\frac{2^{i-1}}{\beta(2-k_m)}}\right]^2$，其中 $c_i=c_i+c_{i+1}$，整理可得：

$$\left[3\times\frac{2^{n-i-1}}{\alpha}-\frac{2^{i-2}}{\beta\ (2-k_m)}+2^{i-1}A\right]\left[\frac{2^{n-i}}{\alpha}+2^{i}A-\frac{2^{i-1}}{\beta\ (2-k_m)}\right]^2<\left[2^{i-1}A+\frac{2^{n-1-i}}{\alpha}-\frac{2^{i-2}}{\beta\ (2-k_m)}\right]$$

$\left[\frac{2^{n-i+1}}{\alpha}+2^{i}A-\frac{2^{i-1}}{\beta\ (2-k_m)}\right]^2$，化简可得：$\frac{2^{n-i-1}}{\alpha}\left[\frac{2^{n-i-1}}{\alpha}+2^{i-1}A-\frac{2^{i-2}}{\beta\ (2-k_m)}\right]>0$成立。

由此可以得出，当核心企业处于最优位置或者是最优位置的上游时，任何处于核心企业上游的相邻企业都没有动力去合作；而当核心企业处于最优位置的下游时，核心企业的上游企业之间趋向于合作。当核心企业处于最优位置或者最优位置的下游时，任何处于核心企业下游的相邻企业都没有动力去合作；而当核心企业处于最优位置的上游时，核心企业的下游企业有动力去合作。

三、结论

在制造商提供服务的 N 级产品服务化供应链中，通过建立博弈模型求解核心企业的最优位置，并分析核心企业位置对供应链的收益及上下游企业之间合作关系的影响，得出以下结论：

第一，与产品供应链相比，产品服务化供应链的最优产品数量增加，核心企业的最优位置偏向下游，核心企业的下游企业之间合作的动力更大，核心企业的上游企业之间合作的动力更小。

第二，与产品供应链相比，在产品服务化供应链中，核心企业的上游企业提供给其上游企业的产品批发价格下降，而核心企业的下游企业提供给其下游企业的产品批发价格不变。由于最优产品数量的增加，核心企业的收益和核心企业的下游企业的收益均增加。

第三，与产品供应链相比，在产品服务化供应链中，同样满足核心企业的收益大于其他企业的收益，且等于相邻企业收益之和的 2 倍。同时，处于核心企业上游和下游企业的位置会影响其提供的产品批发价格和收益，企业位置越靠近下游，提供的产品批发价格越高。离核心企业越近的企业收益越大，离核心企业越远的企业收益越小。

第四，从合作关系来看，在产品服务化供应链中，核心企业的位置同样会影响到上游企业之间和下游企业之间的合作。当核心企业位置处于最优位置的上游时，核心企业的下游企业之间有合作动力。当核心企业位置处于最优位置的下游时，核心企业的上游企业之间有合作动力。供应链通过上下游企业之间的兼并来克服核心企业位置偏离最优位置这种低效状况，最终表现为供应链长度的缩短。这也是大多数学者研究的供应链长度一般是两级或者三级的原因。

第四节　零售商提供服务时核心企业的位置

一、核心企业的最优位置及各企业的收益

根据逆向归纳法，在图 8-1 的左分支上，首先对制造商 1 的产品数量决策进行求解，然后是企业 2，直到核心企业 i 。在右分支上，首先对零售商 n 的产品数量、服务价格和服务水平决策进行求解，然后是企业 $n-1$，直到核心企业 i 。

假设产品服务化供应链中所有企业的产品数量相等。当 $j \leqslant i$ 时，在左分支上，对于制造商 1 来说，它的父节点为企业节点 2，制造商 1 为子节点。

企业节点 2 的收益函数为：

$$\pi_2^{(N,\ i)} = w_2^{(N,\ i)} D_P - w_1^{(N,\ i)} D_P - c_2 D_P \tag{8.42}$$

制造商 1 的收益函数为：

$$\pi_1^{(N,\ i)} = w_1^{(N,\ i)} D_P - (A D_P^2 + B D_P) \tag{8.43}$$

根据逆向归纳法，对于制造商 1 来说，最大化自身收益来选择销售数量 D_P ，根据 $\frac{\partial \pi_1^{(N,\ i)}}{\partial D_P} = 0$，可得出关于 D_P 的函数：$w_1^{(N,\ i)} = 2AD_P + B$ ，代入 $\pi_2^{(N,\ i)}$ 可得：

$$\pi_2^{(N,\ i)} = w_2^{(N,\ i)} D_P - (2A D_P^2 + B D_P) - c_2 D_P \tag{8.44}$$

类似地，企业节点 3 是企业节点 2 的父节点，企业节点 2 是企业节点 3 的子节点。企业节点 3 的收益函数为：

$$\pi_3^{(N,\ i)} = w_3^{(N,\ i)} D_P - w_2^{(N,\ i)} D_P - c_3 D_P \tag{8.45}$$

根据逆向归纳法，企业节点 2 最大化自身收益选择销售数量 D_P，根据 $\frac{\partial \pi_2^{(N,\ i)}}{\partial D_P} = 0$，可得出关于 D_P 的函数：$w_2^{(N,\ i)} = 2^2 AD_P + B + c_2$，将其代入 $\pi_3^{(N,\ i)}$ 可得：

$$\pi_3^{(N,\ i)} = w_3^{(N,\ i)} D_P - (2^2 AD_P + B + c_2) D_P - c_3 D_P \tag{8.46}$$

企业节点 4 是企业节点 3 的父节点，企业节点 4 的收益函数为：

$$\pi_4^{(N,\ i)} = w_4^{(N,\ i)} D_P - w_3^{(N,\ i)} D_P - c_4 D_P \tag{8.47}$$

根据逆向归纳法，企业节点 3 最大化自身收益选择销售数量 D_P，根据 $\frac{\partial \pi_3^{(N,\ i)}}{\partial D_P} = 0$，可得关于 D_P 的函数：$w_3^{(N,\ i)} = 2^3 AD_P + B + c_2 + c_3$，将其代入 $\pi_4^{(N,\ i)}$ 可得：

$$\pi_4^{(N,\ i)} = w_4^{(N,\ i)} D_P - (2^3 AD_P + B + c_2 + c_3) D_P - c_4 D_P \tag{8.48}$$

同理，当 $j \leqslant i$ 时，$\pi_j^{(N,i)} = w_j^{(N,i)} D_P -$（$2^{j-1} AD_P + B + \sum_{t=2}^{j-1} c_t$）$D_P - c_j D_P$。

当 $j \geqslant i$ 时，在右分支上，对于零售商 n 来说，它的父节点是企业节点 $n-1$，企业节点 $n-1$ 的收益函数为：

$$\pi_{n-1}^{(N,\ i)} = w_n^{(N,\ i)} D_P - w_{n-1}^{(N,\ i)} D_P - c_{n-1} D_P \tag{8.49}$$

对于零售商 n 来说：

$$\pi_n^{(N,\ i)} = \left(\frac{D_0}{\alpha} - \frac{D_P}{\alpha}\right) D_P + p_2(D_P - \beta p_2 + \gamma s_r) - w_n^{(N,\ i)} D_P - c_n D_P - \frac{1}{2} \eta_r s_r^2 \tag{8.50}$$

根据逆向归纳法，零售商 n 最大化其收益选择产品数量 D_P、服务价格 p_2 和服务水平 s_r，根据 $\frac{\partial \pi_n^{(N,\ i)}}{\partial D_P} = 0$，得到关于 D_P 的函数为：$w_n^{(N,\ i)} = \frac{D_0}{\alpha} - \frac{2D_P}{\alpha} + p_2 - c_n$，根据 $\frac{\partial \pi_n^{(N,\ i)}}{\partial p_2} = 0$，$\frac{\partial \pi_n^{(N,\ i)}}{\partial s_r} = 0$ 可得：$p_2^* = \frac{D_P + \gamma s}{2\beta}$，$s_r^* = \frac{p_2 \gamma}{\eta_r}$，

联立求解可得：$p_2^* = \dfrac{D_P}{\beta(2-k_r)}$，$s_r^* = \dfrac{D_P k_r}{\gamma(2-k_r)}$，$D_s^* = \dfrac{D_P}{2-k_r}$。将 p_2^* 代入 $w_n^{(N,\ i)}$，可得：$w_n^{(N,\ i)} = \dfrac{D_0}{\alpha} - \dfrac{2D_P}{\alpha} + \dfrac{D_P}{\beta(2-k_r)} - c_n$，代入 $\pi_{n-1}^{(N,\ i)}$ 可得：

$$\pi_{n-1}^{(N,\ i)} = \left(\frac{D_0}{\alpha} - \frac{2D_P}{\alpha} + \frac{D_P}{\beta(2-k)} - c_n\right) D_P - w_{n-1}^{(N,\ i)} D_P - c_{n-1} D_P \tag{8.51}$$

企业节点 $n-2$ 为企业节点 $n-1$ 的父节点，其收益函数为：

$$\pi_{n-2}^{(N,\ i)} = w_{n-1}^{(N,\ i)} D_P - w_{n-2}^{(N,\ i)} D_P - c_{n-2} D_P \tag{8.52}$$

根据逆向归纳法，节点企业 $n-1$ 首先根据收益最大化选择购买数量 D_P，根据 $\dfrac{\partial \pi_{n-1}^{(N,\ i)}}{\partial D_P} = 0$，得到关于 D_P 的函数为：$w_{n-1}^{(N,\ i)} = \dfrac{D_0}{\alpha} - \dfrac{2^2 D_P}{\alpha} + \dfrac{2D_P}{\beta(2-k_r)} - c_{n-1} - c_n$，将其代入 $\pi_{n-2}^{(N,\ i)}$ 可得：

$$\pi_{n-2}^{(N,\ i)} = [\frac{D_0}{\alpha} - \frac{2^2 D_P}{\alpha} + \frac{2D_P}{\beta(2-k_r)} - c_{n-1} - c_n] D_P - w_{n-2}^{(N,\ i)} D_P - c_{n-2} D_P \tag{8.53}$$

以此类推，当 $j \geqslant i$ 时，节点企业 j 的收益函数为：

$$\pi_j^{(N,\ i)} = [\frac{D_0}{\alpha} - \frac{2^{n-j} D_P}{\alpha} + \frac{2^{n-j-1} D_P}{\beta(2-k_r)} - \sum_{t=j+1}^{n} c_t] D_P - w_j^{(N,\ i)} D_P - c_j D_P \tag{8.54}$$

对于核心企业 i，它的收益函数为：

$$\pi_i^{(N,\ i)} = w_{i+1}^{(N,\ i)} D_P - w_{i-1}^{(N,\ i)} D_P - c_i D_P \tag{8.55}$$

当 $j = i+1$，即 $j > i$ 时，节点企业 $i+1$ 的收益函数为：

$$\pi_{i+1}^{(N,\ i)} = [\frac{D_0}{\alpha} - \frac{2^{n-i-1} D_P}{\alpha} + \frac{2^{n-i-2} D_P}{\beta(2-k_r)} - \sum_{t=i+2}^{n} c_t] D_P - w_{i+1}^{(N,\ i)} D_P - c_{i+1} D_P \tag{8.56}$$

根据逆向归纳法，由 $\dfrac{\partial \pi_{i+1}^{(N,\ i)}}{\partial D_P} = 0$ 可得：

$$w_{i+1}^{(N,\ i)} = \frac{D_0}{\alpha} - \frac{2^{n-i}D_P}{\alpha} + \frac{2^{n-i-1}D_P}{\beta(2-k_r)} - \sum_{t=i+1}^{n} c_t \tag{8.57}$$

当 $j = i - 1$，即 $j < i$ 时，节点企业 $i - 1$ 的收益函数为：

$$\pi_{i-1}^{(N,\ i)} = w_{i-1}^{(N,\ i)}D_P - (2^{i-2}AD_P + B + \sum_{t=2}^{i-2} c_t)D_P - c_{i-1}D_P \tag{8.58}$$

根据逆向归纳法，由 $\frac{\partial \pi_{i-1}^{(N,\ i)}}{\partial D_P} = 0$ 可得：

$$w_{i-1}^{(N,\ i)} = 2^{i-1}AD_P + B + \sum_{t=2}^{i-1} c_t \tag{8.59}$$

将 $w_{i+1}^{(N,\ i)}$ 和 $w_{i-1}^{(N,\ i)}$ 代入 $\pi_i^{(N,\ i)}$ 可得：

$$\pi_i^{(N,\ i)} = [\frac{D_0}{\alpha} - \frac{2^{n-i}D_P}{\alpha} + \frac{2^{n-i-1}D_P}{\beta(2-k_r)} - \sum_{t=i+1}^{n} c_t]D_P - \left(2^{i-1}AD_P + B + \sum_{t=2}^{i-1} c_t\right) D_P - c_iD_P \tag{8.60}$$

由 $\frac{\partial \pi_i^{(N,\ i)}}{\partial D_P} = 0$ 可得：

$$D_P^{R*} = \frac{\frac{D_0}{\alpha} - B - \sum_{t=2}^{n} c_t}{\frac{2^{n-i+1}}{\alpha} + 2^iA - \frac{2^{n-i}}{\beta(2-k_r)}} = \frac{(D_0 - \alpha B - \alpha\sum_{t=2}^{n} c_t)(2-k_r)}{(2^{n-i+1} + 2^i\alpha A)(2-k_r) - 2^{n-i}b} \tag{8.61}$$

可以看出，当 $n = 1$，$i = 1$ 时，$D_P^{R*} = \frac{(D_0 - \alpha B - \alpha\sum_{t=2}^{n} c_t)(2-k_r)}{(2+2\alpha A)(2-k_r) - b}$，这与集中决策下的最优产品数量相等。

命题 8-11：当 $(2^{n-i+1} + 2^i\alpha A)(2-k_r) - 2^{n-i}b$ 最小时，供应链的总收益最大，因而核心企业的最优位置为：

$$i^{R*} = \frac{n + \log_2(2 - \frac{b}{2-k_r}) - \log_2\alpha A}{2} \tag{8.62}$$

可以发现：

①与 Majumder 等（2006）的产品供应链的研究结果相比，当零售商提供服务时，最优产品数量增加，核心企业的最优位置向上游移动。

②当产品服务化供应链的产品数量最大时，由于 $D_s^{R*}=\dfrac{D_P}{2-k_r}$，服务数量也最大，此时产品服务化供应链的总收益最大。

③核心企业的最优位置不仅与供应链中企业个数 n、产品的价格敏感度 α、制造商 1 的成本系数 A 有关，还和产品与服务价格敏感系数比值 b、服务需求敏感指数 k_r 相关。由于 $0\leqslant\alpha\leqslant1$，$A\geqslant1$，所以，当企业个数 n 确定时，核心企业的最优位置随着产品的价格敏感系数 α 的增加向下游移动，随着制造商 1 的成本系数 A 的增加向上游移动，随着产品和服务价格敏感系数比值 b 的增加向上游移动，随着服务需求敏感指数 k_r 的增加向上游移动。

命题 8-12：在产品服务化供应链（N，i）中，对于第 j 个企业成员来说（$j\geqslant i$），它提供给下游企业的批发价格为：

$$w_{j+1}^{(N,\ i)}=\frac{D_0}{\alpha}-\frac{2^{n-j}D_P}{\alpha}+\frac{2^{n-j-1}D_P}{\beta(2-k_r)}-\sum_{t=j+1}^{n}c_t \tag{8.63}$$

证明：企业 $j+1$ 的收益为 $\pi_{j+1}^{(N,i)}=\left[\dfrac{D_0}{\alpha}-\dfrac{2^{n-j-1}D_P}{\alpha}+\dfrac{2^{n-j-2}D_P}{\beta(2-k_r)}-\sum\limits_{t=j+2}^{n}c_t\right]D_P-w_{j+1}^{(N,\ i)}D_P-c_{j+1}D_P$。由 $\dfrac{\partial\pi_{j+1}^{(N,\ i)}}{\partial D_P}=0$ 可得：企业 j 提供给企业 $j+1$ 的批发价格为 $w_{j+1}^{(N,i)}=\dfrac{D_0}{\alpha}-\dfrac{2^{n-j}D_P}{\alpha}+\dfrac{2^{n-j-1}D_P}{\beta(2-k_r)}-\sum\limits_{t=j+1}^{n}c_t$。

命题 8-13：对于企业成员 $j\leqslant i$ 来说，它提供给上游企业的批发价格为：

$$w_{j-1}^{(N,\ i)}=2^{j-1}AD_P+B+\sum_{t=2}^{j-1}c_t \tag{8.64}$$

证明：当 $j\leqslant i$ 时，$\pi_{j-1}^{(N,\ i)}=w_{j-1}^{(N,\ i)}D_P-(2^{j-2}AD_P+B+\sum\limits_{t=2}^{j-2}c_t)D_P-c_jD_P$，由 $\dfrac{\partial\pi_{j-1}^{(N,\ i)}}{\partial D_P}=0$ 可得：$w_{j-1}^{(N,\ i)}=2^{j-1}AD_P+B+\sum\limits_{t=2}^{j-1}c_t$。

由命题 8-12 和命题 8-13 可以看出，每个企业提供的产品批发价格都与其所处的位置 j 有关，批发价格随着企业位置 j 的下移而增加。同时，与产品供应链相比，核心企业的上游企业提供给其上游企业的产品批发价格不变，核心企业的下游企业提供给其下游企业的产品批发价格增加。

命题 8-14：产品服务化供应链（N, i）中的每个企业的收益分别为：

当 $j < i$ 时，企业处于核心企业的上游，收益为：

$$\pi_j^{(N,\ i)} = 2^{j-1} A\, D_P^{R*2} \tag{8.65}$$

当 $j = i$ 时，核心企业的收益为：

$$\pi_i^{(N,\ i)} = \left[2^{i-1} A + \frac{2^{n-i}}{\alpha} - \frac{2^{n-i-1}}{\beta(2-k_r)} \right] D_P^{R*2} \tag{8.66}$$

当 $j > i$ 时，企业处于核心企业的下游，收益为：

$$\pi_j^{(N,\ i)} = \left[\frac{2^{n-j}}{\alpha} - \frac{2^{n-j-1}}{\beta(2-k_r)} \right] D_P^{R*2} \tag{8.67}$$

证明：当 $j < i$ 时，$\pi_j^{(N,\ i)} = w_j^{(N,\ i)} D_P^{R*} - w_{j-1}^{(N,\ i)} D_P^{R*} - c_j D_P^{R*} = \left(2^j A\, D_P^{R*} + B + \sum_{t=2}^{j} c_t \right) D_P^{R*} - \left(2^{j-1} A\, D_P^{R*} + B + \sum_{t=2}^{j-1} c_t \right) D_P^{R*} - c_j D_P^{R*} = 2^{j-1} A\, D_P^{R*2}$。

当 $j = i$ 时，$\pi_i^{(N,\ i)} = w_{i+1}^{(N,\ i)} D_P^{R*} - w_{i-1}^{(N,\ i)} D_P^{R*} - c_i D_P^{R*} = \left[\frac{D_0}{\alpha} - \frac{2^{n-i}}{\alpha} D_P^{R*} + \frac{2^{n-i-1}}{\beta(2-k_r)} D_P^{R*} - \sum_{t=i+1}^{n} c_t \right] D_P^{R*} - \left(2^{i-1} A\, D_P^{R*} + B + \sum_{t=2}^{i-1} c_t \right) D_P^{R*} - c_i D_P^{R*} = \left[\frac{D_0}{\alpha} - B - \sum_{t=2}^{n} c_t - \frac{2^{n-i}}{\alpha} D_P^{R*} - 2^{i-1} A\ D_P^{*} + \frac{2^{n-i-1}}{\beta(2-k_r)} D_P^{R*} \right] D_P^{R*}$。由 $D_P^{R*} = \dfrac{\dfrac{D_0}{\alpha} - B - \sum_{t=2}^{n} c_t}{\dfrac{2^{n-i+1}}{\alpha} + 2^i A - \dfrac{2^{n-i}}{\beta(2-k_r)}}$ 可得：$\frac{D_0}{\alpha} - B - \sum_{t=2}^{n} c_t = \left[\frac{2^{n-i+1}}{\alpha} + 2^i A - \frac{2^{n-i}}{\beta(2-k_r)} \right] D_P^{R*}$，所以，$\pi_i^{(N,\ i)} = \left[2^{i-1} A + \frac{2^{n-i}}{\alpha} - \frac{2^{n-i-1}}{\beta(2-k_r)} \right] D_P^{R*2}$。

当$j > i$时，$\pi_j^{(N,\ i)} = w_{j+1}^{(N,\ i)} D_P^{R*} - w_j^{(N,\ i)} D_P^{R*} - c_j D_P^{R*} = \left[\frac{D_0}{\alpha} - \frac{2^{n-j}}{\alpha} D_P^{R*} + \frac{2^{n-j-1}}{\beta(2-k_r)} D_P^{R*} - \sum_{t=j+1}^{n} c_t\right] D_P^{R*} - \left[\frac{D_0}{\alpha} - \frac{2^{n-j+1}}{\alpha} D_P^{R*} + \frac{2^{n-j}}{\beta(2-k_r)} D_P^{R*} - \sum_{t=j}^{n} c_t\right] D_P^{R*} - c_j D_P^{R*} = \left[\frac{2^{n-j}}{\alpha} - \frac{2^{n-j-1}}{\beta(2-k_r)}\right] D_P^{R*2}$。

由此可得出以下结论：对于核心企业的上游企业来说，随着位置j的下移其收益会增加，随着位置j的上移其收益会减少，说明越靠近核心企业的企业收益越大，越远离核心企业的企业收益越小。对于核心企业的下游企业来说，随着位置j的上移其收益会增加，随着位置j的下移其收益会减少，也说明越靠近核心企业的企业收益越大，越远离核心企业的企业收益越小。因此可以得知，从决策顺序来看，先决策的企业收益更大，后决策的企业收益更小，说明在N级产品服务化供应链中，也是存在占先优势的。同时，与产品供应链相比，由于产品最优数量的增加，核心企业的上游企业的收益和核心企业的收益都增加。

命题 8-15：核心企业的收益大于其他非核心企业的收益，并且核心企业的收益是其上下相邻企业收益之和的 2 倍。

证明：根据命题 8-14 可知，与核心企业相邻的上游企业$i-1$的最优收益为$\pi_{i-1}^{(N,\ i)} = 2^{i-2} A D_P^{R*2}$，与核心企业相邻的下游企业$i+1$的最优收益为$\pi_{i+1}^{(N,\ i)} = \left[\frac{2^{n-i-1}}{\alpha} - \frac{2^{n-i-2}}{\beta(2-k_r)}\right] D_P^{R*2}$，二者的收益之和为$\pi_{i-1}^{(N,\ i)} + \pi_{i+1}^{(N,\ i)} = \left[2^{i-2}A + \frac{2^{n-i-1}}{\alpha} - \frac{2^{n-i-2}}{\beta(2-k_r)}\right] D_P^{R*2}$。而核心企业$i$的最优收益为$\pi_i^{(N,\ i)} = \left[2^{i-1}A + \frac{2^{n-i}}{\alpha} - \frac{2^{n-i-1}}{\beta(2-k_r)}\right] D_P^{R*2} = 2(\pi_{i-1}^{(N,\ i)} + \pi_{i+1}^{(N,\ i)})$。

二、核心企业位置对企业之间合作关系的影响

（一）核心企业的上游企业之间的合作

命题 8-16：当满足 $n > 2i' - 1 + \log_2(2 - \frac{b}{2-k}) + \log_2(\sqrt{3} + 1) - \log_2 \alpha A$ 时，核心企业的上游企业之间会选择合作，其中，$i' = n - i + 1$。

证明：当核心企业的上游企业 j 和企业 $j+1$ 合作时，其中，$j+1 < i$，产品服务化供应链 (N, i) 变为 $(N-1, i-1)$，企业 j 和企业 $j+1$ 合为一体，用 j 来表示。此时，只有 $\pi_j^{(N, i)} + \pi_{j+1}^{(N, i)} < \pi_j^{(N-1, i-1)}$，两个企业才有合作的动力，即 $(2^{j-1}A + 2^jA)\left[\frac{\frac{D_0}{\alpha} - B - \sum_{t=2}^{n} c_t}{\frac{2^{n-i+1}}{\alpha} + 2^iA - \frac{2^{n-i}}{\beta(2-k_r)}}\right]^2 < 2^{j-1}A \left[\frac{\frac{D_0}{\alpha} - B - \sum_{t=2}^{n-1} c_t}{\frac{2^{n-1-i+1+1}}{\alpha} + 2^{i-1}A - \frac{2^{n-1-i+1}}{\beta(2-k_r)}}\right]^2$，其中，$c_j = c_j + c_{j+1}$，化简可得：$3\left[\frac{2^{n-i+1}}{\alpha} + 2^{i-1}A - \frac{2^{n-i}}{\beta(2-k_r)}\right]^2 < \left[\frac{2^{n-i+1}}{\alpha} + 2^iA - \frac{2^{n-i}}{\beta(2-k_r)}\right]^2$。令 $i' = n - i + 1$，则上式变为：$3\left[\frac{2^{i'}}{\alpha} + 2^{n-i'}A - \frac{2^{i'-1}}{\beta(2-k_r)}\right]^2 < \left[\frac{2^{i'}}{\alpha} + 2^{n-i'+1}A - \frac{2^{i'-1}}{\beta(2-k_r)}\right]^2$，由该不等式可得：$\left[\frac{2(\sqrt{3}-1)}{\alpha} - \frac{(\sqrt{3}-1)}{\beta(2-k_r)}\right]2^{i'-1} < (2 - \sqrt{3})\,2^{n-i'}A$，两边分别取以 2 为底的对数可得：$n > 2i' - 1 + \log_2(2 - \frac{b}{2-k_r}) + \log_2(\sqrt{3} + 1) - \log_2 \alpha A$。

由于 $\log_2(2 - \frac{b}{2-k_r}) - 1 < 0$，与产品供应链相比，在产品服务化供应

链中，核心企业的上游企业更倾向于合作。

命题 8-17：对于核心企业的上游企业来说，如果 $i \geqslant i^{R*}$，即核心企业处于最优位置的下游时，上游企业才有合作动力；如果 $i \leqslant i^{R*}$，即核心企业处于最优位置的上游时，上游企业没有合作动力。

证明：由 $n>2i'-1+\log_2\left(2-\frac{b}{2-k_r}\right)+\log_2(\sqrt{3}+1)-\log_2\alpha A$，且 $i'=n-i+1$，

可以得出：$i>\frac{n+1+\log_2\left(2-\frac{b}{2-k_r}\right)+\log_2(\sqrt{3}+1)-\log_2\alpha A}{2}$，$i-i^{R*}=$

$\frac{n+1+\log_2\left(2-\frac{b}{2-k_r}\right)+\log_2(\sqrt{3}+1)-\log_2\alpha A}{2}-\frac{n+\log_2\left(2-\frac{b}{2-k_r}\right)-\log_2\alpha A}{2}=$

$\frac{1+\log_2(1+\sqrt{3})}{2}>0$。

假设有一个产品服务化供应链（6，6），当 $\alpha A=1$，$\frac{b}{2-k}=0.586$，$i'=n-i+1=1$ 时，则 $n>2i'-1+\log_2\left(2-\frac{b}{2-k}\right)+\log_2(\sqrt{3}+1)-\log_2\alpha A=2-1+0.5+1.45=2.95$。由于6>2.95，所以，上游企业之间有合作动力，即（6，6）→（5，5）→（4，4）→（3，3）→（2，2）。当产品服务化供应链缩短为一个（2，2）供应链时，就没有了合作动力，因为此时 $n=2<2.95$。

（二）核心企业的下游企业之间的合作

命题 8-18：当满足 $n>2i+1+\log_2(1+\sqrt{3})+\log_2\alpha A-\log_2\left(2-\frac{b}{2-k_r}\right)$ 时，核心企业的下游企业之间会选择合作。

证明：当核心企业的下游企业 j 和企业 $j+1$ 合作，且 $j>i$ 时，产品服务化供应链（N，i）变为（$N-1$，i），企业 j 和企业 $j+1$ 合为一体，用 j 来表示。当 $\pi_j^{(N,\ i)}+\pi_{j+1}^{(N,\ i)}<\pi_j^{(N-1,\ i-1)}$ 时，两个企业才有合作动力，即 $\Big[\frac{2^{n-j}}{\alpha}-$

$$\frac{2^{n-j-1}}{\beta(2-k_r)}+\frac{2^{n-j-1}}{\alpha}-\frac{2^{n-j-2}}{\beta(2-k_r)}\Bigg]\left[\frac{\frac{D_0}{\alpha}-B-\sum_{t=2}^{n}c_t}{\frac{2^{n-i+1}}{\alpha}+2^iA-\frac{2^{n-i}}{\beta(2-k_r)}}\right]^2<\Bigg[\frac{2^{n-1-j}}{\alpha}-$$

$$\frac{2^{n-1-j-1}}{\beta(2-k_r)}\Bigg]\left[\frac{\frac{D_0}{\alpha}-B-\sum_{t=2}^{n-1}c_t}{\frac{2^{n-1-i+1}}{\alpha}+2^iA-\frac{2^{n-1-i}}{\beta(2-k_r)}}\right]^2$$，其中，$c_j=c_j+c_{j+1}$，化简可得：

$3\left[\frac{2^{n-i}}{\alpha}+2^iA-\frac{2^{n-i-1}}{\beta(2-k_r)}\right]^2<\left[\frac{2^{n-i+1}}{\alpha}+2^iA-\frac{2^{n-i}}{\beta(2-k_r)}\right]^2$，由该不等式可得：$(\sqrt{3}-1)A2^i<(2-\sqrt{3})\left[\frac{2}{\alpha}-\frac{1}{\beta(2-k_r)}\right]2^{n-i-1}$，两边取以 2 为底的对数可得：$n>2i+1+\log_2(1+\sqrt{3})+\log_2\alpha A-\log_2(2-\frac{b}{2-k_r})$。

由于 $1-\log_2(2-\frac{b}{2-k_r})>0$，与产品供应链相比，在产品服务化供应链中，核心企业的下游企业之间更不倾向于合作。

命题 8-19：对于核心企业的下游企业来说，如果 $i\geqslant i^{R*}$，即当核心企业处于最优位置的下游时，企业没有动力合作；如果 $i\leqslant i^{R*}$，即当核心企业处于最优位置的上游时，企业才有动力合作。

证明：由 $n>2i+1+\log_2(1+\sqrt{3})+\log_2\alpha A-\log_2\left(2-\frac{b}{2-k_r}\right)$ 可得：

$i<\frac{n-1-\log_2(1+\sqrt{3})-\log_2\alpha A+\log_2(2-\frac{b}{2-k_r})}{2}$，$i^{R*}-i=$

$$\frac{n+\log_2(2-\frac{b}{2-k_r})-\log_2\alpha A}{2}-\frac{n-1-\log_2(1+\sqrt{3})-\log_2\alpha A+\log_2(2-\frac{b}{2-k_r})}{2}=$$

$\frac{1+\log_2(1+\sqrt{3})}{2}>0$。

假设有一个产品服务化供应链（6，1），当 $\alpha A=1$，$\frac{b}{2-k_r}=0.586$ 时，则 $n>2i+1+\log_2(1+\sqrt{3})+\log_2\alpha A-\log_2(2-\frac{b}{2-k_r})=2+1+1.45-0.5=3.95$。由于 6>3.95，所以下游企业之间有动力合作，即（6，1）→（5，1）→（4，1）→（3，1）。当产品服务化供应链通过合作缩短为一个（3，1）供应链时，就没有了合作动力，因为此时 $n=3<3.95$。

从上述例子可以看出，对于产品服务化供应链 (6，1) ，当 $n=6$，$\alpha A=1$，$\frac{b}{2-k_r}=0.586$ 时，其核心企业的最优位置为 3.25，核心企业的最优位置更靠近 3。此时，有一个低效的核心企业位置为 1，那么，供应链会通过下游企业之间的兼并进行自我调整，最终调整为一个 (3，1) 供应链。同理，对于产品服务化供应链 (6，6) ，此时，有一个低效的核心企业位置为 6，那么，供应链会通过上游企业之间的兼并进行自我调整，最终调整为一个 (2，2) 供应链。这说明，当产品服务化供应链的核心企业没有处于最优位置时，供应链会通过自身调整来消除这种低效状况，缩短供应链的长度。

命题 8-16 至命题 8-19 说明，核心企业的位置是上下游企业之间合作的驱动力。当核心企业处于最优位置的下游时，上游的企业会有合作动力，上游企业之间通过合作进行兼并，产品服务化供应链的长度缩短。当核心企业处于最优位置的上游时，下游的企业会有合作动力，下游企业通过合作进行兼并，产品服务化供应链的长度缩短。

（三）核心企业与相邻的上下游企业之间的合作

命题 8-20：核心企业与相邻的上下游企业始终有动力进行合作。

证明：当 $\pi_i^{(N,\ i)}+\pi_{i-1}^{(N,\ i)}<\pi_i^{(N-1,\ i-1)}$ 成立时，核心企业 i 与其相邻上游企业 $i-1$ 之间有合作动力，由于 $\pi_i^{(N,\ i)}=[2^{i-1}A+\frac{2^{n-i}}{\alpha}-\frac{2^{n-i-1}}{\beta(2-k_r)}]$

D_P^{R*2}，$\pi_{i-1}^{(N,\ i)}=2^{i-2}A\ D_P^{R*2}$，则：$\left[2^{i-1}A+\frac{2^{n-i}}{\alpha}-\frac{2^{n-i-1}}{\beta(2-k_r)}+2^{i-2}A\right]$

$$\left[\frac{\frac{D_0}{\alpha}-B-\sum_{t=2}^{n}c_t}{\frac{2^{n-i+1}}{\alpha}+2^iA-\frac{2^{n-i}}{\beta(2-k_r)}}\right]^2<\left[2^{i-1-1}A+\frac{2^{n-1-i+1}}{\alpha}-\frac{2^{n-1-i+1-1}}{\beta(2-k_r)}\right]$$

$$\left[\frac{\frac{D_0}{\alpha}-B-\sum_{t=2}^{n-1}c_t}{\frac{2^{n-1-i+1+1}}{\alpha}+2^{i-1}A-\frac{2^{n-1-i+1}}{\beta(2-k_r)}}\right]^2$$，其中，$c_i=c_i+c_{i-1}$，整理可得：$\Bigg[3\times$

$$2^{i-2}A+\frac{2^{n-i}}{\alpha}-\frac{2^{n-i-1}}{\beta(2-k_r)}\Bigg]\left[\frac{\frac{D_0}{\alpha}-B-\sum_{t=2}^{n}c_t}{\frac{2^{n-i+1}}{\alpha}+2^iA-\frac{2^{n-i}}{\beta(2-k_r)}}\right]^2<\Bigg[2^{i-2}A+\frac{2^{n-i}}{\alpha}-$$

$$\frac{2^{n-i-1}}{\beta(2-k_r)}\Bigg]\left[\frac{\frac{D_0}{\alpha}-B-\sum_{t=2}^{n-1}c_t}{\frac{2^{n-i+1}}{\alpha}+2^{i-1}A-\frac{2^{n-i}}{\beta(2-k_r)}}\right]^2$$，化简可得：$2^{2i-2}A^2>0$ 成立。

当 $\pi_i^{(N,i)}+\pi_{i+1}^{(N,i)}<\pi_i^{(N-1,i-1)}$ 时，核心企业 i 与其相邻下游企业 $i+1$ 之间有合作动力，由于 $\pi_i^{(N,i)}=\left[2^{i-1}A+\frac{2^{n-i}}{\alpha}-\frac{2^{n-i-1}}{\beta(2-k_r)}\right]D_P^{R*2}$，$\pi_{i+1}^{(N,i)}=\left[\frac{2^{n-i-1}}{\alpha}-\frac{2^{n-i-2}}{\beta(2-k_r)}\right]D_P^{R*2}$，则：$\left[2^{i-1}A+\frac{2^{n-i}}{\alpha}-\frac{2^{n-i-1}}{\beta(2-k_r)}+\frac{2^{n-i-1}}{\alpha}-\frac{2^{n-i-2}}{\beta(2-k_r)}\right]$

$$\left[\frac{\frac{D_0}{\alpha}-B-\sum_{t=2}^{n}c_t}{\frac{2^{n-i+1}}{\alpha}+2^iA-\frac{2^{n-i}}{\beta(2-k_r)}}\right]^2<\left[2^{i-1}A+\frac{2^{n-1-i}}{\alpha}-\frac{2^{n-1-i-1}}{\beta(2-k_r)}\right]\left[\frac{\frac{D_0}{\alpha}-B-\sum_{t=2}^{n-1}c_t}{\frac{2^{n-1-i+1}}{\alpha}+2^iA-\frac{2^{n-1-i}}{\beta(2-k_r)}}\right]^2$$，其中，$c_i=c_i+c_{i+1}$，整理可得：$\left[3\times\frac{2^{n-i-1}}{\alpha}-3\times\frac{2^{n-i-2}}{\beta(2-k_r)}+2^{i-1}A\right]$

$$\left[\frac{\frac{D_0}{\alpha}-B-\sum_{t=2}^{n}c_t}{\frac{2^{n-i+1}}{\alpha}+2^iA-\frac{2^{n-i}}{\beta(2-k_r)}}\right]^2<\left[2^{i-1}A+\frac{2^{n-i-1}}{\alpha}-\frac{2^{n-i-2}}{\beta(2-k_r)}\right]\left[\frac{\frac{D_0}{\alpha}-B-\sum_{t=2}^{n-1}c_t}{\frac{2^{n-i}}{\alpha}+2^iA-\frac{2^{n-i-1}}{\beta(2-k_r)}}\right]^2$$，化简可得：$\left[2^iA+\frac{2^{n-i}}{\alpha}-\frac{2^{n-i-1}}{\beta(2-k_r)}\right]^2+\left[\frac{2^{n-i}}{\alpha}-\frac{2^{n-i-1}}{\beta(2-k_r)}\right]^2>0$ 成立。

这说明核心企业有动力与相邻的上下游企业之间建立合作关系。

三、结论

在零售商提供服务的 N 级产品服务化供应链中，通过建立博弈模型求解核心企业的最优位置，并分析核心企业位置对供应链的收益及上下游企业之间合作关系的影响，得出以下结论：

（1）与产品供应链相比，产品服务化供应链的最优产品数量增加，核心企业的最优位置向上游移动。核心企业的上游企业之间的合作动力更大，核心企业的下游企业之间合作的动力更小。

（2）与产品供应链相比，在产品服务化供应链中，同样也满足核心企业的收益大于其他企业的收益，且等于相邻企业收益之和的 2 倍。同时，处于核心企业上游和下游企业的位置会影响其提供的产品批发价格和收益，企业位置越靠近上游，提供的产品批发价格越高。离核心企业越近的企业收益越大，离核心企业越远的企业收益越小。

（3）与产品供应链相比，在产品服务化供应链中，核心企业的上游企业提供给其上游企业的产品批发价格不变，而核心企业的下游企业提供给其下游企业的产品批发价格上升。由于最优产品数量的增加，核心企业和核心企业的上游企业的收益均增加。

（4）从合作关系来看，在产品服务化供应链中，核心企业的位置同样会影响上游企业之间和下游企业之间的合作。当核心企业处于最优位置的上游时，核心企业的下游企业之间有合作动力；当核心企业处于最优位置的下游时，核心企业的上游企业之间有合作动力。供应链通过上下游企业之间的兼并来克服核心企业位置偏离最优位置的低效状况，最终表现为供应链长度的缩短。这也是大多数学者研究的供应链长度一般是两级或者三级的原因。

第五节　均衡结果分析

命题 8-21：当 $k_m = k_r = k$ 时，若核心企业的位置满足 $i \leqslant \frac{n+1}{2}$，最优服务提供模式为零售商提供服务；若核心企业的位置满足 $i \geqslant \frac{n+1}{2}$，最优服务提供模式为制造商提供服务。

证明：从供应链的最优产品数量来看，当 $D_p^{M*} \leqslant D_p^{R*}$ 时，核心企业所处的位置满足 $i \leqslant \frac{n+1}{2}$，说明零售商提供服务时产品服务化供应链的最优产品数量大于制造商提供服务时的最优产品数量。从供应链总收益来看，零售商提供服务时供应链总收益大于制造商提供服务时的供应链总收益。从核心企业上游企业的收益来看，零售商提供服务时的收益大于制造商提供服务时的收益。从核心企业的收益来看，零售商提供服务时的收益大于制造商提供服务时的收益。当 $\frac{2^{n-j}}{\alpha}(D_P^{R*2} - D_P^{M*2}) - \frac{2^{n-j-1}}{\beta(2-k)} D_P^{R*2} > 0$ 时，从核心企业下游企业的收益来看，零售商提供服务时的收益大于制造商提供服务时的收益。因此，此时最优的服务提供模式为零售商提供服务。当 $D_p^{M*} \geqslant D_p^{R*}$ 时，核心企业所处的位置满足 $i \geqslant \frac{n+1}{2}$，说明制造商提供服务时产品服务化供应链的最优产品数量大于零售商提供服务时的最优产品数量，此时制造商提供服务时的供应链的总收益大于零售商提供服务时的供应链的总收益。从核心企业下游企业的收益来看，制造商提供服务时的收益大于零售商提供服务时的收益。从核心企业的收益来看，制造商提供服务时的收益大于零售商提供服务时的收益。当 $2^{j-1}A(D_P^{M*2} - D_P^{R*2}) - \frac{2^{j-2}}{\beta(2-k)} D_P^{M*2} > 0$ 时，从核心企业上游企业的收益来看，制造商提供服务时的收益大于零售商提供服务时的收益。因此，此时最优的服务提供模式为制造商提供服务。

命题 8-22：当 $k_m = k_r = k$ 时，制造商提供服务时，核心企业的最优位置处于下游；零售商提供服务时，核心企业的最优位置处于上游。

证明：由 $i^{M*} \geqslant i^{R*}$ 可得：$\frac{n+2-\log_2\left(2\alpha A-\frac{b}{2-k}\right)}{2} \geqslant \frac{n+\log_2\left(2-\frac{b}{2-k}\right)-\log_2\alpha A}{2}$，

化简可得：$\log_2\left(2-\frac{b}{2-k}\right)-\log_2\alpha A+\log_2\left(2\alpha A-\frac{b}{2-k}\right)\leqslant 2$，即 $\frac{b^2}{\alpha A(2-k)^2}-\frac{2b}{2-k}-\frac{2b}{\alpha A(2-k)}=\frac{b}{2-k}\left[\frac{b+2k-4}{\alpha A(2-k)}-2\right]\leqslant 0$，由于 $4-2k-b\geqslant 0$，所以，$\frac{b}{2-k}\left[\frac{b+2k-4}{\alpha A(2-k)}-2\right]\leqslant 0$ 成立。

命题 8-22 说明制造商提供服务时，核心企业的最优位置处于下游；零售商提供服务时，核心企业的最优位置处于上游。

第六节　本章小结

本章研究了由一个制造商、多个分包商和一个零售商组成的 N 级产品服务化供应链，服务由制造商或零售商提供，分别求出了不同服务提供模式下核心企业的最优位置，并分析了核心企业的位置对供应链上下游企业合作关系的影响，最后得到了不同服务提供模式下核心企业的最优位置以及核心企业处于不同位置时的最优服务提供模式。具体结论如下：

（1）与产品供应链相比，当制造商或零售商提供服务时，产品服务化供应链的最优产品数量均增加，说明服务会促进产品的销售。当制造商提供服务时，产品服务化供应链核心企业的最优位置发生下移。当零售商提供服务时，产品服务化供应链核心企业的最优位置发生上移。

（2）当制造商或零售商提供服务时，均满足核心企业的收益大于其他企业的收益，且等于相邻企业收益之和的 2 倍。离核心企业越近的企业收益越大，离核心企业越远的企业收益越小。同时，当制造商提供服务时，企业位置越靠近下游，提供的产品批发价格越高。当零售商提供服务时，企业位置越靠近上游，提供的产品批发价格越高。

（3）与产品供应链相比，当制造商提供服务时，核心企业的上游企业提供给其上游企业的产品批发价格下降，而核心企业的下游企业提供给其下游企业的产品批发价格不变，核心企业的收益与核心企业的下游企业收益均增加；当零售商提供服务时，核心企业的上游企业提供给其上游企业的产品批发价格不变，而核心企业的下游企业提供给其下游企业的产品批发价格上升，核心企业的收益和核心企业的上游企业收益均增加。

（4）从合作关系来看，在产品服务化供应链中，核心企业的位置同样会影响到上游企业之间和下游企业之间的合作。当核心企业处于最优位置的上游时，核心企业的下游企业之间有合作动力；当核心企业处于最优位置的下游时，核心企业的上游企业之间有合作动力。供应链通过上下游企业之间的兼并来克服核心企业位置偏离最优位置的低效状况，最终表现为供应链长度的缩短。众所周知，供应链长度越短越好。这也是大多数学者研究的供应链长度一般是两级或者三级的原因。

（5）与产品供应链相比，当制造商提供服务时，核心企业的上游企业之间的合作动力更小，核心企业的下游企业之间合作的动力更大；当零售商提供服务时，核心企业的上游企业之间的合作动力更大，核心企业的下游企业之间合作的动力更小。

（6）当核心企业处于供应链的上游时，最优的服务提供模式为零售商提供服务。当核心企业处于供应链的下游时，最优的服务提供模式为制造商提供服务。

（7）从核心企业的最优位置来看，制造商提供服务时，核心企业的最优位置处于下游；当零售商提供服务时，核心企业的最优位置处于上游。

第九章　研究结论与展望

第一节　研究内容与结论

本书运用权力结构理论、博弈论和效用理论，研究了不同权力结构下产品服务化供应链的服务提供模式，确定每种权力结构下最优的服务提供模式以及每种服务提供模式下最优的权力结构，并对研究结果进行了仿真分析。

本书研究的主要内容及结论如下：

（1）当制造商和零售商分别提供服务时，存在制造商为核心企业、零售商为核心企业以及制造商与零售商权力均等三种权力结构下的博弈模型。研究发现，当制造商与零售商的服务需求敏感指数不同时，制造商与零售商需比较各自的服务需求敏感指数的大小来决定最优的服务提供模式。若制造商与零售商的服务需求敏感指数相等，当制造商为核心企业，零售商提供服务时制造商的收益、零售商的收益和产品服务化供应链的总收益均大于制造商提供服务时的收益，此时，最优的服务提供模式是零售商提供服务。当零售商为核心企业时，制造商提供服务使得制造商的收益、零售商的收益和供应链的总收益均大于零售商提供服务时的收益，此时，最优的服务提供模式是制造商提供服务。当制造商与零售商权力均等时，两种服务提供模式下产品服务化供应链的总收益相等，且制造商提供服务时零售商的收益最大，零售商提供服务时制造商的收益最大，此时，不存在最优的服务提供模式。存在两个 NASH 均衡解：（制造商提供服务，零售商为核心企业）和（制造商为核心企业，零售商提供服务）。在三种权力结构中，无论制造商提供服务还是零售商提供服务，制造商与零售商权力均等时产品服务化供应链的总收益最大，为最优的权力结构。当制造商与零售商权力不均等时，制造商提供服务、零售商为核心企业时产品服务化供应链的总收益最大，为最优的权力结构；零售商提供服务、制造商为核心企业时产品服务化供应链的总收益最大，为最优的权力结构。

（2）当制造商与零售商共同提供服务时，存在制造商为核心企业、零售商为核心企业以及制造商与零售商权力均等三种权力结构下的博弈模型，经过与制造商或零售商单独提供服务时的最优决策进行比较发现，在同一权力结构下，制造商与零售商共同提供服务使得制造商的收益、零售商的收益和产品服务化供应链的总收益最大，此时最优的服务提供模式是制造商与零售商共同提供服务。在三种权力结构下，制造商与零售商权力均等时产品服务化供应链的总收益最大，为最优的权力结构。

（3）当制造商或零售商将服务外包给第三方服务公司时，存在制造商为核心企业、零售商为核心企业以及制造商与零售商权力均等三种权力结构下的博弈模型。研究发现，当制造商与零售商的服务需求敏感指数不同时，制造商与零售商需衡量各自的服务需求敏感指数的大小来决定服务是自己提供还是外包。当制造商与零售商的服务需求敏感指数相等时，制造商与零售商会选择自己提供服务。当制造商为核心企业时，制造商外包服务给第三方服务公司与零售商外包服务给第三方服务公司相比较，零售商外包服务使得制造商的收益、零售商的收益、第三方服务公司的收益和产品服务化供应链的总收益最大。此时，最优的服务提供模式是零售商外包服务给第三方服务公司。当零售商为核心企业时，制造商外包服务使得制造商的收益、零售商的收益、第三方服务公司的收益和产品服务化供应链的总收益最大，此时最优的服务提供模式是制造商外包服务给第三方服务公司。当制造商与零售商权力均等时，这两种服务外包模式下，第三方服务公司的收益和产品服务化供应链的总收益相等，而制造商外包服务给第三方服务公司使得零售商的收益最大，零售商外包服务给第三方服务公司使得制造商的收益最大，此时，不存在最优的服务提供模式。研究还发现，存在两个 NASH 均衡解：（制造商为核心企业，零售商外包服务）和（制造商外包服务，零售商为核心企业）。在三种权力结构中，无论制造商还是零售商外包服务给第三方服务公司，制造商与零售商权力均等时产品服务化供应链的总收益最大，为最优的权力结构。当制造商与零售商权力不均等时，制造商外包服务给第三方服务公司，零售商为核心企业时产品服务化供应链的总收益最大，为最优的权力结构；零售商外包服务给第三方服务公司，制造商为核心企业时产品服务化供应链的总收益最大，为最优的权力结构。

（4）将顾客作为博弈的参与者，认为其根据自身效用来选择服务，建立了基于顾客效用的产品服务化供应链服务提供模式选择的博弈模型。将第三方服务公司单独提供服务与制造商或零售商和第三方服务公司共同提供服务这两种服务提供模式下的均衡结果进行比较，发现当第三方服务公司单独提供服务时，随着服务成本系数的增加，第三方服务公司的服务水平、服务需求、制造商的收益、第三方服务公司的收益和产品服务化供应链的总收益均降低。当第三方服务公司的服务成本系数增加到一定程度时，制造商或零售商会选择与第三方服务公司共同提供服务，来满足服务水平要求较高的顾客。这样可以使制造商或零售商的收益、产品服务化供应链的总收益和顾客的总效用得到提高，但第三方服务公司的收益却降低，这说明制造商或零售商参与提供服务会损害第三方服务公司的收益，因此制造商需要采取一定的补偿或激励措施来提高第三方服务公司的服务积极性。

（5）在存在链与链竞争的两级产品服务化供应链中，建立了制造商为核心企业、零售商为核心企业以及制造商与零售商权力均等三种权力结构下制造商和零售商分别提供服务的博弈模型。研究发现，当制造商与零售商的服务需求敏感指数不同时，制造商与零售商需衡量各自的服务需求敏感指数的大小来决定最优的服务提供模式。若制造商与零售商的服务需求敏感指数相等，当制造商为核心企业，竞争强度 $t \leqslant t_1$ 时，零售商提供服务时制造商的收益、零售商的收益和产品服务化供应链的总收益均高于制造商提供服务时的收益，因此，最优的服务提供模式为零售商提供服务；竞争强度 $t \geqslant t_2$ 时，制造商提供服务时制造商的收益、零售商的收益和供应链的总收益均高于零售商提供服务时的收益，所以，此时最优的服务提供模式为制造商提供服务；$t_1 < t < t_2$ 时，不存在最优服务提供模式。当零售商为核心企业，竞争强度 $t \leqslant t_1$ 时，制造商提供服务时制造商的收益、零售商的收益和产品服务化供应链的总收益均高于零售商提供服务时的收益，因此最优的服务提供模式为制造商提供服务；竞争强度 $t \geqslant t_2$ 时，零售商提供服务时制造商的收益、零售商的收益和供应链的总收益均高于制造商提供服务时的收益，所以，此时最优的服务提供模式为零售商提供服务；$t_1 < t < t_2$ 时，不存在最优服务提供模式。当竞争强度满足一定条件时，存在着四个 NASH 均衡解。当 $0 \leqslant t \leqslant t_1$ 时，NASH 均衡解分别为（制造商为核心企业，零售商提供服务）和（零售商为核心企业，制造商提供服务）。当 $t_2 \leqslant t \leqslant \alpha$ 时，NASH 均衡解分别为（制造商为核心企业，制造商提供服务）和（零售商为核心企业，零售商提供服务）。其中 $t_1 < t_2$。在三种权力结构中，当竞争强度 $t \leqslant t_4$ 时，无论制造商提供服务还是零售商提供服务，制造商与零售商权力均等时产品服务化供应链的总收益最大，为最优的权力结构。在权力不均等的情况下，制造商提供服务，零售商为核心企业的产品服务化供应链的总收益最大，为最优的权力结构；零售商提供服务，制造商为核心企业的产品服务化供应链的总收益最大，为最优的权力结构。

（6）在由一个制造商、多个分包商和一个零售商组成的 N 级产品服务化供应链中，分别建立了制造商提供服务和零售商提供服务的核心企业最优位置模型，确定了核心企业的最优位置及影响因素，分析了核心企业的位置对上下游企业之间合作关系的影响。通过比较发现，当制造商提供服务时，核心企业的最优位置偏下游；当零售商提供服务时，核心企业的最优位置偏上游。当核心企业的位置处于上游时，最优的服务提供模式为零售商提供服务。当核心企业的位置处于下游时，最优的服务提供模式为制造商提供服务。

第二节 本书的创新点

（1）将权力结构作为产品服务化供应链服务提供模式选择的影响因素，从权力结构的视角研究了产品服务化供应链的最优服务提供模式。通过建立制造商为核心企业、零售商为核心企业、制造商与零售商权力均等这三种权力结构下，制造商提供服务、零售商提供服务、制造商与零售商共同提供服务、制造商外包服务给第三方服务公司、零售商外包服务给第三方服务公司、制造商或零售商和第三方服务公司共同提供服务的博弈模型，确定了每种权力结构下最优的服务提供模式和每种服务提供模式下最优的权力结构，解决了三种权力结构下制造商提供服务还是零售商提供服务、制造商与零售商共同提供服务还是制造商或零售商单独提供服务、制造商或零售商自己提供还是外包服务、制造商外包服务还是零售商外包服务给第三方服务公司、第三方服务公司单独提供服务还是与制造商或零售商共同提供服务的问题，为产品服务化供应链服务提供模式的选择提供了参考和借鉴，补充和发展了供应链的权力结构理论。

（2）将顾客作为博弈的参与者，从顾客效用的角度分析了顾客对第三方服务公司和制造商或零售商的服务选择，建立了第三方服务公司单独提供服务以及制造商或零售商与第三方服务公司共同提供服务的博弈模型，分析了制造商或零售商参与提供服务的条件以及制造商或零售商参与提供服务时对产品服务化供应链的各决策变量、收益及顾客效用的影响。

（3）将产品服务化供应链服务提供模式的研究扩展到了链与链竞争的情形，建立了制造商为核心企业、零售商为核心企业、制造商与零售商权力均等三种权力结构下制造商提供服务和零售商提供服务的博弈模型，分析了竞争强度对产品服务化供应链各决策变量及收益的影响，确定了不同竞争强度下三种权力结构中产品服务化供应链的最优服务提供模式以及每种服务提供模式下最优的权力结构，揭示了竞争强度对产品服务化供应链最优的服务提供模式和最优的权力结构的影响。

（4）将两级产品服务化供应链扩展到 N 级，建立了 N 级产品服务化供应链中，制造商和零售商分别提供服务时核心企业的最优位置的博弈模型。从定量的角度研究了不同服务提供模式下核心企业的最优位置及其影响因素，分析了核心企业偏离最优位置时对产品服务化供应链上游和下游企业之间合作关系的影响以及结构的演变过程，确定了核心企业处于不同位置时最优的服务提供模式，补充和发展了产品服务化供应链服务提供模式以及供应链核心企业的位置迁移理论。

第三节　研究不足与未来展望

由于产品服务化供应链服务提供模式的相关研究理论并不多，加之笔者的能力、精力和时间有限，不可能对产品服务化供应链的服务模式做出全面系统的研究，因此，本书还存在着很多不足之处，有待于今后更为深入和系统地研究和探讨。

（1）本书假设产品需求和服务需求为线性函数，并且服务需求是基于产品需求之上的，二者呈线性关系，而现实中产品需求和服务需求也可能是非线性且不确定的，它们之间的函数关系可能会更为复杂，如何拓展和设计其他类型的产品需求和服务需求函数，还需进一步探索。

（2）本书仅研究了两级产品服务化供应链的链与链竞争，对供应链内部同层具有多个制造商或多个零售商竞争的情况未进行深入探讨。

（3）本书仅研究了制造商与零售商、制造商或零售商与第三方服务公司共同提供服务对产品服务化供应链收益以及顾客效用的影响，对零售商或第三方服务公司提供服务的激励机制、合作和补偿机制未加详细研究。

为了丰富和完善不同权力结构下产品服务化供应链服务提供模式选择的内容，建议研究者从以下几个方面展开后续研究：

（1）产品需求或（和）服务需求不确定情况下，或呈非线性关系的研究。

（2）制造商对零售商或第三方服务公司的激励与补偿机制的研究。

（3）制造商与零售商或第三方服务公司的服务合作契约研究。

（4）不同服务提供模式下产品服务化供应链协调机制研究。

（5）不同权力结构下产品服务化供应链协调机制研究。

参考文献

[1] Ai X Z, Chen J, Zhao H X, et al. Competition among supply chains: Implications of full returns policy [J]. International Journal of Production Economics, 2012, 139 (1): 257-265.

[2] Almehdawe E, Mantin B. Vendor managed inventory with a capacitated manufacturer and multiple retailers: Retailer versus manufacturer leadership [J]. International Journal of Production Economics, 2010, 128 (1): 292-302.

[3] Anderson J C, James A, Narus J A. A model of distributor firm and manufacturer firm working partnerships [J]. Journal of Marketing, 1990, 54 (1): 42-58.

[4] Aurich J, Schweitzer E. Life cycle management of industial product-service sytem [A] // Proceedings of the 14th CIRP conference [C]. Berlin: Spring-Verlag, 2007: 171-176.

[5] Baines T S, Lightfoot H W, Evans S, et al. State-of-the-art in product-service systems [J]. Journal of Engineering Manufacture, 2007, 221 (10): 1543-1552.

[6] Baines T, Lightfoot H, Peppard J, et al. Towards an operations strategy for product-centric servitization [J]. International Journal of Operations & Production Management, 2009, 29 (5): 494-519.

[7] Baines T S, Howard W. Servitization of the manufacturing firm: Exploring the operations practices and technologies that deliver advanced services [J]. International Journal of Operations & Production Management, 2014, 31

(1): 2-35.

[8] Beier F J, Stern L W. Power in the channel of distribution [A] // Stern L W. Distribution channels: behavioral dimensions [M]. Boston: Houghton Mifflin, 1969.

[9] Bernstein F, Federgruen A. Coordination mechanisms for supply chains under price and service competition [J]. Manufacturing & Service Operations Management, 2007, 9 (3): 242-262.

[10] Bertolazzi P, Krusich C, Missikoff M. An approach to the definition of a core enterprise ontology: CEO [J]. International Workshop on Open Enterprise Solutions: Systems, Experiences, and Organizations, 2001 (9): 14-15.

[11] Bikfalvi A, Lay G, Maloca S, et al. Servitization and networking: Large-scale survey findings on product-related services [J]. Service Business, 2013, 7 (1): 61-82.

[12] Brooks R, White D W. Pricing of the option to delay the purchase of extended service contracts [J]. Journal of Retailing and Consumer Services, 1996, 3 (4): 225-231.

[13] Brown J R, Lusch R F. Conflict and power-dependence relations in retailer-supplier channels [J]. Journal of Retailing, 1983, 59 (4): 53-80.

[14] Butaney G, Wortzel L H. Distributor power versus manufacturer power: The customer role [J]. Journal of Marketing, 1988, 52 (1): 52-63.

[15] Chang C W, Chiang D M, Pai F Y. Cooperative strategy in supply chain networks [J]. Industrial Marketing Management, 2012, 7 (41): 1114-1124.

[16] Charoensiriwath C. Competition in supply chain with service contributions [D]. Atlanta: Georgia Institute of Technology, 2004.

[17] Chen J, Zhang H, Sun Y. Implementing coordination contracts in a manufacturer Stackelberg dual-channel supply chain [J]. Omega, 2012, 40 (5): 571-583.

[18] Choi S C. Price competition in a channel structure with a common re-

tailer [J]. Marketing Science, 1991, 10 (4): 271-296.

[19] Choi T M, Li Y, Xu L. Channel leadership, performance and coordination in closed loop supply chains [J]. International Journal of Production Economics, 2013, 146 (1): 371-380.

[20] Cohen M A, Whang S. Compete in product and service: A product-life cycle model [J]. Management Seience, 1997, 43 (4): 535-545.

[21] Caniëls M C J, Gelderman C J. Power and interdependence in buyer supplier relationships: A purchasing portfolio approach [J]. Industrial Marketing Management, 2007, 36 (2): 219-229.

[22] Crook T R, Combs J G. Sources and consequences of bargaining power in supply chains [J]. Journal of Operations Management, 2007, 25 (2): 546-555.

[23] Danniels P W. Some perspectives on the geography of services [J]. Progress in Human Geography, 1989 (13): 427-437.

[24] Dapiran G P, Hogarth-Scott S. Are cooperation and trust being confused with power? An analysis of food retailing in Australia and UK [J]. International Journal of Retail & Distribution Management, 2003, 31 (5): 256-267.

[25] Day E, Fox R. Extending warranties, service contracts, and maintenance agreements—A marketing opportunity? [J]. Journal of Consumer Marketing, 1985, 2 (4): 77-86.

[26] Decroix G A. Optimal warranties, reliabilities and prices for durable goods in an oligopoly [J]. European Journal of Operational Research, 1999, 112 (3): 554-569.

[27] Dybvig P H, Lutz N A. Warranties, durability, and maintenance: Two sided moral hazard in a continuous- time model [J]. The Review of Economic Studies, 1993, 60 (3): 575-597.

[28] Defee C C, Stank T P, Esper T L, et al. The role of followers in supply chains [J]. Journal of Business Logistics, 2009, 30 (2): 65-84.

［29］ Desheng D W. Bargaining in supply chain with price and promotional effort dependent demand ［J］. Mathematical and Computer Modelling, 2011 (6): 1-14.

［30］ Edirisinghe N C P, Bichescu B, Shi X. Equilibrium analysis of supply chain structures under power imbalance ［J］. European Journal of Operational Research, 2011 (214): 568-578.

［31］ El-Ansary A I, Stern L W. Power measurement in the distribution channel ［J］. Journal of Marketing Research, 1972, 9 (2): 47-52.

［32］ Etgar M. Channel environment and channel leadership ［J］. Journal of Marketing Research, 1977, 14 (2): 69-76.

［33］ Etgar M. Differences in the use of manufacturer power in conventional and contractual channels ［J］. Journal of Retailing, 1978, 54 (4): 49-62.

［34］ Finne M, Holmström J. A manufacturer moving upstream: Triadic collaboration for service delivery ［J］. Supply Chain Management: An International Journal, 2013, 18 (1): 21-33.

［35］ French J R, Raven B. The bases of social power ［A］ //Cartwright D. Studies in social power ［M］. Ann Arbor: University of Michigan Press, 1959.

［36］ Gallego G, Wang R, Ward J, et al. Flexible-duration extended warranties with dynamic reliability learning ［J］. Production & Operations Management, 2014, 23 (4): 645-659.

［37］ Gassenheimer J B, Ramsey R. The impact of dependence on dealer satisfaction: A comparison of reseller-supplier relationships ［J］. Journal of Retailing, 1994, 70 (3): 253-266.

［38］ Geo W R. The growth of producer service industries: Sorting through the externalization dedate ［J］. Growth and Change, 1991 (22): 118-141.

［39］ Greenfield H I. Manpower and the growth of producer services ［M］. New York: Columbia University Press, 1966.

[40] Harland C. Supply chain operational performance roles [J]. Integrated Manufacturing System, 1997, 2 (8): 145-146.

[41] He Q, Ghobadian A, Gallear D. Knowledge acquisition in supply chain partnerships: The role of power [J]. International Journal of Production Economics, 2012, 141 (2): 605 - 618.

[42] Heal G. Guarantees and risk-sharing [J]. The Review of Economic Studies, 1977, 44 (3): 549-560.

[43] Homburg C, Fassnacht M, et al. The tole of soft factors in implementing a service oriented strategy in Industrial Marketing Companies [J]. Journal of Business-to-Business Marketing, 2003, 10 (2): 23-51.

[44] Hunt S D, John R, Nevin J R. Power in a channel of distribution: Sources and consequences [J]. Journal of Marketing Research, 1974, 11 (5): 186-193.

[45] Iyer G, Villas - Boas J M. A bargaining theory of distribution channels [J]. Journal of Marketing Research, 2003, 40 (1): 80-100.

[46] Jack N, Murthy D N P. A flexible extended warranty and related optimal strategies [J]. Journal of the Operational Research Society, 2007, 58 (12): 1612-1620.

[47] Jin Y, Ryan J K. Price and service competition in an outsourced supply Chain [J]. Production and Operations Management, 2012, 21 (2): 331-344.

[48] Johnson M, Mena C. Supply chain management for servitised products: A multi-industry case study [J]. International Journal of Production Economics, 2008, 114 (1): 27-39.

[49] Kelley C A, Conant J S. Extended warranties: Consumer and manufacturer perceptions [J]. Journal of Consumer Affairs, 1991, 25 (1): 68-83.

[50] Kin-man T C, Leung C. Service-enhanced manufacturing: A study of perceived service quality of apparel manufacturers [J]. Journal of Fashion Marketing and Management: An International Journal, 2001, 5 (4): 313-323.

[51] Langen N. Leader firms in the Dutch maritime cluster [C]. Jyväskylä: The European Regional Science Association (ERSA) Congress, 2003: 5-10.

[52] Li K P, Mallik S, Chhajed D. Design of extended warranties in supply chains under additive demand [J]. Production and Operations Management, 2012, 21 (4): 730-746.

[53] Li S X, Huang Z M, Ashley A. Manufacturer-retailer supply chain cooperation through franchising: A chance constrained game theory [J]. Information Systems and Operational Research, 2002, 40 (2): 131-148.

[54] Lin C C, Hsieh C C. A cooperative coalitional game in duopolistic supply-chain competition [J]. Networks and Spatial Economics, 2012, 12 (1): 129-146.

[55] Lockett H, Johnson M, Evans S, et al. Product service systems and supply chain network relationships: All exploratory case study [J]. Journal of Manufacturing Technology Management, 2011, 22 (3): 293-313.

[56] Löfberg N, Witell L, Gustafsson A. Service strategies in a supply chain [J]. Journal of Service Management, 2010, 21 (4): 427-440.

[57] Majumder P, Srinivasan A. Leader location, cooperation, and coordination in serial supply chains [J]. Production and Operations Management, 2006, 15 (1): 22-39.

[58] Majumder P, Srinivasan A. Leadership and competition in network supply chains [J]. Management Science, 2008, 54 (6): 1189-1204.

[59] Maloni M, Benton W C. Power influences in the supply chain [J]. Journal of Business Logistics, 2000, 21 (1): 49-74.

[60] Manzini E, Vezzoli C. A strategic design approach to develop sustainable product service system: Example taken from the environmentally friendly innovation Italia prize [J]. Journal of Cleaner Production, 2003, 11 (8): 851-857.

[61] Maull R, Geraldi J, Johnston R. Service supply chains: A customer

perspective [J]. Journal of Supply Chain Management, 2012, 48 (4): 72-86.

[62] Mcguire T W, Staelin R. An industry equilibrium analysis of downstream vertical integration [J]. Marketing Science, 1983, 2 (2): 161-191.

[63] Meehan J, Wright G H. The origins of power in buyer - seller relationships [J]. Industrial Marketing Management, 2012, 41 (4): 669-679.

[64] Menezes M A J, Currim I S. An approach for determination of warranty length [J]. International Journal of Research in Marketing, 1992, 9 (2): 177-195.

[65] Mentzer J T. Supply chain management [M]. Thousand Oaks: Sage Publications, 2001.

[66] Mont O, Tukker A. Product service systems: Reviewing achievements and refining the research agenda [J]. Journal of Cleaner Production, 2006, 14 (17): 1451-1454.

[67] Mont O. Clarifying the concept of product service system [J]. Journal of Cleaner Production, 2001 (10): 237-245.

[68] Prahalad C K, Hamel G. The core competence of the corporation [J]. Harvard Business Review, 1990, 7 (6): 21-25.

[69] Reiskin E D, White A L, Kauffman J. Servicizing the chemical supply chain [J]. Journal of Industrial Ecology, 2000, 3 (2/3): 19-31.

[70] Ren G, Greory M. Servitization manufacturing companies [C]. San Francisco: The 16th Frontiers in Service Confer· nce, 2007.

[71] Rowthorn R, Ramaswamy R. Growth, trade and deindustrialisation [J]. IMF Staff Papers, 1999, 46 (1): 18-41.

[72] Sampson S E, Spring M. Service supply chains: Introducing the special topic forum [J]. Journal of Supply Chain Management, 2011, 47 (3): 88.

[73] Schmenner R W. Manufacturing, service, and their integration: Some history and theory [J]. International Journal of Operations & Production

Management, 2009, 29 (5): 431-443.

[74] Sharif A M, Irani Z. Supply chain leadership [J]. International Journal of Production Economics, 2012, 140 (1): 57-68.

[75] Sheng Z L, Zhao S Z, Qi X Z. A new method on judgment and choice of supplier in core enterprise under supply chain [J]. Materials Science Forum, 2006 (532): 1016-1019.

[76] Shugan S M. Explanations for the growth of services [A] //Rust R T, Oliver R T. Editors' service duanlity: New direction in theory and practice Thousand Oaks [M]. London: Sage Publication, 1994: 72-94.

[77] Slack N. Operations strategy: Will it ever realize its potential? [J]. Gestão & Produção, 2005, 12 (3): 323-332.

[78] Spence M. Consumer misperceptions, product failure and producer liability [J]. The Review of Economic Studies, 1977, 44 (3): 561-572.

[79] Szász L, Demeter K. Supply chain position and servitization efforts of companies in Eastern and Western Europe [J]. Journal of International Business and Economics, 2011, 11 (1): 104-112.

[80] Tang X T, Fang S J, Cheng F. Strategic interactions in service supply chain with horizontal competition [J]. TOP, 2012 (4): 1-20.

[81] Tharakunnel K, Bhattacharyya S. Single-leader-multiple-follower games with boundedly rational agents [J]. Journal of Economic Dynamics & Control, 2009 (33): 1593-1603.

[82] Vandermerwe S, Rada J. Servitization of business: Adding value by adding services [J]. European Management Journal, 1988, 6 (4): 314-324.

[83] White A L, Stoughton M, Feng L. Servitizing: The quiet transition to extended product responsibility [M]. Boston: Tellus Institute, 1999.

[84] Wu D D. Bargaining in supply chain with price and promotional effort dependent demand [J]. Mathematical and Computer Modelling, 2011 (6): 1-14.

[85] Wu D, Baron O, Berman O. Bargaining in competing supply chains

with uncertainty [J]. European Journal of Operational Research, 2009, 197 (2): 548-556.

[86] Wu O Q, Chen H. Chain to chain competition under demand uncertainty [R]. Working Paper, 2003.

[87] Xia Y, Gilbert S M. Strategic interactions between channel structure and demand enhancing services [J]. European Journal of Operational Research, 2007, 181 (1): 252-265.

[88] Xiao T, Yang D. Price and service competition of supply chains with risk-averse retailers under demand uncertainty [J]. International Journal of Production Economics, 2008, 114 (1): 187-200.

[89] Yong Y, Chen G L, Ikou K. Cooperation and leadership policies in a serial supply chain [J]. Journal of Manufacturing Systems, 2011, 30 (1): 1-7.

[90] Yue J, Austin J, Wang M, et al. Coordination of cooperative advertising in a two-level supply chain when manufacturer offers discount [J]. European Journal of Operational Research, 2006, 168 (1): 65-85.

[91] Zhang L, Dong W, Zhang D, et al. Two-stage image denoising by principal component analysis with local pixel grouping [J]. Pattern Recognition, 2010, 43 (4): 1531-1549.

[92] Zhang R, Liu B, Wang W. Pricing decisions in a dual channels system with different power structures [J]. Economic Modeling, 2012, 29 (2): 523-533.

[93] Zhao X, Shi C. Structuring and contracting in competing supply chains [J]. International Journal of Production Economics, 2011 (134): 434-446.

[94] 艾兴政，马建华，唐小我. 不确定环境下链与链竞争纵向联盟与收益分享 [J]. 管理科学学报，2010，13 (7): 1-8.

[95] 艾兴政，唐小我，涂智寿. 不确定性环境下链与链竞争的纵向控制结构利润 [J]. 系统工程学报，2008，3 (2): 188-193.

[96] 曹端阳，肖剑，张旭梅. 延时效应下的双渠道供应链合作广告

策略［J］. 计算机集成制造系统，2020，26（8）：2253-2265.

［97］曹允春，王曼曼. 我国科技服务业与制造业的协同创新评价［J］. 科技管理研究，2018，38（5）：63-68.

［98］陈焕彪. 网络组织核心企业领导力与网络组织运行效率关系研究［D］. 天津：天津财经大学，2009.

［99］陈菊红. 福利产品服务化供应链的运作模式研究［J］. 物流科技，2010（12）：33-36.

［100］陈郁青. 扬州现代服务业创新发展的路径与政策研究——基于重点制造业的视角［J］. 扬州教育学院学报，2021，39（1）：11-14.

［101］陈远高，刘南. 具有服务差异的双渠道供应链竞争策略［J］. 计算机集成制造系统，2010，16（11）：2484-2489.

［102］成熙. 供应链核心企业的成员、边界及演化研究［D］. 广州：华南理工大学，2012.

［103］楚丽明，袁波，万融. 基于环境和经济综合考虑的产品服务系统［J］. 环境保护，2003（12）：54-57.

［104］戴克清，陈万明. 共享式服务创新的逻辑、形式与价值——制造业服务化转型视角［J］. 软科学，2020（34）.

［105］丁青艳，王喜富. 供应链上核心企业评价指标体系研究［J］. 供应链管理，2010（7）：137-139.

［106］杜玉申，张金玉，张美美. 基于权力视角的供应链协调机制分析框架［J］. 中国管理信息化，2012，15（13）：57-59.

［107］杜玉申，张金玉，张美美. 权力结构、任务依赖与供应链协调机制［J］. 工业技术经济，2012（8）：73-77.

［108］范荣华. 创新服务模式视角下物流业与制造业协同体系研究［J］. 价格月刊，2016（3）：84-87.

［109］冯泰文，孙林岩，何哲，等. 制造与服务的融合：服务型制造［J］. 科学学研究，2009，27（6）：837-845.

［110］冯文娜，姜梦娜，穆耀. 用户驱动的制造业企业服务创新：以资

源拼凑为路径的研究［J］. 科学学与科学技术管理，2020，41（4）：49-67.

［111］高洁，真虹. 基于社会网络分析的供应链集成度评价［J］. 系统工程，2009，27（5）：19-24.

［112］顾新建，李晓，祁国宁，等. 产品服务系统理论和关键技术探讨［J］. 浙江大学学报（工学版），2009，43（12）：2237-2243.

［113］郭春元. 基于网络组织环境、核心企业领导力与工作满意度关系的实证研究［D］. 天津：天津财经大学，2010.

［114］郭福利. 产品服务化供应链协调机制设计研究［D］. 西安：西安理工大学，2011.

［115］郭红莲，侯云先，杨宝宏. M 个供应商、1 个制造商和 N 个经销商的三级供应链竞合博弈协调模型［J］. 中国管理科学，2008，16（6）：54-60.

［116］郭跃进. 论制造业的服务化经营趋势［J］. 中国工业经济，1999（3）：64-67.

［117］韩英，宁宣熙. 基于 AHP 法的供需链中核心企业的评价［J］. 物流科技，2003（5）：39-42.

［118］何美玲，张锦，武晓晖. 需求不确定下的物流服务供应链收益共享契约设计［J］. 铁道运输与经济，2010，32（10）：48-52.

［119］何圆. 基于差异化服务的双渠道供应链服务合作策略研究［D］. 重庆：重庆交通大学，2013.

［120］何哲，孙林岩，贺竹磬，等. 服务型制造的兴起及其与传统供应链体系的差异［J］. 软科学，2008，22（4）：77-81.

［121］和征. 产品服务化供应链信息共享激励的博弈分析［J］. 中国机械工程，2014，25（3）：346-351.

［122］和征，张志钊，李勃. 服务型制造企业开放式服务创新的声誉激励模型［J］. 运筹与管理，2020，29（9）：232 -239.

［123］胡本勇，陈旭. 基于收益共享合约的策略一致性与供应链合作研究［J］. 管理工程学报，2017，31（2）：91-100.

[124] 胡查平，张莉娜，胡琴芳. 制造业服务化、跨组织资源合作与企业绩效的关系 [J]. 企业经济，2019 (7)：96-104.

[125] 黄梅萍，汪贤裕. 虚拟第三方下供应链双向激励及利润分配 [J]. 计算机集成制造系统，2011，17 (11)：2467-2474.

[126] 黄松，杨超，张曦. 双渠道供应链中定价与合作广告决策模型 [J]. 计算机集成制造系统，2011 (12)：2683-2692.

[127] 江平宇，朱琦琦，张定红. 工业产品服务系统及其研究现状 [J]. 计算机集成制造系统，2011，17 (9)：2071-2077.

[128] 江平宇，朱琦琦. 产品服务系统及其研究进展 [J]. 制造业自动化，2008，30 (12)：10-17.

[129] 江玉杰. 云平台服务商与服装产品制造商合作收益分配模型 [J]. 浙江纺织服装职业技术学院学报，2021，20 (2)：40-46.

[130] 姜宏，齐二石，杨道箭. 基于顾客现状偏好的供应链无理由退货策略 [J]. 工业工程，2012，15 (1)：33-38.

[131] 蒋鹏飞，王震. 三级供应链合作博弈分析 [J]. 山东大学学报（理学版），2008，43 (1)：1-4.

[132] 焦志伦，马姣易，刘秉镰. 快递企业服务制造业物流的合作收益分配研究——基于修正的 Raiffa 解模型分析 [J]. 商业经济与管理，2020 (6)：18 -27.

[133] 寇军. 制造商与零售商同时提供延保服务的协调策略——基于产品服务供应链背景 [J]. 华东经济管理，2016，30 (7)：140-145.

[134] 雷昊. 供应链中的权力冲突分析 [J]. 科技进步与对策，2004 (11)：68-69.

[135] 李方静. 制造业投入服务化与企业创新 [J]. 科研管理，2020，41 (7)：61-69.

[136] 李冀，莫蓉. 基于复杂加权网络的服务型制造网络分析 [J]. 机械科学与技术，2012，31 (8)：1232-1235.

[137] 李杰，柳键. 基于需求敏感指数的供应链延保服务模式分析

[J]. 控制与决策，2013，28（7）：1103-1112.

［138］李杰. 供应链管理视角下产品延保服务模式选择与运营策略研究［D］. 南昌：江西财经大学，2013.

［139］李靖华，林莉，李倩岚. 制造业服务化商业模式创新：基于资源基础观［J］. 科研管理，2019，40（3）：74-83.

［140］李丽君，汪星星. 基于消费者绿色偏好的供应链合作策略研究［J］. 工业技术经济，2019，38（11）：13-22.

［141］李玲，党兴华. 基于权力依赖的技术创新网络核心企业的识别研究［J］. 软科学，2009，23（5）：72-76.

［142］李亚娜，王炳才. 制造业服务创新的驱动力及服务创新的战略分析［J］. 中国商贸，2014（19）：208-209+210.

［143］廖涛，艾兴政，唐小我. 链与链基于价格和服务竞争的纵向结构选择［J］. 控制与决策，2009，24（10）：1540-1544.

［144］林贵华，刘睿，邹远洋. 含有混合销售渠道的供应链合作策略研究［J］. 运筹与管理，2018，27（12）：1-9.

［145］林家宝，鲁耀斌，张龙. 移动服务供应链的收益分配机制研究［J］. 管理学报，2009，6（7）：906-909.

［146］林文进，江志斌，李娜. 服务型制造理论研究综述［J］. 工业工程与管理，2009，14（6）：1-7.

［147］蔺雷. 服务延伸产品差异化：服务增强机制探讨——基于 Hotelling 地点模型框架内的理论分析［J］. 数量经济技术经济研究，2005（8）：137-147.

［148］刘炳春. 服务型制造网络协调机制研究［D］. 天津：天津大学，2011.

［149］刘会珍. 产品服务化供应链的运作模式及其渠道定价策略研究［D］. 重庆：重庆交通大学，2013.

［150］刘继国. 制造业服务化带动新型工业化的机理与对策［J］. 经济问题探索，2006（6）：120-124.

［151］ 刘明彦，齐二石，刘亮. 基于策略消费者风险偏好的供应链协调研究［J］. 工业工程，2012，15（2）：27-32.

［152］ 刘鹏，吴耀华，许娜. 整车物流企业联盟的协同收益分配模型［J］. 山东大学学报（工学版），2010，40（4）：42-52.

［153］ 刘伟华. 三级物流服务供应链最优收益共享系数确定方法［J］. 西南交通大学学报，2010，45（5）：811-816.

［154］ 刘翔宇. 供应链环境下延保服务销售渠道选择及协调策略研究［D］. 重庆：重庆大学，2013.

［155］ 刘云枫，王夏华. 核心企业在供应链中的位置及决定其漂移的4个维度［J］. 北京工业大学学报，2005（6）：130-144.

［156］ 柳建，马士华. 供应链合作及其契约研究［J］. 管理工程学报，2004，15（1）：85-87.

［157］ 卢松泉，陈荣秋. 核心企业供应链自组织变迁演化［J］. 中国物流与采购，2007（15）：68-69.

［158］ 卢松泉. 供应链核心企业生成机理研究［D］. 武汉：华中科技大学，2008.

［159］ 卢松泉. 基于 META 的供应链核心企业选择［J］. 中国商贸，2009（15）：129-130.

［160］ 吕兴洋，徐虹，殷敏. 基于渠道权力理论的旅游供应链企业关系博弈分析［J］. 旅游学刊，2010（12）：23-27.

［161］ 马士华. 论核心企业对供应链战略伙伴关系形成的影响［J］. 工业工程与管理，2000（1）：24-27.

［162］ 孟炯，唐小我，倪得兵. 基于利润分配的制销供应链联盟安全责任策略［J］. 管理工程学报，2010，24（1）：124-128.

［163］ 闵志慧，何艳敏. 制造业服务化创新模式研究［J］. 现代商贸工业，2021，42（7）：3-4.

［164］ 潘安，郝瑞雪，王迎. 制造业服务化、技术创新与全球价值链分工地位［J］. 中国科技论坛，2020（10）：104-113.

[165] 潘会平，陈荣秋. 供应链合作的利润分配机制研究 [J]. 系统工程理论与实践，2005，25（6）：87-93.

[166] 潘可文. 不同渠道权力结构下带有契约的供应链协作 [D]. 合肥：中国科学技术大学，2009.

[167] 齐二石，石学刚，李晓梅. 现代制造服务业研究综述 [J]. 工业工程，2010，13（5）：1-7.

[168] 任阳军，何彦，杨丽波，等. 生产性服务业集聚、制造业集聚对绿色创新效率的影响——基于中国城市面板数据的空间计量分析 [J]. 系统工程，2020，38（3）：27-35.

[169] 沈铁松，熊中楷，吴丙山. 寡头制造厂商的产品延伸服务定价 [J]. 系统工程理论与实践，2009，29（5）：37-43.

[170] 沈铁松，熊中楷. 考虑厂商承诺行为的产品延伸服务市场竞争分析 [J]. 中国管理科学，2010，18（4）：93-100.

[171] 沈铁松. 产品延伸服务及其提供机制研究 [J]. 重庆大学学报（社会科学版），2010，16（5）：42-46.

[172] 石纯来，聂佳佳，王桐远. 规模不经济对闭环供应链中制造商合作策略选择影响 [J]. 管理工程学报，2019，33（4）：184-192.

[173] 舒良友，王义宝. 考虑交叉销售的 O2O 供应链合作广告策略研究 [J]. 计算机工程与应用，2020，56（13）：236-242.

[174] 舒良友，王义宝. 考虑渠道权力结构的 O2O 供应链合作广告策略研究 [J]. 工业工程与管理，2020，25（2）：146-154.

[175] 宋高歌，黄培清，宋向前. 产品服务系统中的契约结构选择 [J]. 统计与决策，2007（24）：45-47.

[176] 孙冰，周大铭. 国外创新网络核心企业研究现状评介与未来展望 [J]. 外国经济与管理，2011，33（8）：17-24.

[177] 孙林岩，高杰. 服务型制造：新型的产品模式与制造范式 [J]. 中国机械工程，2008，19（21）：2600-2608.

[178] 孙林岩，李刚，江志斌，等. 21 世纪的先进制造模式——服务

型制造［J］. 中国机械工程，2007，18（19）：2307-2312.

［179］孙铁柱，郭帅. 生产性服务业 FDI 对制造业效率的影响——基于生产成本与创新能力的实证研究［J］. 企业经济，2019（5）：85-91.

［180］孙燕红，涂燚鑑，徐晓燕. 基于顾客渠道偏好的服务竞争模型［J］. 管理科学，2011，24（4）：62-70.

［181］谭冰清，张宁宁. 现代服务业与制造业的进化博弈分析——基于京津冀区域合作［J］. 现代商贸工业，2011，23（17）：37-38.

［182］谭娟娟. 基于权力结构分析的供应链质量协调与控制机制研究［D］. 杭州：浙江工商大学，2013.

［183］谭少丽. 创新视角下的高校图书馆智慧化服务模式构建探讨［J］. 桂林航天工业学院学报，2021，26（1）：131-134.

［184］唐国锋，李丹. 服务化对制造业转型升级的影响——基于重庆制造行业面板数据的实证分析［J］. 科技管理研究，2020，40（19）：130-139.

［185］滕春贤，范开源，张超. 服务供应链三级结构的竞争优势［J］. 系统工程，2011，29（12）：46-50.

［186］田茂利，杨波，王核成. 集群核心企业网络位移研究——以吉利为例［J］. 科技管理研究，2012（5）：111-115.

［187］童洁. 生产性服务业与制造业融合发展的价值创造与合作策略研究［D］. 重庆：重庆大学，2012.

［188］王彩霞. 网络组织核心企业网络能力与网络组织运行效率关系研究［D］. 天津：天津财经大学，2011.

［189］王洪鑫. 以核心企业为主导的集成供应链物流能力构成及评价研究［D］. 吉林：吉林大学，2009.

［190］王刊良，王嵩. 非对称信息下讨价还价的动态博弈：以三阶段讨价还价为例［J］. 系统工程理论与实践，2010，30（9）：1636-1642.

［191］王利，张有志，周媛媛. 三级供应链合作利润博弈模型及经济性分析［J］. 运筹与管理，2009，18（4）：67-72.

［192］王利改. 基于价值共创理论的制造业服务化发展策略研究［J］.

科技创业月刊，2020，33（11）：45-48.

［193］王凌，孙林岩，冯泰文. 服务型制造企业供应商选择研究［J］. 商业研究，2010（2）：1-5.

［194］王素娟，胡奇英. 基于延保服务吸引力指数的服务模式分析［J］. 计算机集成制造系统，2010，16（10）：2277-2284.

［195］王文宾，达庆利，聂锐. 考虑渠道权力结构的闭环供应链定价与协调［J］. 中国管理科学，2011，19（5）：29-36.

［196］王晓萍，赵晓军. 基于博弈论的逆向供应链合作利润分配研究［J］. 工业技术经济，2007，26（11）：125-127.

［197］王效俐，张默. 制造业供应链中物流服务系统合作服务补救决策模型［J］. 软科学，2013，27（3）：129-133.

［198］王振锋. 服务供应链合作关系与利益分配研究［D］. 重庆：重庆大学，2011.

［199］王宗水，秦续忠，赵红，等. 制造业服务化与商业模式创新策略选择［J］. 科学学研究，2018，36（7）：1188-1195.

［200］吴贵生，蔺雷. 中国制造企业“服务增强”的实证研究及政策建议［J］. 管理工程学报，2011，25（4）：87-95.

［201］武玉英，杨莹. 供应链核心企业的演化与发展［J］. 经济师，2009（7）：210-211.

［202］肖剑，但斌，张旭梅. 双渠道供应链电子渠道与零售商合作策略研究［J］. 系统工程学报，2009，24（6）：673-679.

［203］肖剑，但斌，张旭梅. 双渠道供应链中制造商与零售商的服务合作定价策略［J］. 系统工程理论与实践，2010，30（12）：2203-2211.

［204］肖挺. 制造企业服务化、产品技术创新与组织变革［J］. 中国科技论坛，2021（5）：46-56.

［205］谢先达. 企业能力视角下制造业服务化战略转型探讨［J］. 商业经济研究，2019（11）：176-178.

［206］谢永平，党兴华，毛雁征. 技术创新网络核心企业领导力与网

络绩效研究［J］. 预测，2012，31（5）：21-27.

［207］徐碧琳，李涛. 网络组织核心企业领导力与网络组织效率关系研究［J］. 经济与管理研究，2011（1）：108-116.

［208］徐广业，但斌，肖剑. 基于改进收益共享契约的双渠道供应链协调研究［J］. 中国管理科学，2010，18（6）：59-64.

［209］徐虹，吕兴洋，刘宇青，等. 旅游供应链权力转移实证研究［J］. 旅游科学，2012，26（2）：19-28.

［210］徐志涛. 工业产品服务供应链管理方法和技术研究［D］. 上海：上海交通大学，2014.

［211］许明辉，于刚，张汉勤. 具备提供服务的供应链博弈分析［J］. 管理科学学报，2006，9（2）：18-27.

［212］薛跃，许长新. 整合产品服务系统实现循环经济的新途径［J］. 价值工程，2006（4）：1-4.

［213］杨波，王核成，沈运红. 基于多层网络视角的核心企业成长位移研究［J］. 科技进步与对策，2011，28（22）：17-21.

［214］杨蕙馨，孙孟子，杨振一. 中国制造业服务化转型升级路径研究与展望［J］. 经济与管理评论，2020，36（1）：58-68.

［215］杨水利，王思翔，杨祎. 服务型制造与先进制造业企业绩效：客户参与的调节作用［J］. 生产力研究，2020（10）：67-71.

［216］姚树俊，陈菊红，张晓瑞. 基于服务能力的产品服务化供应链协调对策研究［J］. 软科学，2012，25（11）：56-60.

［217］姚树俊，陈菊红，和征. 产品服务能力与定价联合优化策略机制研究——基于动态性和非线性视角［J］. 运筹与管理，2013，22（4）：231-240.

［218］易余胤，姚俊江. 考虑渠道权力结构的供应链延保服务模式［J］. 计算机集成制造系统，2015，21（12）：3292-3302.

［219］易余胤. 不同主导力量下的闭环供应链模型［J］. 系统管理学报，2010，19（4）：389-396.

［220］于辉，刘磊. 批发价定价权转移对供应链绩效影响研究［J］. 系统工程理论与实践，2009，29（5）：11-16.

［221］于晓霖，周朝玺. 渠道权力结构对供应链协同效应影响研究［J］. 管理科学，2008（6）：31-41.

［222］袁鑫，鄂小松，赵林度. 制造业服务化背景下平台型供应链合作策略［J］. 物流技术，2021，40（4）：99-103.

［223］原毅军，郭然. 生产性服务业集聚、制造业集聚与技术创新——基于省级面板数据的实证研究［J］. 经济学家，2018（5）：23-31.

［224］曾小春，张光丽，郭正科，等. 制造业服务化产业链上企业低技术与高技术服务协同创新研究［J］. 商业经济，2015（7）：103-105.

［225］詹宇铎. 产品服务系统中的产品收益管理研究［D］. 上海：上海交通大学，2011.

［226］张伯超，靳来群. 制造业服务化对企业研发创新积极性的影响——基于制造业服务化率"适度区间"的视角［J］. 中国经济问题，2020（1）：74-91.

［227］张闯，张涛，庄贵军. 渠道关系强度对渠道权力应用的影响——关系嵌入的视角［J］. 管理科学，2012，25（3）：56-68.

［228］张峰，刘曦苑，武立东，等. 产品创新还是服务转型：经济政策不确定性与制造业创新选择［J］. 中国工业经济，2019（7）：101-118.

［229］张金玉. 企业间权力对供应链关系质量影响的实证研究［D］. 吉林：吉林大学，2013.

［230］张丽，严建援. 供应链权力、契约、信任网络及其特征［J］. 物流技术，2010（10）：108-114.

［231］张廷龙，梁樑. 不同渠道权力结构和信息结构下供应链定价和销售努力决策［J］. 中国管理科学，2012，20（2）：68-77.

［232］张晓明，张辉，毛接炳. 旅游服务供应链中核心企业演变趋势的探讨［J］. 中国商贸，2010（8）：165-166.

［233］张旭梅，刘翔宇，伏红勇. 基于服务水平的制造商延保服务销

售渠道选择［J］. 工业工程，2012，15（6）：44-49.

［234］张永安，王燕妮. 核心企业创新网络结构、类型解析［J］. 科学学与科学技术管理，2010，31（12）：50-55.

［235］章丹. 技术创新网络中核心企业网络能力对网络创新绩效的影响研究［D］. 杭州：浙江工商大学，2012.

［236］赵海霞，艾兴政，马建华，等. 风险规避型零售商的链与链竞争两部定价合同［J］. 系统工程学报，2013，28（3）：377-389.

［237］赵海霞，艾兴政，唐小我. 制造商规模不经济的链与链竞争两部定价合同［J］. 管理科学学报，2013，16（2）：60-70.

［238］赵晓丽，乞建勋. 供应链不同合作模式下合作利益分配机制研究——以煤电企业供应链为例［J］. 中国管理学报，2007，15（4）：70-76.

［239］赵晓敏，林英晖，苏承明. 不同渠道权力结构下的 S-M 两级闭环供应链绩效分析［J］. 中国管理科学，2012，20（2）：78-86.

［240］郑静静，邓明荣. 制造企业资源依赖与供应链权力的关系研究——以长三角地区制造企业为例［J］. 软科学，2009，23（9）：16-20.

［241］郑静静. 供应链权力对供应链关系质量及绩效的影响研究——以长三角制造企业为例［D］. 杭州：浙江大学，2010.

［242］周大鹏. 制造业服务化对产业转型升级的影响［J］. 世界经济研究，2013（9）：17-22.

［243］周国华，王岩岩. 服务型制造模式研究［J］. 技术经济，2009，28（2）：37-40.

［244］周柯，武墨涵. 科技服务业对制造业效率的影响——基于科技创新活动异质性视角［J］. 科技管理研究，2020，40（22）：131-138.

［245］周艳春. 制造企业服务化概念界定及特征分析［J］. 西安财经学院学报，2010，23（2）：81-83.

［246］周媛媛. 供应链核心企业研究现状分析［J］. 中国管理信息化，2010，13（7）：94-95.

［247］周振华. 产业融合：产业发展及经济增长的新动力［J］. 中国

工业经济，2003（4）：46-52.

［248］朱珠，朱云龙，申海，等. 需求不确定下制造商为核心的三级供应链协调［J］. 运筹与管理，2012，21（1）：88-95.

［249］邹艳，陈宇科，董景荣. 三级供应链内中游企业纵向合作研发策略［J］. 管理工程学报，2011，25（1）：216-220.